ÉDITH CRESSON
LA FEMME PIÉGÉE

Élisabeth Schemla

ÉDITH CRESSON
LA FEMME PIÉGÉE

Flammarion

© Flammarion, 1993
ISBN : 2-08-066840-4
Imprimé en France

*A la photo
de la bibliothèque.*

Le seul combat perdu d'avance
est celui que l'on n'a pas mené.

Elias Canetti

REMERCIEMENTS

Sans le témoignage d'Edith Cresson, je n'aurais pas pu écrire ce livre. Le Premier ministre a accepté de sortir de son silence et n'a ménagé ni son temps, ni son hospitalité, ni sa confiance pour me faire le récit de ses dix mois et demi à Matignon. Elle n'a jamais cherché à entraver ma démarche, bienveillante mais critique. Souvent, je le sais, cela lui a beaucoup coûté tant elle voudrait que l'on partage tous ses points de vue et toutes ses inimitiés. Son intensité et sa passion désintéressée de la chose publique manquent. Elle connaît la profondeur de ma gratitude. Je la lui redis ici.

François Mitterrand m'a reçue, alors même qu'il venait d'être opéré, pour expliquer sa démarche en choisissant Edith Cresson, donner son point de vue sur son ex-Premier ministre et sur cette difficile période politique. Les éclairages qu'il a apportés à ce travail étaient indispensables. Que le président de la République en soit vivement remercié.

Gérard Moine et François Lamoureux, respectivement directeur et directeur adjoint du cabinet du Premier ministre, avec rigueur et lucidité m'ont aidée à saisir, au-delà des passions, la manière dont la France a été gouvernée pendant ce moment. Ils ont toute ma reconnaissance. Ainsi qu'Abel Farnoux, conseiller spécial d'Edith Cresson.

11

Je tiens à rendre hommage par ailleurs à celles et ceux, parents, amis ou adversaires d'Edith Cresson qui, avec une sincérité et une fougue égales aux siennes, m'ont livré leurs analyses et leurs informations, en particulier :

Le président de la Commission européenne Jacques Delors ;

Le ministre d'Etat Simone Veil ;

L'ancien Premier ministre Pierre Mauroy ;

Les ex-ministres Martine Aubry, Edwige Avice, Lionel Jospin, Jean de Lipkowski, Philippe Marchand, Jean Poperen et Dominique Strauss-Kahn.

Et Claude Allègre, Jean-Philippe Atger, Dominique Barbey, Yvan Barbot, Claude Bartolone, Isabelle Bouillot, Frédéric Broussous, Patrick Buffet, Denise Cacheux, Jean-Louis Chambon, Lyne Cohen-Solal, Stéphane Collaro, Jean-Pierre Cossin, Jo Daniel, Monique Darracq, Paulette Decraene, Bernard Esambert, Françoise Gaspard, André Gauron, Bernard Gonzalez, Denis Kessler, Raymond Lacombe, Anne Lauvergeon, Jean Le Garrec, Jean-Marie Le Guen, Jean-Marc Lhabouz, Didier Lombard, Jean-Hervé Lorenzi, Jean-Marc Lorne, Jean-Claude Petitdemange, Didier Pineau-Valencienne, Alain Prestat, Jean-Louis Reiffers, François Roussely, Anne-Sylvie Schneider, Guy Schwartz, Jacques Séguéla, Torrente, Guy Turquet de Beauregard, Daniel Vaillant, Alain Vulpian.

A Châtellerault, ce sont Robert Chateau et Brigitte Bideau, Nacer Bouhraoua, Gilbert Guérineau, François Mathon, Katherine Weinland qui ont guidé mes pas avec une gentillesse dont je leur sais grâce.

Je ne saurais oublier bien sûr Jacques Cresson, l'époux d'Edith Cresson, Harold Campion, son frère,

12

et la si charmante Nathalie Léger, sa fille, qui m'ont beaucoup apporté sur la personnalité du Premier ministre.

J'ai été extrêmement sensible à la confraternité et à l'amitié de Pascale Amaudric, François Bazin, Thierry Bréhier, Christine Clerc, Jean-Pierre Elkabbach, Jacques Juillard, Jean-François Kahn, Nicole Le Bot, Sylvie Maligorne, Catherine Nay qui m'ont expliqué comment, chacun à sa façon, ils ont ressenti et rendu compte de l'action d'Edith Cresson.

Si j'ai pu mener à bien cet ouvrage dans des circonstances difficiles, je le dois à la bienveillance sans réserve de la direction du *Nouvel Observateur*, en particulier de Claude Perdriel et de Laurent Joffrin, à l'aide de Lella Decamp et de Corinne Deloy, ainsi qu'au soutien de certains camarades dont l'affection m'a été très précieuse.

Je le dois aussi à mon éditeur et à toute l'équipe de Flammarion qui ont été formidables, notamment Muriel Beyer, Sophie Berlin, Henri Le More et Françoise Verny.

Enfin, je tiens à préciser que Laurent Fabius, Michel Rocard et Jacques Pilhan, dont les témoignages manquent, n'ont pas voulu donner suite à mes demandes de rendez-vous réitérées.

Chapitre 1

« POUR MOI LE RIDEAU EST TIRÉ... »
OU
POUR EN FINIR AVEC UNE LÉGENDE

Cette fois-ci, personne ne l'en empêchera : elle arrête. Voilà un moment déjà que sa colère montait et que la lassitude la gagnait. François Mitterrand, qui écoutait ses plaintes furieuses, essayait de la calmer : « Prenez patience, Edith... Un jour ou l'autre, je changerai de gouvernement et vous pourrez alors avoir un poste qui correspondra plus à vos goûts, l'industrie, le commerce extérieur, l'économie, nous verrons... » Mais le ministre des Affaires européennes ne voyait rien venir. « Alors je faisais la gueule et j'en avais assez de la faire. » En ce printemps 1990, Edith Cresson décide donc de s'éloigner de la vie publique et de la politique.

Certes, elle aime le pouvoir : à condition qu'il soit l'instrument de l'action et d'un projet, pas un marchepied vers la gloire, qui l'indiffere. Or, elle se heurte chaque jour à l'immobilisme et ne voit autour d'elle qu'ambitions brutes. La rupture dans laquelle elle s'engage ainsi après vingt ans de combat idéologique, de luttes électorales, d'exercice de la responsabilité gouvernementale et de fidélité sans faille au président de la République, lui coûte. C'est la conséquence nécessaire d'un constat pénible pour la militante qu'elle restera toujours : le socialisme a perdu son âme, François Mitterrand de son éclat, et la

France de sa grandeur. « A force de laisser du temps au temps, nous l'avons laissé passer. »

Incontestablement, elle ne peut pas continuer plus longtemps à vivre faux, dans le malaise et le désaccord. Les propos dévastateurs qu'elle tient inlassablement sur l'incurie générale finissent par choquer ses interlocuteurs et froisser ses amis politiques. Elle s'indigne de ne plus reconnaître le beau et fraternel parti auquel elle a sacrifié son énergie. Elle est sortie du congrès de Rennes dégoûtée des querelles, des luttes fratricides, des déchirures mortelles que se sont infligés les prétendants au trône de Mitterrand devant les caméras de télévision. Elle voit que l'idéal a cédé la place à l'arrivisme, la soif de justice à l'adoration de l'argent, l'imagination à la gestion, l'audace à la dérobade. Les hommes sont rendus à leurs passions mauvaises, à leur appétits de postes et d'honneurs. Où est passé ce projet de gauche qui l'a tant fait rêver et auquel elle croit encore, pour peu qu'on le modernise ? Que sont devenus les socialistes en une décennie ? Vis-à-vis des siens, elle a pris de sérieuses distances.

Elle ne cesse d'expliquer aussi qu'elle est à la tête d'un « faux ministère » dont elle a vite épuisé les charmes. Impossible de représenter la France à Bruxelles et de préparer l'Acte unique de 1993, flanquée d'un ministre des Affaires étrangères qui la boycotte et d'un Premier ministre qui sacrifie à un libéralisme forcené. « J'étais maltraitée et incomprise. » Roland Dumas, homme singulièrement jaloux de ses prérogatives, supporte mal cette pasionaria qui s'embarrasse peu de diplomatie et mène seule sa guerre contre les adversaires économiques de la France. Il fait en sorte qu'on ne lui transmette pas les informations indispensables. Passe encore...

C'est Michel Rocard qui pousse l'indignation de Cresson à son plus haut niveau, ce qui n'est pas peu dire quand on sait quels sommets elle peut atteindre. Le chef du gouvernement « a totalement perdu de vue l'intérêt général ». Il n'a pas conscience, clame-t-elle, des enjeux de la guerre qui se déroule, et son absence de stratégie industrielle va mener le pays à la catastrophe au moment où il aborde l'Union économique et monétaire. Le grief est grave et elle ne cesse d'alerter le président de la République, certaine d'avoir raison contre tous. Elle prêche, il est vrai, dans le désert. Plusieurs fois, elle est venue à l'Elysée avec des graphiques sous le bras, commentant devant Mitterrand courbes révélatrices et chiffres alarmants sur le déficit commercial et la faiblesse structurelle des entreprises françaises.

En vain ? Elle en a la certitude. Le Président lui aussi la déçoit. Il pantoufle. Un peu tôt pour les charentaises. Depuis longtemps, il semble avoir renoncé à son engagement. En 1981, elle l'avait entendu dire : « Nous avons gagné. C'est toujours moins bien, après ! » Elle avait cru à une boutade. Erreur ! Il est de ceux pour qui la politique est d'abord l'art de conquérir le pouvoir et de le conserver. Du coup, après Mauroy, il n'a installé à Matignon que des « temporisateurs » dont l'unique souci est d'enterrer les problèmes et de réussir leur ascension. Souvent, Edith Cresson a mis en garde Mitterrand contre sa propre inertie : « Il faut rester fidèle à ce qu'on a prévu de faire. » Pourquoi renoncer, sous prétexte que l'on n'a plus assez d'argent pour distribuer des cadeaux ? Une gauche moderne reste à construire. Une fois, face au Président, elle a osé une comparaison avec de Gaulle. Le Général, lui, a accompli une œuvre immense : la Constitution, la modernisation de l'agriculture, l'indépendance énergétique et militaire, l'aéronautique et le spatial. « Nous, les socialistes, que laisserons-nous ? » Les grands travaux ne font pas la force. Comment prétendre participer au règlement des conflits du monde, si ce n'est du haut d'une puissance industrielle et dans une Europe forte? Comment réclamer pour les autres nations richesse et confort, quand trois millions de Français n'ont pas de travail et cinq cent mille pas de toit, parce que « nous nous sommes aveuglément convertis au monétarisme sans réfléchir à l'industriel »? Comment justifier une démocratie dont les enfants sortent démunis des écoles et promis au chômage? Mitterrand n'a guère apprécié cette référence à son défunt ennemi. Mais il ne peut nier que, deux ans après son éblouissante réélection, il se trouve en cette mi-1990 dans une impasse.

Edith Cresson n'a pas envie d'y demeurer avec lui. « Je ne me sentais plus une volonté politique suffisante pour faire évoluer les choses. » L'influence de son conseiller spécial, Abel Farnoux, avec qui elle forme depuis quelques années un tandem inséparable, pèse également sur sa détermination. « Partons dans le privé, nous y serons plus utiles », lui repète-t-il chaque jour depuis qu'elle a fini d'assumer son rôle, à la Commission de Bruxelles, pendant la présidence française. Il l'a convaincue de prendre une nouvelle direction, la bonne sans aucun doute, celle où tout va coïncider : sa vision patriotique de l'action, son ambition et son activisme intacts à cinquante-six ans, l'efficacité d'un charme que rien n'altère. D'aller vers ce qui aurait dû être son vrai terroir professionnel : l'industrie.

C'est Didier Pineau-Valencienne, le P-DG de Schneider, qui les accueillera. Il est séduit depuis longtemps par leur professionnalisme à tous deux, « le courage d'une femme politique qui ne pense pas toute la semaine aux voix des dimanches électoraux, qui *gets things done*, et qui se bat à la fois contre la technostructure toute puissante et le capitalisme décadent ». A brûle-pourpoint, lors de la visite d'une usine du groupe, Cresson avait demandé à DPV :

18

« Vous arrive-t-il d'engager des ministres ?

– Une fois seulement, Maurice Herzog.

– Si je quittais le gouvernement, me prendriez-vous, bien que je sois socialiste ?

– Pourquoi pas ?... »

Eh bien, ça y est : elle a virtuellement en poche un contrat qui lui assurera un avenir et un compte en banque. Elle sera bientôt à la tête d'une filiale créée tout exprès pour Farnoux et elle, la Sisie, société-conseil en stratégie industrielle internationale. Cresson sera libre de se consacrer plus encore que par le passé à sa mairie de Châtellerault, ville de toutes ses réussites. Elle a tenu sa résolution secrète. Il ne lui reste plus qu'à prévenir François Mitterrand.

L'entrevue qu'ils ont à 10 heures du matin, le samedi 23 juin 1990, est paisible. « J'en ai assez d'attendre. Je suis venue vous annoncer ma décision irrévocable de démissionner du gouvernement de Michel Rocard.... » Le Président connaît trop l'exacte alchimie de la personnalité d'Edith Cresson pour imaginer qu'il va retenir cette compagne désabusée. Ils ont eu tous les deux trop de conversations à la fois âpres et complices sur l'état des lieux, trop de différends où la fermeté le dispute au respect, elle lui a trop rebattu les oreilles de ses regrets, pour qu'il ne comprenne pas son propos : « Pour moi, le rideau est tiré. » Mitterrand ne peut lui faire qu'une seule réponse – « Je vous comprends » – et n'adopter qu'une seule attitude : la laisser partir. Puisqu'il faudra procéder à un remaniement discret pour remplacer Pierre Arpaillange, le garde des Sceaux, le chef de l'Etat suggère : « Le mieux serait de profiter de cette occasion et d'attendre le milieu de l'été. »

Quand Edith Cresson repasse par l'Elysée le 24 juillet, avant de prendre ses vacances, Mitterrand ne lui fait aucun reproche sur l'entretien qu'elle a donné au *JDD* pour vitupérer Rocard qui « fait des courbettes aux Japonais ». Il lui confirme seulement qu'elle pourra démissionner au milieu de l'été.

Les sables du Moyen-Orient viendront enliser ce calendrier. En envahissant le Koweit le 2 août, Saddam Hussein bouleverse les projets d'une bonne partie de la planète et ligote un ministre français qui, par sens de l'Etat, doit momentanément renoncer à changer de vie. Lorsque le Président l'appelle en Anjou, au « Tertre », la demeure familiale où elle passe tous ses moments de détente, Edith Cresson prend les devants :

« Monsieur le Président, compte tenu des événements, je crois qu'il vaut mieux surseoir et aviser à la rentrée.

– Je le crois aussi. D'autant que Chevènement menaçant de démissionner puisqu'il refuse toute entrée en guerre éventuelle, votre départ donnerait lieu à confusion. On pourrait penser à une solidarité avec lui dans cette affaire du Golfe, ce serait regrettable.

– Evidemment. Mais il ne faudrait pas non plus que tout cela traîne trop. Je ne peux pas indéfiniment remettre mes engagements vis-à-vis de Schneider. C'est une situation inconfortable. »

Elle est néanmoins obligée d'attendre que le chef de l'Etat fixe à nouveau une date appropriée. Il la prévient au dernier moment. Le 2 octobre 1990, Mitterrand supervise lui-même les termes de la lettre de démission que Cresson lui présente, violente à l'égard de Michel Rocard : « Très bien, très bien... Je ne vois rien à redire... » Le Premier ministre apprendra par un communiqué que « son » ministre des Affaires européennes quitte ses fonctions. « Pourquoi aurais-je mis Rocard au courant ? En 1988, il ne m'avait pas prévue dans son gouvernement et c'est Mitterrand qui m'a imposée. »

20

Cependant, le président de la République ne prend pas congé d'Edith Cresson en choisissant les mêmes mots que quelques mois auparavant. Tandis qu'elle se retire, au « je vous comprends » impuissant du début de l'été, se substitue cette phrase : « Ça ne durera pas toujours pour vous l'éloignement. Je vous reprendrai... » La reprendre... « Je savais qu'il était tout à fait sincère puisqu'il m'avait déjà parlé des postes auxquels il songerait pour moi. Mais je ne voyais pas quand les circonstances le lui permettraient. En tout cas, il fallait un changement si radical que je n'y croyais pas pour le lendemain ! » Si elle n'imagine pas qu'avant longtemps les conditions d'un retour soient réunies, Abel Farnoux, lui, est plus prévoyant : « On ne sait jamais ce qui peut se passer. Mitterrand aura un jour, de nouveau, la situation en mains. Tu dois être libre si le boss te fait signe. » Il en est absolument persuadé : ébranlé par le comportement inhabituel en politique et la perspicacité des analyses européennes d'Edith Cresson, le président la verra à un moment ou à un autre, comme un incontournable ministre de l'Economie et de l'Industrie réunies. Farnoux, contrat fait homme, demande donc aussitôt à Pineau-Valencienne d'inclure une clause particulière dans la lettre d'embauche que Cresson s'apprête à signer pour trois ans. L'alinéa stipule que, si elle devait rejoindre le gouvernement, elle aurait quarante-huit heures pour se désengager sans indemnité. « C'était une prudence caractéristique d'Abel. Je n'ai d'ailleurs pas cherché à cacher les modalités de ce contrat. C'est à cause de ça que les socialistes ont parlé, après ma nomination, d'un complot monté longtemps à l'avance entre Mitterrand et moi, et qu'ils ont prétendu que je m'étais mise en réserve de la République. Tous ces gens cancaniers, calomniateurs, assoiffés de pouvoir, n'arrivent pas à comprendre qu'on puisse avoir d'autres mobiles que les leurs. Beaucoup de socialistes étaient tellement accrochés à leurs sièges, ils avaient tellement pris l'habitude d'attendre de la République qu'elle leur offre des situations de repli parce qu'ils ne savaient plus exercer un métier comme tout le monde, qu'ils ne pouvaient pas croire à ma démarche, les malheureux! Bref, j'avais vraiment largué les amarres et je ne m'attendais à rien de sitôt. » Mais François Mitterrand va très vite la rappeler.

Chapitre 2

MITTERRAND PENSE À UNE FEMME

Dès ce début d'automne 1990, quoiqu'il utilise toutes les ressources de la diplomatie, le Président est convaincu que la guerre avec Saddam Hussein est inévitable. Il pressent qu'elle lui fournira, sur le plan intérieur, une nouvelle donne. Ainsi, il devrait pouvoir dans les prochains mois renvoyer Michel Rocard, n'ayant trouvé jusqu'ici ni l'occasion ni l'instant propice pour le faire. Or il l'attend patiemment, déterminé à se séparer de ce favori des sondages dont il estime, lui, que la façon grise de gouverner ne peut que mener les socialistes à la défaite électorale, lors des prochaines échéances. Sa sévérité à l'égard du Premier ministre, qu'il tance en public chaque fois qu'il le peut en lui réclamant du « social » comme les foules d'antan exigeaient du pain, est extrême. Il n'y entre pas qu'une légendaire hostilité. Le Président a vraiment peur. Il est convaincu qu'à refuser d'empoigner les problèmes laissés en suspens, à se dérober sans cesse, Rocard sème sur son passage des bombes à retardement qui feront sauter tout le monde. Mitterrand est alarmé : il voit à l'horizon des citoyens en colère envahir à nouveau les rues parce que les caisses d'assurances maladie ne pourront plus leur rembourser soins et médicaments ; des vieux en rage et en détresse à qui l'Etat ne sera plus en mesure de payer leur retraite; des jeunes au chômage, de plus en plus nombreux, mal formés, attirés par la violence et la drogue; des banlieues abandonnées à leur sort dramatique, suscitant le racisme et prêtes à mettre en péril la paix civile; des Français exaspérés par l'incapacité de la gauche à regarder en face l'univers complexe des immigrés. Et puis, Rocard manque en effet d'ambition industrielle et stratégique pour la France, s'il en a beaucoup pour lui-même. Or François Mitterrand veut avant tout réussir l'Europe.

Sa décision prise, le chef de l'Etat songe donc sérieusement à qui remplacera le chef du gouvernement. Le futur Premier ministre ne doit pas être un carriériste de modèle classique, gérant depuis Matignon son investissement dans un portefeuille présidentiel, le nez sur l'indice 1995, avec tout ce que cela implique de prudence et de frilosité. Mitterrand le voudrait d'une nature différente. Amical d'abord, car voilà cinq ans bientôt qu'il cohabite dans la tension avec deux hommes, Chirac et Rocard, qui ne sont pas de son camp ou de son clan. Quel plaisir de travailler – enfin! – dans la confiance avec un second dont il n'aurait pas à déjouer tous les matins les calculs et les arrière-pensées. Quelqu'un au dessus des mesquins affrontements qui minent le PS : Mitterrand ne pardonne pas l'offense que les chefs des courants lui ont faite au congrès de Rennes en rejetant Fabius. Les socialistes ont signé là leur arrêt de mort, et seule une personnalité débarrassée des vieux horipeaux de la gauche peut encore les sauver du suicide collectif. Il cherche un tempérament de kamikaze, prêt à s'immoler pour mettre en œuvre toutes les réformes indispensables; disposé aussi à combattre les pouvoirs établis dont le Président croit, plus vivement chaque jour, qu'ils sont une machine pernicieuse à produire de l'inaction. La tâche, à défaut d'être aisée, se présente clairement.

« La situation était très difficile, explique François Mitterrand. Il fallait entreprendre tout de suite des remises en ordre, par exemple s'attaquer au gouffre de la Sécurité sociale, rétablir les grands équilibres, rapprocher des structures industrielles, opérer des fusions pour hausser le pays au plus haut niveau. Il fallait renverser la vapeur, et sur une période très courte. Et puis, je voulais quelqu'un qui bousculât tous les conformismes ambiants, pour lesquels les hommes politiques ont une sorte de préférence exclusive. Tout ceci n'offrait pas à qui accepterait de s'en charger des perspectives très agréables. Cela supposait d'affronter l'impopularité des sondages et tous ceux que l'on allait ainsi déranger. J'avais besoin d'intelligence, de compétence et, bien sûr, de courage. [1] »

Trois Premiers ministres socialistes ont déjà été usés. Il n'y a plus dans le personnel masculin pléthore de responsables remplissant toutes ces conditions. Cela ne suffit pas à expliquer que Mitterrand ait songé à une femme. Cette hypothèse intrépide qu'il soupèse longuement, sans en parler à personne, offre beaucoup d'avantages. Jolie ruse, par exemple, pour prolonger l'assentiment forcé de l'opposition, un moment du moins. Alors qu'il la contraint déjà, par discipline nationale, à le soutenir dans l'affaire irakienne, il continuerait à la neutraliser dans la foulée, sur un autre terrain. Sous peine de se déconsidérer et de passer pour des machos, les députés adverses n'oseraient pas s'en prendre de front à « une » Premier ministre qui, dans un contexte de rigueur accrue et de grands chambardements structurels, évitera ainsi quelques-uns des coups annoncés.

Et puis, chez les socialistes, une telle nomination éclipserait par son éclat la déception ou l'inquiétude

---

1. Entretien avec l'auteur, 13 novembre 1992.

que suscitera immanquablement le limogeage de Rocard auquel les chefs de courant, par amitié ou par intérêt, ne souscrivent pas. Elle pourrait aussi redonner aux militants dans le désarroi, en l'absence d'idées et de desseins, espoir et enthousiasme. Mitterrand sait que les femmes du PS sont les plus déçues. Elles espéraient que la gauche réaliserait l'égalité des sexes en politique. Or, au fil des années, leur place s'est rétrécie comme peau de chagrin. Laminées, celles qui ont voulu créer un courant féministe dans l'appareil! Pour le reste, 25 % seulement occupent des niveaux de responsabilité intermédiaire, 4 % des sièges de conseillers généraux ou la tête de fédérations, 2 % tentent de survivre au Sénat. Peu glorieux, le bilan; pas surprenant si l'électorat féminin, qui a majoritairement voté pour Mitterrand en 1981 et en 1988, se dérobe. Mais est-ce la faute du seul Président?

Nul doute: il est un des rares hommes dans ce monde clos et assassin à croire dans la capacité des femmes à exercer le pouvoir. Il leur prête des qualités différentes mais indispensables: réalisme, pragmatisme, désintéressement, sens du bien général. Depuis la lointaine époque où il dirigeait la Convention des institutions républicaines, lui qui est très sensible à l'injustice, a toujours cherché à les promouvoir. Question de tactique autant que de conviction. Il a pour les femmes de la considération parce qu'il leur doit beaucoup. Il doit à sa mère, dévote, ascète et lettrée, qui lui a fait découvrir les vertus de la discipline en même temps que les œuvres classiques ou romantiques de la littérature. Il doit à celles qu'il a connues dans la Résistance abritant les clandestins, ramassant les boîtes à lettres, portant les messages. Elles ont forcé son admiration, sûres et courageuses jusqu'au sacrifice, inentamables et modestes dans leur détermination, fortes dans leurs fonctions clandestines, comme sa belle-sœur Christine Gouze-Rénal, son épouse Danielle, son amie Marie-Thérèse Eyquem, et d'autres encore qui lui ont sauvé la vie. Mitterrand a la certitude qu'il peut compter sur elles, qu'elles ne trahissent pas, étrangères qu'elles sont à tout ce qui corrompt les hommes. Jamais une femme ne l'a entendu raconter ces histoires grivoises ou salaces qu'affectionnent les politiciens. Mais il connaît aussi leur seule et vraie limite en politique : ce jusqu'au-boutisme, précieux dans la guerre, qui peut tout désorganiser dans la paix. Elles sont alors incontrôlables : sans se soucier des conséquences, elles disent ce qu'elles pensent et font ce qu'elles veulent, comme à la maison. Elles ont été trop longtemps tenues à l'écart de la vie publique, elles en ont encore trop peu l'expérience pour n'avoir pas beaucoup à apprendre. Aussi n'a-t-il jamais été prêt à un favoritisme de mauvais aloi, à les dispenser des figures imposées qui mènent au sommet. S'il leur facilite volontiers la tâche, elles doivent faire leur preuve. S'il accorde, il faut lui rendre. S'il donne une chance, il faut la saisir.

Il a tout fait pour mettre le pied à l'étrier des quelques-unes qui gravitaient autour de lui à la Convention. Plus tard, il a imposé le quota de candidates pour les élections européennes au sein du PS, encouragé les militantes à se soumettre au suffrage universel, se déplaçant lui-même pour les soutenir jusque dans les cantons les plus obscurs; il a finalement accepté toutes les revendications féministes, même celles qui le heurtaient dans ses convictions les plus intimes, comme le remboursement de l'avortement contre lequel il s'est élevé avec violence. Il a fait de certaines femmes des ministres; enfin, il a puisé dans la nouvelle génération de technocrates en robe des conseillers pour renouveler son staff et il en a propulsées quelques-unes aux plus hauts postes de l'administration ou du judiciaire. Sans lui, la gauche ne serait jamais sortie du masculin. Si elle est retournée à ses démons misogynes, constat auquel il lui faut bien se résoudre, c'est peut-être parce que Mitterrand s'est écarté du PS, sans doute parce que le scrutin majoritaire favorise les hommes, et certainement parce que les femmes n'ont pas assez assumé la cruauté manœuvrière de la politique. En choisir une pour Matignon, ce serait là aussi « renverser la vapeur ».

D'ailleurs la société est mûre pour cette révolution. Les conseillers en communication de Mitterrand lui répètent que les valeurs d'aujourd'hui sont femelles. La charité, l'humanitaire, l'écologie, la recherche de l'harmonie et la volonté de proximité traduisent une mutation en profondeur de la psychologie nationale. Le pays est en crise morale et en attente d'autre chose, même s'il acquiesce sans réticence à l'idée d'envoyer ses fils se battre dans le Golfe. Le Président traduit : la France attend une femme. Le publicitaire Jacques Séguéla lui affirme de son côté qu' « elles ont pris le pouvoir d'influence ». Il insiste : « Sans jamais suggérer un nom, je lui ai dit un peu plus tard qu'une femme Premier ministre règlerait les problèmes avec une douceur très attendue. C'était une des façons de régénérer l'action publique défaillante, de restaurer le rôle de la politique et la confiance des électeurs. » Mitterrand n'ignore pas les réactions odieuses que son geste pourrait provoquer dans les milieux conservateurs. Mais il est persuadé que ces résistances seront vite abattues : toutes les femmes se retrouveront derrière celle qu'il aura choisie. En leur offrant une revanche sur leur passé, il laissera lui-même sa marque dans les pages de la République et du socialisme. Il sera le premier chef de l'Etat français depuis 1789 à avoir eu cette audace, le premier grand leader de la gauche à oser rompre avec une longue tradition qui, de Jules Guesde à Léon Blum, avait oublié que l'égalité est un principe unisexe. François Mitterrand, plus agitateur et anticonformiste qu'on ne le pense, ne dédaigne pas d'entrer aussi dans l'Histoire par la porte des femmes.

Prenant un tel risque et pour lui-même d'abord, le faux pas est interdit. Vis-à-vis des socialistes comme de l'opinion, une erreur serait fatale. Ce deuxième septennat ne promet que des coups. Le choix présidentiel doit être frappé au sceau de l'excellence, plus encore qu'en 1984 lorsqu'il avait nommé le plus jeune Premier ministre, Laurent Fabius. Mitterrand ne peut se permettre aucune légèreté, il le sait mieux que personne. Pour lui, s'il cherche à repérer celles qui répondent le mieux à ses ambitions et à toutes les contraintes, il n'y en a qu'une. Une, pas plus. Une à avoir fait, comme un homme, une vraie carrière politique : « Edith était la seule à réunir les qualités nécessaires, la seule femme préparée pour ce poste de Premier ministre, prête à remplir cette fonction. [1] » Le compagnonnage politique de François Mitterrand et d'Edith Cresson dure depuis un quart de siècle : le Président a de solides raisons de penser qu'il joue bien.

---

1. Entretien avec l'auteur, 13 novembre 1992.

Chapitre 3

ÉDITH, MARCEL,
FRANÇOIS ET ABEL

Dès son plus jeune âge, Edith Campion a du mépris pour les hommes et n'aime que les héros : on n'est pas impunément enfant pendant la Seconde Guerre mondiale. Elle vient au monde en 1934 puis grandit dans un bel appartement du boulevard Haussmann à Paris. L'atmosphère y est aussi lourde que les parfums de Guerlain dont sa mère est une cliente fidèle. Cette femme de droite, mondaine au caractère dur, fait régner son esprit convenu. Elle ne cache pas son antipathie pour les « rouges » et le Front populaire, « cette lie qui descendait dans la rue ». Son mari, Gabriel, inspecteur des Finances, membre de la SFIO, ne pense pas comme elle, et s'en contente. Il a de la culture, la passion de Proust qui se transmettra de génération en génération, et beaucoup de douceur. Il craint les altercations et les éclats, ce qui ne le prédispose guère à s'entremettre pour modérer son épouse. « J'étais en conflit avec ma mère. Elle prenait ombrage de la tendre complicité que j'avais avec mon père, dont les idées généreuses me séduisaient. Elle ne m'aimait pas. » Elle blesse Edith par des propos cruels, l'enlaidit avec obstination, mate ses cheveux, la fagote, et la punit pour un rien en l'obligeant à des corvées : quel reproche soigneusement enfoui madame Campion

31

fait-elle à la gamine dodue qui subit son désamour? Sa vie n'est pas drôle entre beaux meubles et précieuse vaisselle, tasses de thé pleines et conversations creuses. Mais tout cela va changer. A huit ans, Edith s'apprête à croiser celui qui l'impressionnera à jamais, arrêtera sa vision du monde, et la conduira à déceler les êtres d'exception.

Fuyant Paris occupé, ses parents se réfugient en Savoie, à Thonon. La fillette est mise en pension au Sacré-Cœur où, sous l'œil vigilant des sœurs, elle dit ses prières et chante en rang toute la sainte journée *Maréchal, nous voilà!* Le froid est si intense cet hiver-là que l'eau gèle au robinet; et les mauvaises platées donnent la fièvre : Edith tombe gravement malade. Ses parents l'envoient aussitôt en convalescence chez un couple d'Alsaciens. Lui s'appelle Marcel Lenz. « Il m'éblouissait. Dans la journée, il m'emmenait par les forêts et les prairies, le long des torrents. Puis il me quittait soudainement pour aller faire un tour. J'ai compris qu'il faisait quelque chose en rapport avec la guerre et les Allemands. J'ai vécu à côté de lui en sachant qu'il était un résistant. Je n'ai jamais rien raconté de ses activités ni des armes qu'il cachait dans sa maison. J'avais définitivement trouvé mon modèle. » La grandeur des actes et des sentiments l'exaltent : Lenz tranche sur les bien-pensants ambigus qui l'entourent. Sensible, aiguë, Edith écoute avec effroi les notables de l'endroit parler de ces maquisards comme de « terroristes », elle les voit se résigner à la propagande antisémite, s'accommoder de la situation. Elle retrouvera les mêmes s'inventant une attitude glorieuse, remplaçant sans vergogne le portrait de Pétain par celui de de Gaulle. Et quand elle les regardera s'incliner gravement sur la place de Thonon devant les cercueils des hommes morts pour racheter leur ignominie, son rire d'insolence et de refus éclatera dans le silence. Mais tant qu'elle peut glisser sa menotte dans la main du brave, sa peur s'envole. Un matin pourtant, Lenz disparaît : les Allemands l'ont embarqué.

La petite l'attend. A la Libération, les revenants de Mauthausen diront qu'ils l'ont aperçu une dernière fois, squelettique, appuyé contre un baraquement, cherchant à échanger une croûte de pain contre une goutte d'eau. A dix ans, lorsque Edith apprend ainsi qu'elle ne reverra plus jamais son héros, elle se découvre des cheveux blancs.

Elle naît de cette déchirure. Et elle naît en guerre. « J'en ai peut-être voulu à mon père de ne pas ressembler à Marcel Lenz. L'homme dont la protection m'était si précieuse avait été pourchassé, méprisé, puis tué. Les héros pour moi se situaient en dehors du cercle de famille. » Désormais, elle porte son mythe ; quelques certitudes définitives prennent possession d'elle. « J'ai compris que les bien-pensants avaient souvent tort et que les persécutés pouvaient être les vrais justes. » Le monde se divise en deux camps, celui des bons et celui des méchants, celui de l'honneur et celui de la vilenie, celui des braves et celui des médiocres. D'un côté, la loyauté et la fidélité. De l'autre, la trahison et la mollesse. Son choix est vite fait, d'autant qu'à chacun des deux univers se superposent des images et des visages qui font battre son cœur ou mettent la honte à son front. La femme restera incapable de nuancer cette perception juste mais simpliste, peu disposée du coup à la diplomatie, à la subtilité ou à l'hypocrisie des comportements. Encline en revanche à la franchise brutale, qui est chez elle haine des faux semblants, refus de toute tricherie, « ce sombre chemin vers la collaboration » ; douée pour le courage, avec une violence de poseur de bombes, et l'esprit de sacrifice d'un grognard. A Matignon, Premier ministre, elle finira par retrouver dans un livre qu'on lui adresse la trace de Marcel Lenz, et reviendra parfois à la page où figure le numéro d'un baraquement de Mauthausen.

Edith Campion entre en révolte. Elle ne sera jamais une défroquée de l'ordre qu'elle choisit. L'enfant, puis l'adolescente rejette en bloc tout ce qui de près ou de loin a pactisé avec les assassins de Lenz. Elle commence à mériter son nom de jeune fille puisque Campion désigne celui qui, en Normandie, dans les joutes et les duels, se battait pour son seigneur. Elle renie la bourgeoisie dont elle écrira plus tard : « Elle sue l'ennui. On a des fourmis dans les jambes, on voudrait monter sur la table et crier, se balancer à la suspension, sauter par la fenêtre et fuir à jamais... » Elle refuse les conformismes vénéneux que « ces gens » adoptent, les injustices qu'ils entretiennent, l'adoration de l'argent à laquelle ils sacrifient jusqu'à en perdre toute dignité. Elle prend aussi ses distances avec sa mère. Cela lui est d'autant plus facile qu'elle est cloîtrée au cours Dupanloup à Boulogne-Billancourt. Séparée de ses jeunes frères qui sont envoyés en Angleterre « dans d'épouvantables collèges où ils sont restés quinze ans » ! Ils y ont subi des brimades et des violences de tous ordres, dont on se relève difficilement. « Je me suis dit très tôt que je ne ressemblerais pas à cette mère. » Elle transfère sur les fonctionnaires les reproches que, par affection, elle ne se résout pas à adresser ouvertement à son père. « Je me souviens d'une réception où il y avait une foule de fonctionnaires des finances. C'était juste après la guerre, beaucoup d'entre eux avaient servi Vichy sous le prétexte d'assurer la continuité de l'Etat. Certains s'inclinaient bien bas devant le banquier Achille Fould, un homme de petite taille. Mon père m'a dit :

« Regarde-les bien, ce sont des larbins. » Edith Campion, pour ne pas être cassée, puise ses forces dans la culture du contre. « J'ai été très près de ne pas réchapper de ces années. »

Pour en finir avec Boulogne et le cours Dupanloup – uniforme bleu marine, catéchisme, émois violents et vagues vite réprimés –, elle n'a guère d'autre choix que l'indépendance. Faire des études, gagner sa vie : elle a déjà la conviction qu'une formation et un travail sont le gage d'une vie digne. Ces obsessions ne la quitteront pas. Le féminisme n'explique pas la démarche de cette jeune bourgeoise. L'égalité des sexes la préoccupe infiniment moins que la liberté. Elle entre donc à HEC-jeunes filles où elle se lie d'amitié avec Paulette Moreau, aujourd'hui Decraene, et chef du secrétariat particulier du président de la République. HEC n'est alors qu'une école de sténodactylos améliorées où l'on prépare des secrétaires pour les patrons. Mais c'est un viatique pour l'emploi et cela compte plus que tout pour cette jeune fille de bonne famille, au langage châtié et aux manières impeccables, mais renfrognée et mal dans sa peau, qui fait tapisserie dans les rallyes du XVIe arrondissement. Fille de son père, Edith manifeste de l'intérêt pour les relations économiques internationales et pour la chose publique. Elle se sent le cœur à gauche, parce qu'elle est dressée contre « le mesquin, le futile, l'injuste et le parasite ». Mais la SFIO, dont elle observe les tares, les combinaisons et la décomposition à travers les récits de Gabriel Campion, la repousse. « Ce spectacle, je ne l'ai jamais oublié. Peut-être est-ce à cause de cela que je me suis toujours méfiée des appareils. Trente-cinq ans après, j'ai tout de suite compris ce qui se passait, quand le PS a commencé à prendre le même irréversible chemin. Seulement, je ne pensais pas que je me trouverais au cœur de la tourmente. » Les leaders du moment, Guy Mollet en tête, ne la convainquent pas plus. Même Pierre Mendès France, qu'elle respecte bien sûr, ne lui apparaît pas comme le chef charismatique dont le socialisme peut espérer une regénérescence. Edith est la proie d'une contradiction dont elle ne se départira pas. Nationaliste, sa fascination pour la Résistance la conduit naturellement à pencher du côté de de Gaulle et à partager son idée de la France; mais elle refuse de pactiser avec « les forces vermoulues qui le soutiennent », cette classe bourgeoise dont elle connaît tous les ressorts et dont les indécentes volte-face la dégoûtent. Scandalisée par l'injustice, elle ne détecte pas à gauche la marque d'un patriotisme suffisant. Le meilleur exemple en est sans doute la guerre d'Algérie. Si elle défile dans Paris pour soutenir l'indépendance, elle ne peut accepter que des Français portent les valises du FLN ou se mettent en situation de tuer d'autres Français.

Elle se fait embaucher dans un bureau d'études et papillonne dans les clubs politiques, sans y trouver les réponses qu'elle espère. Jusqu'à ce qu'elle se fiance avec l'un des fils d'une famille amie : Jean de Lipkowski. Grâce à lui, elle apprend qu'elle aime rire. Il a le don de la mettre en joie : « Lip disait toujours : " C'est par les oreilles qu'on attrape les femmes ! " » Elle écoute avec intensité ses récits de Résistance, tout en tapant pour lui, le soir à la machine, un mémoire qu'il rédige sur le retour du sultan Mohammed V à Rabat. Cela ne fait pas encore un engagement : il manque une foi et un dieu pour devenir missionnaire.

Ainsi va la vie... C'est finalement Jacques Cresson, dont le père était le chirurgien du dernier tsar et la mère une Russe polyglotte et romanesque, qu'elle épouse en 1959. Un jeune résistant une fois de plus.

36

Avec ce cadre de Peugeot, elle apprend à s'habiller. Et connaît « le bonheur miraculeux » de mettre au monde deux filles, Nathalie puis Alexandra. A Nantes où « Jacquot » est muté, elle découvre l'ennui provincial. Pour le fuir, elle entreprend une thèse de troisième cycle en démographie sur la vie des femmes dans le canton de Guéméné-Penfao, qu'elle poursuit à Paris sous la direction d'Alfred Sauvy. A cette époque, elle a le genou brisé dans un accident de voiture. Pendant trois ans, elle est obligée de s'appuyer sur une canne sans qu'il guérisse, se fait opérer. Elle en garde une cicatrice à la jambe que les journalistes, à Matignon, décriront toujours comme « un bas filé », insinuant qu'elle n'est pas très coquette, ce qui lui rendra insupportables les indiscrétions des photographes. De là aussi une fragilité qui, dans les moments d'intense fatigue, lui donne une démarche légèrement claudicante. De retour à Paris en 1965, elle entre dans un bureau d'études où elle fait la connaissance d'un marxiste républicain, Jean-Pierre Chevènement. Tandis qu'une autre de ses relations, Alain Gourdon, futur patron de la Bibliothèque nationale et beau-père du réalisateur Serge Moati, l'entretient sans cesse de l'avenir d'un groupuscule, la Convention des institutions républicaines, dont il est l'un des piliers. C'est ainsi qu'il l'emmène un jour déjeuner avec la petite équipe qui se réunit à l'auberge des Quatre Tilleuls, en forêt de Rambouillet. Son amie Paulette Moreau qui milite dans le mouvement lui propose de son côté, pour les présidentielles, de venir y donner un coup de main.

Quand Jacques, Nathalie, Alexandra et son travail lui en laissent le temps, Edith Cresson rallie le misérable siège de la rue du Louvre où elle rédige des argumentaires et colle des enveloppes. Elle n'a ni l'envie ni le projet de mener une carrière politique. Elle rend service comme aujourd'hui on fait de l'humanitaire : par besoin d'exprimer une générosité active. Ce n'est que deux ans plus tard que le chef de l'organisation, qui mène la bataille des législatives pour la gauche depuis son domicile de la rue Guynemer, la croise vraiment. Il la remercie pour son concours – modeste – à la campagne. Elle, le voyant, se rappelle la description que Jules Romains avait faite de Jaurès : « Le corps de taille moyenne qu'on aurait peut-être trouvé petit, si toutes les attitudes n'en avaient été à ce point contraires à l'idée d'affaissement, de repliement, si tout n'y avait pas été exhaussement, élévation, effort pour s'offrir à la plus grande lumière, la visible comme l'invisible. [1] » A trente-trois ans, après avoir cherché non sans désillusions à quoi appliquer son ardeur, Edith Cresson a enfin trouvé. Avec François Mitterrand, elle vient de rencontrer son deuxième héros.

Elle le reconnaît. Il est bien, pour elle, de la même espèce que Marcel Lenz. Un combattant magnifique qui a décidé, lui, de mettre à genoux la France de droite, de faire triompher la justice sociale et régner la fraternité. A la seconde, elle s'en remet à lui.

« Aucun autre n'aurait pu susciter en moi le sens du sacrifice comme il l'a fait. Il m'est arrivé de me dire, dans un de ces vagabondages de la pensée qui vous entraînent parfois, que si je commettais un crime, c'est à lui seul que j'irais le confesser. » Edith le regarde avec les yeux confiants de la petite Campion. D'emblée, la jeune femme séduisante et excessive se met ainsi sous la protection de cet homme charmeur et maîtrisé. Elle conduit François dans Paris au volant de sa Fiat 500; il lui parle de sa guerre, des prisonniers et de la Résistance. Il lui en dit peu sur sa politique, sur sa stratégie personnelle pour conquérir le pouvoir auquel il aspire. Luimême n'est pas un fou de Marx, et il se moque bien

---

1. Edith Cresson, *Avec le soleil*, Jean-Claude Lattès, 1976.

qu'elle ne passe pas ses soirées le nez dans *Le Capital*. Il l'écoute lui raconter ses blessures et ses espérances; il l'entretient des livres qu'il aime et déploie sans se lasser toutes ces histoires d'hommes, d'arbres ou de pierres qu'il affectionne. Il s'étonne qu'elle s'intéresse au monde rural, pour lequel il a lui-même du goût et que les autres conventionnels méprisent, ou à la restauration des objets d'art sur laquelle elle prépare une étude. Ils partagent une complicité de bourgeois catholiques en rupture de classe, et le refus de tout ce qui est installé, donc pétrifié. Surtout, en bon chasseur de têtes, François Mitterrand détecte en elle la qualité qu'il apprécie peut-être le plus : la volonté. « Edith, elle peut beaucoup », se plaît-il à dire. Etrange entente de deux êtres que beaucoup de choses séparent, dont le face à face se nourrit peut-être de ces antagonismes. Curieux dialogue ininterrompu entre une nature simple, qui se demande parfois lorsqu'elle rencontre quelqu'un « s'il se serait bien comporté sous la torture », et une nature complexe qui sait que la plupart des hommes parlent pour sauver leur peau, et croit qu'il ne faut pas leur en vouloir. L'intolérance et la rigidité de l'une, héritage d'une pureté originelle dont elle a la nostalgie, se heurte mais s'incline devant la tolérance et la plasticité de l'autre, legs d'un réalisme dont il ne peut se départir.

Les hommes de Mitterrand, Charles Hernu, Claude Estier, Louis Mermaz, Georges Dayan ou Georges Beauchamp, prennent Edith Cresson pour une Marie-Chantal et la traitent avec une condescendance plus ou moins affichée. Qu'elle ait un physique, car elle l'a maintenant, ne lui donne pas un corps de doctrine; qu'elle habite les beaux quartiers et roule en voiture au lieu de prendre le métro ne la dispose pas à comprendre la classe ouvrière; qu'elle milite entre deux rendez-vous ne l'empêche pas de fréquenter les capitalistes avec lesquels il faut rompre. Pas net, tout ça! Les femmes la jugent trop belle et trop féminine pour être respectable ou sincère. Ses insolents éclats de rire, ses manières de protégée qui tend toujours une main distante, entretiennent leur hostilité, à laquelle elles ne donnent libre cours qu'en catimini. On jase beaucoup rue du Louvre. Mais dans le dos du patron.

Mitterrand laisse faire et dire. Certains ancrages psychanalytiques valent bien des lieux de naissance. Il sait qu'un jour Edith Cresson sera parmi celles sur lesquelles il pourra le plus compter. Outre son caractère, elle a un autre atout décisif pour cet esthète : sa féminité si naturelle, qui devrait plaire. C'est un beau brin de fille, charpente solide et visage plein, qui attire par ses contrastes. Les paupières lourdes évoquent le froissement des tentures, le rire cascade pur comme l'innocence. La voix, placée entre faubourg et Saint-Honoré, passe sans crier gare de l'alcôve au marché et du marché au salon. Elle retrousse ses manches en bon bûcheron mais croise ses jambes comme une star. Elle a le cœur qui flanche en écoutant Piaf, récite à ses filles des poèmes de Victor Hugo ou des tirades de Britannicus mais, impulsive, elle invective, agresse, défend bec et ongles ce qu'il y a à défendre et crèverait volontiers les yeux de ceux qui attaquent ses idées ou son modèle.

Membre de la direction de la Convention, Edith Cresson mène aussi une vie très active entre travail et enfants auxquels elle tient plus qu'à tout. Dans son bureau d'études économiques, elle puise des enseignements qui lui seront fort utiles : de là, elle observe à la loupe les résultats que les décisions et les choix politiques peuvent avoir sur la vie concrète des citoyens. En revanche, les discussions théoriques de la FGDS où se sont regroupés la SFIO, la

Convention et les radicaux l'ennuient; les manœuvres d'appareil, même historiques, et les calculs boutiquiers pour les élections dont se délectent les hommes qui font ainsi leur guerre, ne l'intéressent pas. Comme toutes les femmes en politique, elle regrette que ces « magouilles puériles » fassent perdre tant de temps au détriment de l'action. C'est en observatrice, toujours dans le sillage du reconstructeur de la gauche, qu'elle a déjà traversé le houleux mois de mai 68, qu'elle suit de près les recompositions et les affrontements qui déboucheront sur le congrès d'Epinay en 1971 – auquel elle n'assiste pas – et la naissance du parti socialiste. Elle travaille alors sous la direction de Pierre Ury au comité des experts dont Mitterrrand s'est entouré. Là, planchent sur les thèmes les plus divers des acteurs de la vie économique, éducative, scientifique, sociale ou culturelle. Elle épouse toutes les inimitiés ou les haines de Mitterrand, et bien sûr la plus tenace d'entre elles : celle qu'il éprouve pour son contestataire et rival, Michel Rocard.

Dès le départ donc, elle est un peu en marge. Mitterrand n'y voit que l'expression d'une différence de nature, une logique de répartition des rôles. Ses amis, et tous ceux qui les ont rejoints au fil des années, de Joxe à Chevènement, de Rocard à Mauroy, ne l'entendent pas ainsi. La légitimité politique se nourrit aussi de la virtuosité à manier les concepts, à débattre des différences d'orientations sur l'économique, le social ou le culturel. Qui n'a pas cette capacité à globaliser, à faire ses synthèses – fussent-elles totalement fausses... – n'a pas droit à la parole. Et qui se tait est idiot. Edith Cresson, pour eux, n'existe pas.

Lorsqu'en 1972 Mitterrand fait alliance avec Georges Marchais, un sérieux trouble la saisit. Elle le dissimule. « Je ne pouvais pas contester un seul instant le fondement même de sa stratégie sur laquelle la victoire reposait. J'ai toujours été certaine, en observant les autres qui ne lui arrivaient pas à la cheville, que lui seul sait comment il faut agir. Pour m'en sortir, je me demandais ce que mon père, s'il était toujours vivant, en penserait. J'ai alors fait un rêve. Mon père me disait : " Mitterrand a raison, il ne peut pas faire autrement. " Curieusement ça m'a ôté un grand poids... J'ai compris ensuite, en particulier à Châtellerault, que son analyse s'appuyait sur une réalité sociale déterminante, qui a entraîné la dynamique de 1981. » Elle défendra toujours chacun des choix de Mitterrand comme s'ils étaient les siens, sans renoncer intimement à ses propres opinions. « Il m'est arrivé souvent d'être en désaccord avec lui, ou au moins perplexe. La plupart du temps, je ne le lui ai pas caché. » Ainsi, en 1974, le Premier secrétaire prend un jeune directeur de cabinet qui déplaît immédiatement à Edith Cresson : « Méfiez-vous de lui », répète-t-elle à Mitterrand qui la laisse à ses instincts de femme. Entre eux, il y aura ce différend. « Laurent Fabius est apparu en même temps que Jacques Attali. Jacques m'a séduite. J'ai tout de suite apprécié sa merveilleuse intelligence spéculative, la profondeur de sa réflexion, son inventivité. Il était évident qu'il était de gauche. Chez Fabius, en revanche, je ne discernais aucune conviction réelle. Il était d'une prudence, mais d'une prudence ! Ça ne pouvait que cacher un opportunisme fondamental. Je pariais qu'il se révèlerait obligatoirement. Je disais à Mitterrand qu'un jour ou l'autre, il serait néfaste. Par la suite, les comportements de Fabius dans les moments difficiles, le débat sur la « nouvelle politique » économique en 1983, le *Rainbow Warrior*, son absence de solidarité avec ses ministres dans l'affaire du sang contaminé, ont démontré que j'avais raison. On peut être maladroit, se tromper de

42

bonne foi en politique, mais on n'a pas le droit, quand on prétend aux plus hautes fonctions, de ne pas avoir de courage. »

Pendant la campagne des présidentielles de 1974, Cresson est chargée de l'environnement – dossier que le Premier secrétaire lui a déjà confié dans le comité des experts. Elle organise chez elle de nombreuses réunions que fréquentent René Dumont, Henry Laborit et Brice Lalonde en toque de fourrure, qui devient un ami. Les adeptes du retour à la bougie et au fromage de chèvre l'agacent mais elle croit à la nécessaire régulation des industries humaines pour défendre les équilibres naturels de la planète. Elle s'en souviendra à Matignon lorsqu'elle défendra la thèse des écologistes contre celle des bétonneurs de la Loire. Le reste du temps, elle trie et répond au courrier, anime des colloques. Les résultats peu encourageants du premier tour des présidentielles la désespèrent. Elle souffre pour Mitterrand. Mais comme elle ne se laisse jamais abattre, la voilà qui décide d'aller faire du porte à porte rue de Rennes, toute seule, pour ramasser au second tour quelques voix dont le candidat du PS a bien besoin! Lorsque François essuie devant Giscard sa deuxième défaite, Edith fait bonne figure. « Mais plusieurs nuits durant, je me suis réveillée en pleurant. » Le battu, que rien ne peut détourner de son ambition, tire les conclusions de l'échec. Entre autres : les femmes, qui représentent un atout pour la gauche, sont trop absentes, et elles doivent désormais investir les organes dirigeants du Parti. Pour elles, le temps de l'action est arrivé.

C'est le moment que choisit donc François Mitterrand pour lancer Edith Cresson. Ce qui n'est pas du goût de tous les nouveaux venus dans le cercle élargi de la mitterrandie où l'on considère qu'une femme, si elle n'est pas de la noblesse féministe, ne peut qu'appartenir au tiers-dactylo. On entend alors Jack Lang traiter Cresson de « pouffiasse ». Le leader socialiste décide pourtant de l'envoyer au front alors qu'elle ne sait rien encore de ce que doit connaître un animal politique. Il lui faut apprendre à parler en public, à manipuler les salles, à entrer dans les dossiers arides, à mener campagne. Au congrès de Pau, passant devant elle dans la foule, Mitterrand lui lance : « J'ai pensé à vous pour le secrétariat... » Edith n'a pas entendu la fin de la phrase. Il veut qu'elle rédige le compte rendu de la séance ? Qu'à cela ne tienne! En fait, il vient d'en faire la responsable au Parti du secrétariat national à la Jeunesse, en même temps qu'il l'inscrit au bureau exécutif. Une galère ce secrétariat! « Il fallait contrecarrer les étudiants du CERES de Chevènement qui tenaient le haut du pavé. Les jeunes mitterrandiens, pourtant majoritaires, n'arrivaient pas à pénétrer l'organisation de jeunesse du PS. A chaque réunion, c'était un combat terrible! Entre eux et moi, il ne pouvait y avoir de connivence : je les entendais vanter l'aventure de Pol-Pot, les thèses marxistes les plus éculées, et même une fois, le partage des femmes! Evidemment, Mitterrand comptait sur mon activisme pour casser le monopole du CERES. En vérité, c'est surtout en épaulant Jean-Marie Le Guen pour fonder l'UNEF-ID que j'ai permis aux étudiants socialistes d'avoir leur organisation. » A cette époque, elle participe à l'occupation du consulat d'Espagne à Perpignan pour protester contre l'exécution de jeunes Basques garrottés par Franco.

En 1975, à Châtellerault, le suppléant du ministre Pierre Abelin meurt. Une législative partielle doit avoir lieu. Michel Rocard et Gilles Martinet pressentis refusent tout net de se présenter dans cette élection casse-cou où un candidat de la gauche n'a aucune chance : pas de leur niveau. Au Parlement, il n'y a pas une seule élue socialiste et Mitterrand le redit : le socialisme ne se fera pas sans les femmes. Il veut frapper un grand coup, surprendre la France par un acte symbolique. « Tu devrais y aller », dit-il à Edith Cresson que tantôt il tutoie tantôt il vouvoie, pratique à laquelle il ne changera rien, en privé, quand elle sera Premier ministre. Il pense qu'elle a l'étoffe d'un député, il ose un pari risqué. Son entourage fait la moue. Mais la campagne tourne au test national, Paris se transporte à Châtellerault, et « cette souris-là » devient, d'un coup, l'incarnation du parti le plus moderne de France. Mitterrand, qui se déplace lui-même, lui envoie aussi tous les ténors de la gauche, Gaston Defferre en tête. On ricane moins car elle se débrouille fort bien. Elle sillonne les campagnes comme si elle était née dans une ferme, chaleureuse, simple, charnelle, qualités dont on lui sait gré. Elle parle avec une conviction émue des malheurs de l'agriculture et de la vie telle que les déshérités la supportent, subit sans broncher les sarcasmes machistes d'Abelin et, sous les caméras de télévision, engage un fameux duel avec lui, qui croit n'en faire qu'une bouchée. Or elle le met en difficulté, le devance dans sa propre ville, et réussit presque à le battre dans sa circonscription avec un score inattendu de 47 % des voix. Elle acquiert la célébrité, la presse lui témoigne de la sympathie ; désormais, on l'appelle « la mascotte ». Bien sûr, les vagues montantes de la gauche la portent, mais sa personnalité participe à ce succès. Mitterrand est satisfait : il lui ordonne d'investir ce fief de droite et de paysans, ce fief devenu mythique, pour les cantonales et les législatives de 1978.

Lors de ces campagnes, sa voix qu'elle porte jusqu'à de rudes aigus la trahit. Mais elle a une façon formidable de danser dans les bals, de laisser libre cours à cette gouaille épanouie qui lui est venue avec la maturité, de rouler dans la farine ses contradicteurs à coups de gueulantes et de charme. Le Premier secrétaire pavoise, il a vu juste : dans un contexte ingrat et rébarbatif, son joker a du talent. Cresson est une femme pour les « coups » et la mitraille patriotique, douée pour les situations extrêmes, une femme qu'on appelle pour dynamiter des bastions, accomplir les missions impossibles. Une femme qui accepte de mourir du moment qu'elle sait pourquoi et pour qui...

Après Châtellerault, certains commencent à la regarder autrement. A son entrée dans la salle du bureau exécutif, retour de campagne, ses camarades l'applaudissent. Qui oserait encore « la prendre pour une marinette, alors qu'elle a mouillé sa chemise et crotté ses chaussures », affirme Jean Poperen ? Mais Edwige Avice est plus nuancée : « Malgré tout, elle était encore sous-estimée, pas fille de ses œuvres. Car les hommes politiques ne supportent les femmes que lorsqu'ils sont leur pygmalion ou leur amant. Pour les hommes du Parti, elle restait la favorite, pour les femmes du Parti, elle restait la femme. C'était scandaleux, et assez dur à vivre. » Edith, elle, affiche un solide réalisme : « Si Mitterrand me donne ces responsabilités, c'est parce qu'il faut, selon lui, réserver les circonscriptions ou les postes en or massif aux hommes qui ont un avenir présidentiel, afin de les libérer des autres tâches. Quand il pense que quelqu'un doit aller très loin, il le préserve. Avec moi, il a fait le contraire. »

Depuis qu'elle a accepté de s'implanter dans la Vienne en prenant la mairie de Thuré en 1977, avec ce que cela suppose de déplacements, de temps et d'efforts, d'enfants délaissés, d'époux mécontent, elle a dû renoncer à son métier et « est devenue une femme entretenue ». Cette dépendance nouvelle lui pèse et l'entrave ; elle partageait jusqu'alors avec

Jacques, son mari, les frais du ménage et de l'éducation de leurs deux filles. Mitterrand n'a pas l'air de se rendre compte de sa gêne ayant lui-même avec l'argent, cette chose sale dont il vaut mieux ne pas savoir d'où elle vient, des rapports difficiles. Bien sûr, Edith n'en ménage pas plus sa peine ou sa fidélité. Après les catastrophiques législatives de 1978, quand Mitterrand n'est plus qu'un homme isolé dont la stratégie d'union de la gauche semble avoir échoué, qu'il est abandonné de presque tous et, paraît-il, si dénué d'avenir que Michel Rocard croit enfin le tenir à sa portée, Cresson se dresse à ses côtés, vaillante, sa foi en lui intacte et réconfortante. Mais elle ne veut pas continuer dans ces conditions. « J'en avais assez d'être traitée comme la dernière roue du carrosse sous prétexte que Mitterrand pouvait compter sur moi. » Au volant de sa Fiat, le conduisant à une réunion, elle le prévient : « Je ne peux pas à la fois tenir le secrétariat à la Jeunesse, gagner à Châtellerault, tenir ma permanence là-bas, et tout ça sans un sou ! J'ai besoin d'argent, vous le savez. Je voudrais devenir député européen. Comme ça, j'aurai un titre prestigieux pour mes électeurs et mon indépendance financière. Sinon je retourne dans le privé ! » Déjà... Mitterrand prend la menace au sérieux : « Je vous comprends. C'est d'accord. » Il en fait une troisième de liste pour les Européennes de 1979, derrière lui-même et Pierre Mauroy.

A Strasbourg commence une nouvelle étape de son apprentissage. C'est le début de l'ouverture sur le monde extérieur et sur les dossiers techniques de la Communauté, ceux de la PAC en particulier. Politiquement, elle épouse si bien les virulences anti-giscardiennes de Mitterrand qu'au Parlement elle ne salue jamais la présidente Simone Veil, qui se souvient d'elle comme d'une idéologue sectaire au langage abrupt, ennemie de classe, sans la moindre solidarité féminine, sans la moindre aménité. Edith fait aussi des découvertes qui la scandalisent; le traitement des députés européens est « plus élevé que celui d'un ministre » ! Elle décide de mettre son salaire de côté, ainsi que les enveloppes « ahurissantes » de notes de frais : « Pas besoin de s'asseoir deux fois par jour dans les meilleurs restaurants de la ville ! » Le tout finance son action militante sur Châtellerault, pour laquelle elle ne s'est pas encore prise d'amour mais qu'elle veut conquérir à tout prix. Et puis à Strasbourg, Cresson retrouve son ami Jean de Lipkowski élu lui aussi pour le RPR. Dans les avions d'Air Inter, elle voyage par ailleurs avec un autre député, Jacques Chirac. Ils ont des affinités et se fréquentent beaucoup : cette sympathie ne se démentira jamais vraiment. Edith passe autant de temps avec le groupe gaulliste qu'avec les siens pour coordonner les positions des parlementaires français contre le libéralisme anglo-saxon. Dans les déjeuners, drôle et primesautière comme elle sait l'être quand elle dépose son agressivité, elle communie avec eux – qui ne votent même plus les budgets de Raymond Barre – contre Giscard. Ce concubinage singulier ne laisse pas Mitterrand indifférent. S'il veut gagner en mai 1981, il doit passer un arrangement avec la composante RPR de la majorité. En octobre 1980, durant les préparatifs de l'élection présidentielle, « Lip » servant d'intermédiaire, Edith organise chez elle, rue Clément-Marot, un dîner clandestin dont Franz-Olivier Giesbert a révélé l'existence [1]. C'est elle-même qui sert à table. Il y a là le premier secrétaire du PS et le patron du RPR. Pendant le dîner, Mitterrand fait miroiter à Chirac tout l'avantage qu'il trouverait à éliminer le Président sortant, cet ennemi intime du futur maire de Paris. Il aurait ainsi pour plus tard la voie libre

1. Franz-Olivier Giesbert, *Le Président*, Le Seuil, 1990.

jusqu'à l'Elysée. Faire l'impasse sur la prochaine échéance pour mieux rebondir, c'est exactement ce que veut Chirac, convaincu d'ailleurs que la gauche ne se maintiendra pas longtemps au pouvoir. Les deux hommes passent un accord tacite. Quelques mois après, Chirac appellera du bout des lèvres ses troupes à voter pour Giscard et fera le nécessaire, sur le terrain, pour qu'il soit battu. Le service qu'Edith Cresson rend au Premier secrétaire est de ceux qu'il n'oublie pas.

La victoire, le 10 mai 1981, est magnifique. Le poste que le président de la République propose à la « mascotte » en lui laissant trois jours entiers de réflexion pour l'accepter ou le refuser, l'est moins : l'Agriculture! Il y a de quoi réfléchir en effet. Dans un pays hanté par sa mémoire rurale, l'acte politique de Mitterrand ne serait-il pas trop iconoclaste? Cresson serait la première femme de l'Histoire à avoir cette responsabilité ministérielle, la première à affronter un milieu d'hommes et d'intérêts traditionnellement hostiles à son sexe et à la gauche. Pour tenir les engagements du programme commun, il faudrait privilégier l'action brutale et révolutionnaire, prendre d'assaut et casser le monopole de la toute puissante FNSEA, forteresse conservatrice tenue par le RPR, au profit du petit Modef communiste et des Paysans travailleurs, socialisants. Puisque Cresson, en passe d'être élue député, a si bien réussi dans la Vienne, puisqu'elle connaît les problèmes agricoles dont elle s'est aussi occupée à la Convention puis au PS, elle est toute désignée. Inconscience, légèreté, sadisme ou certitude qu'elle peut vaincre tous les obstacles? Mitterrand qui connaît le monde paysan feint de ne craindre ni sa violence, ni sa misogynie. « Je redoute seulement, dit-il à Edith, que vous ne résistiez pas aux nuitsmarathons de Bruxelles, c'est difficile pour une femme. Voyez!» Elle accepte le défi.

Entre elle et les agriculteurs, c'est aussitôt la guerre. Une guerre qui pendant deux ans bouleverse les campagnes, de barrages en saccages. François Guillaume, le patron RPR de la FNSEA, n'y va pas de main morte. Il dit d'elle : « Son agressivité lui tient lieu d'intelligence. » Elle ne l'épargne pas : « Il a pénétré dans mon bureau, il ne me regardait pas en face. J'ai tout de suite compris que c'était un sournois. » Une misogynie débridée abreuve les sillons. Cette femme libre, provoquante, passe pour « une voleuse de maris ». Guillaume excite ses hommes, leurs épouses les suivent. Ensemble, ils veulent jeter « la parfumée » dans le purin et exhibent sous son nez des pancartes : « On t'espère meilleure au lit qu'au ministère. » Partout où Cresson se déplace en province, des cordons de policiers la protègent des agressions. On lui doit la plus grande manifestation agricole que la France ait connue depuis des décennies. Elle n'accepte pas de se dérober aux discours et aux explications publiques : une fois, il faudra même la tirer d'un mauvais fossé par hélicoptère. Courage dont ne font pas souvent preuve les hommes politiques comme Laurent Fabius et d'autres qui, en pareille circonstance, atteints du syndrome de la jacquerie, préfèrent se barricader dans les sous-préfectures. Mais courage qui, à elle, coûte cher : elle doit se mettre aux tranquillisants. Dans cette période, à force de fréquenter les paysans, elle acquiert une idée précise de la sociologie rurale qui vient nourrir son bestiaire : « Je sais toujours à qui j'ai affaire quand je suis sur un marché ou dans une exploitation. La chèvre est de gauche, le mouton – sauf dans le midi – et le bovin, de droite, et le porc, de gauche ou de droite! »

Sur le fond, ayant été nommée pour appliquer des

promesses, elle veut respecter son contrat avec le président de la République et les socialistes. L'impopularité et les manifestations ne sauraient pour elle invalider des choix longuement mûris. Elle privilégie donc les petits agriculteurs au bord de quitter leurs terres, étranglés par leurs dettes auprès du Crédit Agricole. Elle les aide par une multitude de mesures. Elle relance les coopératives d'utilisation du matériel agricole qui ont tant de mal à subsister. Sur le modèle de l'Office du blé, elle fait aussi passer une loi créant des offices semblables pour tous les produits de l'agriculture : grossistes et distributeurs se rencontrent enfin, donnant essor ici et là à une vie économique locale. Elle réussit une énorme opération commerciale en vendant officieusement à l'URSS – elle met Bruxelles au pied du mur – trois millions de tonnes de blé. Dans les négociations de la PAC, elle obtient des prix qui, quoi qu'en dise la FNSEA par pure tactique politique, sont satisfaisants. Elle se révèle une coriace négociatrice, tenant le coup des journées et des nuits sans dormir : « Les négociateurs de la Commission carburaient au whisky. Moi, je ne bois que de l'eau ! » Novice, elle découvre alors le pouvoir de l'administration. Un jour, pour soutenir le cours de la tomate, elle a besoin, vite, de quelques fonds. Le fonctionnaire du Budget refuse de les lui débloquer, jugeant qu'elle n'a pas à dépenser des sommes pourtant votées. « J'ai réalisé alors qu'un ministre a moins de poids qu'un obscur administratif et qu'il est infantilisé. Cela m'a beaucoup plus choquée que les cris des paysans. J'ai commencé à comprendre les blocages de notre système. »

C'est une période très dure : la droite, perclue de haine, a décidé de liquider rapidement les socialistes et le ministre de l'Agriculture est une proie rêvée, comme l'école privée est, par ailleurs, un front privilégié. Pour les socialistes, tout vacille; le reflux rose est amorcé. Mais, paradoxalement, c'est la femme à abattre qui va survivre à la déroute et narguer par là même l'opposition : aux municipales de 1983, Cresson emporte enfin Châtellerault. A la force du poignet et du mollet, tant elle a monté d'escaliers dans les HLM. Remarquable succès : elle est la seule de tous les candidats socialistes à s'imposer dans une ville de plus de trente mille habitants. Quand Mitterrand la félicite au Conseil des ministres, de peur d'agacer, elle se fait toute modeste : « J'ai simplement eu de la chance. »

A l'Agriculture cependant, la situation est politiquement intenable. Il est temps de mettre à la place d'Edith Cresson un ministre plus apaisant qui renouera le dialogue avec la majorité des agriculteurs – quitte à leur accorder des concessions qui n'étaient pas prévues au programme. Ce sera... Rocard, à qui François Guillaume dira : « Ça fait plaisir de parler enfin d'homme à homme! » Mitterrand profite de la démission de Michel Jobert du ministère du Commerce extérieur. Il joint Edith Cresson par téléphone à Bruxelles où elle négocie. « Ce poste est fait pour vous. Vous aimez les chefs d'entreprises, l'économie, les voyages et votre anglais fera merveille. » Elle renâcle :

« Je préférerais continuer à l'Agriculture. Ce serait plus sérieux d'aller jusqu'au bout de ce que vous m'avez demandé d'entreprendre.

– Non, vous devez y aller. »

Elle n'a pas à le regretter. Au moment où la gauche opère son grand tournant économique et où le ministère qui lui échoie va jouer un rôle symbolique, elle fait la connaissance de son troisième héros qui, celui-ci, sera un alter ego.

Jusqu'à présent, dans l'exercice de sa nouvelle profession, Edith Cresson est une femme seule.

François Mitterrand est alors un lointain soutien, et elle n'a auprès d'elle aucun collaborateur qui pourrait tenir lieu de coéquipier, personnage pilier comme en a chaque responsable politique, compagnon de route, chasseur de doutes. Il lui manque un coach qui donne du corps aux orientations, élabore des stratégies, anime des réseaux, protège des coups, renforce la résistance, corrige les failles. Pour ce rôle-là, avec Edith Cresson, le cœur aussi doit dicter le choix.

Tout dans la personnalité et l'histoire d'Abel Farnoux a chez elle de profondes résonances, et pour cette femme qui croit aux signes, à la logique invisible de l'irrationnel, il y a comme un miracle tardif à trouver réunis en un seul être le modèle qu'elle admire et l'intime qui la rassure. Le physique de cet homme de soixante-deux ans ne passe certes pas inaperçu dans la grisaille environnante. Il affiche une gueule de cinéma qui aurait fait merveille dans *Le Parrain*, visage balafré de rides, œil tapi dans les cernes et qui a tout retenu, voix qui roule les pierres du Vaucluse et répercute l'écho sourd des alcools. Les bouquets artificiels des pochettes de soie fleurissent les costumes qu'il choisit lui-même ; Farnoux a l'audace évidente du Latin, fils et protecteur des femmes, aux manières tantôt brutales et méprisantes, tantôt caressantes et familières, aussi solide dans la violence que dans la sentimentalité, dans la dureté que dans la générosité. Mais Cresson ne voit là que marques extérieures et séduisantes d'une force intérieure qu'aucun conformisme ne saurait faire plier. Car s'il fallait d'un mot résumer Abel Farnoux, ce serait celui de résistant. Elevé dans une famille modeste d'Entraigues où son père tient un garage, milieu aux opinions très à droite, aux pratiques très chrétiennes – trois de ses six sœurs entreront dans les ordres, l'une sera mère supérieure des

Sœurs Blanches –, il ose, gamin, s'insurger contre la guerre que Mussolini mène en Ethiopie et contre le refus de Léon Blum d'intervenir aux côtés des Républicains dans celle d'Espagne : « Cette dérobade ou cette incapacité m'a beaucoup marqué. » Boursier, il choisit l'école des PTT « parce qu'on y est payé dès le premier jour et que je ne voulais rien devoir financièrement », monte à Paris et obtient le titre d'inspecteur des télécommunications. Son destin emprunte définitivement la voie hertzienne : entre 1939 et 1941, replié dans le Sud où il remet en service le principal centre récepteur PTT de France, il acquiert dans les transmissions un savoir-faire exceptionnel. Entre gaullistes et vichystes qui s'affrontent aussi sur les ondes, il n'hésite pas. Aussi, quand en octobre 1941 il est enrôlé en guise de service militaire dans le Chantier de jeunesse n° 15 de l'Estérel, parcourt-il la région en distribuant sous le manteau la propagande de la révolte et apprend à faire clandestinement des faux qui, à cette époque, servent aux permissions. Dès 1942, ce talent est utilisé par le deuxième bureau pour procurer aux résistants des couvertures et Farnoux voyage parfois pour cela en zone Nord. C'est ainsi que, de passage à Paris le 15 juillet, il apprend par un contact, un commissaire de police, qu'une rafle monstrueuse aura lieu le lendemain. Le soir même, il réussit par ruse et sans trop de risques à sauver quelques jeunes juives. Mais au Vel d'hiv ensuite, où il se rend en franc-tireur, faux brassard de la Croix-Rouge au bras, il ne parviendra à convaincre que quelques-uns des malheureux parqués de les suivre, pendant qu'il en est encore temps. Farnoux n'oubliera ni cette innocence résignée, ni l'odeur du vélodrome. Il redescend à Lyon où il noue des contacts plus sérieux avec le réseau d'Aubrac. « Mais j'étais un petit, faisant des petites choses à côté de ces figures-là. On m'utilisait pour les papiers et pour ma connaissance des émissions internationales. » L'arrestation de Jean Moulin sème la panique et Farnoux se planque en Camargue avant d'essayer de franchir la frontière espagnole, au Boulou, en juillet 1943. Il est vendu par le passeur, arrêté par les Allemands, torturé, envoyé devant le peloton d'exécution, épargné au dernier instant, et ainsi cinq fois de suite. Après, c'est Buchenwald. Dans le camp, cet ex-militant de l'Action catholique, débrouillard, inventif, capable de bricoler une boussole ou un poste de radio, participe activement à la mise sur pied de l'organisation souterraine des déportés chrétiens de toutes nationalités tandis que de leur côté les communistes en font autant. Respect et estime mutuels, entraide au-delà des difficultés de la langue, creuset d'amitiés indéfectibles entre deux familles d'esprit aussi structurées, aussi déterminées l'une que l'autre tandis que « les socialistes n'avaient pas d'armature ». A Buchenwald, Farnoux se lie encore avec des anti-fascistes italiens, des anti-nazis allemands dont Kurt Schumacher, le futur fondateur du SPD auquel il restera lié jusqu'à sa mort. Il apporte en cachette la soupe d'une partie des Français aux officiers de l'armée Rouge dans leur bâtiment : « Ça crée des liens... », qui seront fort utiles, en temps de paix, pour ses activités industrielles et expliqueront que, dans toutes les capitales européennes, il embrasse fraternellement tant de patrons ou de syndicalistes; qu'à l'Est, il ait des entrées qui favoriseront ses missions très spéciales. Car ses réseaux prennent tous racine dans ce Block 14 où il passe sa captivité, et résisteront plus tard aux aléas de la politique, en 1958 comme en 1968. « C'est dans le camp que j'ai découvert mon âme de leader, d'animateur, alors qu'avant je faisais tout en solitaire. J'ai compris très vite le fonctionnement du système concentrationnaire et, à partir de là, j'ai acquis un certain nombre de comportements qui, en toutes circonstances, me paraissent assurer la survie. » Son courage s'inscrit toujours dans cette prudence existentielle, et trace ainsi une ligne de démarquation infranchissable vers le flamboyant. Mais le flamboyant n'est pas l'affaire d'Edith Cresson et lorsque, rencontrant Farnoux en 1983, elle entend ce récit d'un brave, comment ne penserait-elle pas, dans un vertige, à Marcel qui dépérissait à Mauthausen tandis qu'Abel tenait à Buchenwald? Quarante ans après, le vivant relève le mort et reprend la main de la petite Campion. Qui pourrait dès lors altérer le sentiment de responsabilité réciproque qui les lie, et que ni l'un ni l'autre ne trahira jamais?

Farnoux épate Cresson. Car la suite de sa vie n'est pas moins « fascinante ». Evacué par train de Buchenwald, il s'évade et rejoint les lignes américaines. Le voilà intégré au cinquième bureau. Désobéissant aux consignes de l'armée de Patton, il vole un camion militaire et fonce vers la zone soviétique, en Tchécoslovaquie où des déportés croupissent dans le camp de Letomerice. Il embarque un groupe de prisonnières moribondes parmi lesquelles se trouve une jeune résistante, Yvette, qu'il épousera bientôt. A peine la guerre terminée, incapable de réintégrer la vie civile et toujours au service des « services », il part pour l'Afrique noire d'abord, du Nord ensuite. Sénégal, Maroc, enfin Algérie jusqu'en 1957 : pour les PTT puis pour CSF, il s'occupe de la fabrication et de l'installation du matériel des transmissions civiles et surtout militaires. A Alger, il est emprisonné puis expulsé pour avoir dénoncé ouvertement les tortures contre les Arabes. Gaulliste, il se rend vite compte de la montée irrépressible de l'indépendantisme mais la politique, quoique ses amis aient, entre autres, pour nom Guillain de

Bénouville, Maurice Schumann, Jacques Chaban-Delmas, n'est pas sa tasse de thé. Il a un goût exclusif pour l'action, une passion totale pour l'industrie dont il fait son idéologie. Farnoux développe de façon maniaque ses qualités jusqu'à en faire des travers : goût de la clandestinité et de la confidentialité, sens des réseaux, audace des conceptions, patriotisme économique, disposition à l'embrouille, culot à toute épreuve, « à la fois adorable et haïssable », comme l'affirme un de ses proches. « Un extraverti extra-secret », dit Cresson qui en donne la meilleure définition.

Rentré à Paris un an avant de Gaulle, Farnoux est impliqué dans le recrutement des ingénieurs de l'usine CSF d'enrichissement de l'uranium qui donnera naissance à la première centrale nucléaire. Il noue là des relations avec les responsables du complexe militaro-industriel qui ne se distendront pas. Il procède pour son carnet d'adresses comme les Soviétiques pour leur glacis stratégique : par annexions successives, à coups de tutoiements, de soutiens amicalement intéressés, de tapes dans le dos, logistique personnelle extrêmement efficace, fondée sur une utilisation continue et maladive du téléphone. A cette époque, il s'intéresse de très près aux composants électroniques dont il comprend, l'un des premiers, l'importance pour le civil, et donc pour le secteur des activités grand public de CSF dont il devient directeur général. L'électronique occupera désormais son existence. Peu à peu, il acquiert une doctrine révolutionnaire à ce moment de l'Histoire : pour lui, nationaliste jusqu'au bout des ongles, la grandeur industrielle de la France ne saurait se construire dans le repliement hexagonal. Les projets éblouissants pour le spatial, le nucléaire, l'aéronautique, la télévision couleur, oui. Mais pas isolés : il faut s'ouvrir, par nécessité, aux alliances

57

avec les Américains ou les Européens. Il ne transigera jamais sur cette conviction. Ses discours en agacent plus d'un parmi ceux qui croient à la glorieuse et puissante solitude. Sa vocation européenne le conduit en 1967 à Eurofinance. Homme de l'ombre, il aide à faire transiter des armes pour Israël, via la Belgique, en juin de cette année, quand de Gaulle déclare l'embargo. Puis il réintègre Thomson CSF, les deux groupes ayant entre-temps fusionné. Alors, il mène son premier grand combat, cocardier, technique et visionnaire pour la télévision couleur. Une de ces affaires politico-industrielles qui ont un parfum de feuilleton américain où le héros, isolé et sûr de lui, finit par triompher de l'establishment. En l'occurrence, Abel Farnoux a pour adversaires des hauts fonctionnaires du commissariat général au Plan. Le procédé Secam ayant été mis au point, ils veulent que la France maîtrise entièrement la fabrication des postes, y compris des tubes images-couleurs. Pour Farnoux, « c'est une connerie. Cette technique des tubes est promise à un grand avenir. Il vaut donc mieux s'associer avec un géant qui nous ouvrira par là même des marchés que nous ne conquerrions pas tout seuls. En face, il y a les Japonais. » Le débat, capital pour la stratégie industrielle des entreprises publiques, agite les interministériels. Il faudra attendre l'arrivée de Pompidou à l'Elysée et de Simon Nora à Matignon pour qu'on prenne en compte la position de Farnoux. Celui-ci propose pour associé le meilleur à ses yeux : l'Américain RCA. Dans l'hostilité, il fait un lobbying extraordinaire, assiège tous les responsables, palabre des heures et des jours, envoie note après note sur du papier impossible à photocopier, vole entre Paris et les Etats-Unis... et gagne. L'accord Thomson-RCA est signé, et Farnoux devient en 1971 le patron de Videocolor, la filiale qui fabriquera les tubes couleur et dont les équipes feront un jour, sans lui, l'une des trois premières compagnies mondiales.

Car s'il a un remarquable sens de la stratégie, il pèche par la gestion – près de deux cents millions de déficit en 1980. Fort de son précédent succès et certain de sa capacité de conviction, Farnoux se met en effet à racheter, en Allemagne, avec le soutien de ses actionnaires, une usine de production de tubes aux technologies intéressantes mais qui se révèle une mauvaise affaire. C'est que, là encore, il défend ses intuitions prémonitoires pour l'électronique grand public, nerf de la guerre économique de demain. Ils sont bien peu nombreux alors à dénoncer comme lui le danger japonais, à réclamer des regroupements, à hurler, dès les premières élections européennes, que la nouvelle Assemblée doit voter d'urgence une loi organique industrielle, pour limiter les importations et surtout les investissements non communautaires. Personne n'écoute ce fou qui voit juste. Echec financier, thèses prétendument fantaisistes, désaccord avec la direction de Thomson qui se résigne à perdre la partie devant les Nippons, manières vraiment insupportables baptisées « farnouseries » : il est licencié en 1980. Les années noires commencent...

Quand Abel Farnoux entre pour la première fois dans le bureau d'Edith Cresson en 1983, il est comme un boxeur groggy. Il vient d'essuyer un autre dur échec qui le meurtrit d'autant plus qu'il y voit pour la France, et accessoirement pour lui-même, le signe annonciateur d'une catastrophe. Après la victoire de la gauche, dès août 1981, le nouveau ministre de la Recherche et de la Technologie, Jean-Pierre Chevènement, n'avait pas hésité à confier à ce gaulliste une mission dite de « la filière électronique ». Tâche à la mesure de sa disponibilité et de sa compétence. Farnoux, avec le pouvoir qui s'installait et manifestait de l'intérêt pour sa passion, pouvait enfin espérer faire prévaloir ses thèses. D'ailleurs, le candidat François Mitterrand n'était-il pas allé visiter le Salon des composants qu'Abel avait contribué à organiser? Il devait donc faire l'audit d'un secteur dont les faiblesses en quelques années se sont terriblement amplifiées, et chiffrer les investissements nécessaires sur cinq ans pour le consolider. Or son rapport rigoureux et ses propositions astucieuses n'ont pas été suivis. Le gouvernement vient d'y renoncer, effrayé par l'évaluation du sauvetage. « Cent trente milliards de francs », a annoncé Chevènement en Conseil des ministres. « Trop cher », a répondu Mitterrand qui a déjà allongé des subventions à l'inutile Centre mondial de l'informatique de Jean-Jacques Servan-Schreiber et n'a jamais souhaité s'engager dans une réflexion sur cet enjeu vital. « Les socialistes, dit Farnoux à Cresson, porteront une responsabilité historique. » S'il pouvait convaincre le ministre du Commerce extérieur fraîchement nommé que l'avenir industriel du pays est en péril, tout espoir d'aboutir un jour ne serait pas perdu. Car il refuse de lâcher, persuadé qu'il faut à tout prix endiguer la marée japonaise. Le rebondissement étant dans sa nature, il est déterminé à réaliser au moins l'une des mesures qu'il a préconisées : favoriser l'implantation de firmes françaises aux Etats-Unis de telle façon qu'à terme, des alliances franco-américaines soient possibles. Il a bien sûr en tête son propre sort : sa soixantaine, son caractère controversé et ses ratages ne prédisposent pas les décideurs français à l'embaucher. Il se verrait donc volontiers en lobbyman chargé de mettre en œuvre à New York cette politique qu'il a lui-même définie. Edith Cresson, qui l'écoute intensément et se laisse séduire par la fresque qu'il brosse de son action passée, de ses projets, va intervenir pour lui. Il obtient la création d'une structure spéciale F.TECH, financée par des fonds publics et privés et chargée de cette mission américaine. C'est le début de leur communion et, dès lors, Abel Farnoux, quoiqu'il passe désormais le plus clair de son temps de l'autre côté de l'Atlantique, a pris la place vide qui l'attendait aux côtés d'Edith Cresson. A partir de là, elle s'envole, elle, vers le succès. Il n'y est pas étranger.

Le pragmatisme de Cresson trouve son compte dans son nouveau poste. Le déficit de quatre-vingt-treize milliards qu'enregistrent cette année-là nos échanges commerciaux représente un beau défi. De surcroît, pas d'administration lourde à gérer ni d'énorme budget ou de syndicats professionnels déterminés au combat. Dans ce ministère du Commerce extérieur, Cresson va « inventer » une méthode. Si l'affaire des magnétoscopes japonais, bloqués à Poitiers en 1982, a satisfait ses convictions cocardières, elle lui a aussi « permis de réaliser que le protectionnisme est une mesure insuffisante pour fortifier une économie. Il dispense nos industriels de faire les efforts nécessaires pour pénétrer les marchés étrangers. Or c'est là que le bât blesse ». Elle est sûrement l'une des premières à gauche – et Farnoux ne fera que la conforter – à avoir compris qu'une partie industrielle sans pitié se jouait déjà à l'échelon de la planète. Dès le début 1984, dans un de ces vols charters très prisés qu'elle organise pour les chefs d'entreprises, elle prophétise : « Observez les navires japonais sur la côte ouest des Etats-Unis, avec leurs chargements de pièces détachées et d'hommes entassés dans les soutes comme des rats. En un rien de temps, dans les usines qu'ils ont ouvertes sur le continent, ils montent les meilleures voitures du monde pour un prix ultra-compétitif. Reagan et tous ces ultra-libéraux stupides laissent faire. Vous verrez : dans cinq ans, il n'y aura plus d'industrie automobile américaine. Bouffée! Ce sera pareil pour tout, et si on n'y prend pas garde, il nous arrivera la même chose![1] »

Il faut lutter. Elle n'a qu'un seul moyen à sa disposition : la communication. Mais une communication selon Cresson. Pour sensibiliser les patrons français – mentalité hexagonale, esprit provincial, poussivité séculaire et suffisance mortelle –, elle décide de leur faire voir le monde. Edith se métamorphose en meneuse de revue industrielle. C'est une femme sexy et pleine d'allant, maîtresse de tous ses charmes, maniant la langue de Shakespeare à la perfection, qui entraîne ses « petits pères » de New York à Tokyo, de Mexico à Séoul, à l'assaut de l'univers, plaidant pour l'audace industrielle, le *joint-venture*, l'agressivité et la compétitivité commerciale, l'adaptation des produits aux marchés, le sérieux du service après-vente. « Le meilleur ministre du Commerce extérieur qu'on ait jamais eu! » s'exclame Jacques Delors admiratif. Les médias s'emparent de cette initiative surprenante et de ce personnage original : elle occupe la scène, connaît le seul et bref moment de notoriété de toute sa carrière.

Mitterrand l'observe et, avant de nommer Laurent Fabius Premier ministre en juillet 1984, il lui pose cette question :

« Ça vous amuserait un jour?

– Amuser, ce n'est pas le mot. Ça doit être très lourd! »

Le président de la République élargit alors ses attributions en lui ajoutant la responsabilité d'un autre ministère, symboliquement baptisé « Redéploiement industriel ». C'est le versant noir de ses activités puisque la voilà en charge des secteurs

---

1. Conversation avec l'auteur, mai 1984.

sinistrés de l'économie française : les chantiers navals, la sidérurgie, les mines et Creusot-Loire, le plus grand désastre industriel. Elle rencontre alors son P-DG « médecin-légiste », Didier Pineau-Valencienne, qu'elle aide, malgré l'hostilité de Fabius, à sauver des milliers d'emplois en procédant à une mise à plat du groupe.

Toute à son action, elle se bat précisément contre le nouveau chef de gouvernement pour créer une Ecole nationale de l'exportation. Fabius veut la calquer sur l'ENA ; Cresson prétend que « ce sont les camionneurs qui passent les frontières avec les marchandises, et les standardistes qui doivent prendre des commandes par téléphone, qui ont besoin d'apprendre l'anglais ». On la retrouve encore à Bagdad où elle fait avec succès le siège d'un ministre de Saddam Hussein, nommé Ramadan, pour négocier le remboursement de l'aéroport et de l'université construits par les grands du bâtiment français, lesquels n'ont toujours pas vu la couleur d'un dollar. Au Commerce extérieur, elle trouve son bonheur. Moment parfait : le service de la France se confond avec la dévotion pour son chef. Patriotisme se conjugue avec socialisme : Edith Cresson pavoise. Il lui manquait une guerre pour se révéler, elle l'a. Les adversaires économiques de la France, le Japon et l'Allemagne en tête, vaincus hier, vainqueurs aujourd'hui, lui fournissent l'occasion de rejoindre son modèle et le camp de la Résistance.

Auprès de Mitterrand, elle se montre de plus en plus ferme. Elle a acquis une compétence qu'il n'a pas, dans un domaine qui l'ennuie. « Les industriels, ce n'est pas sa tasse de thé. Il ne les a jamais fréquentés, car ce n'est pas les connaître que d'être l'ami de Jean Riboud, d'André Rousselet ou plus tard de Pierre Bergé, si séduisants et qualifiés soient-ils. Les chefs d'entreprise sont pour la plupart des gens de droite, ça lui déplaît. Il ne comprend pas qu'il faut faire avec, puisque c'est eux qui sont là. Et puis pour lui, le poids de la France s'évalue d'abord à l'aune de la diplomatie. Quand surgissent des difficultés d'argent, il répond qu'il a toujours vu les responsables recourir à la "hausse sur le tabac et les alcools", des expédients vieux comme le vieux monde. » A l'Elysée, sur tous ces problèmes, Mitterrand entend des sons de cloche contradictoires suivant que Jacques Attali, Alain Boublil ou Jean Riboud l'entreprennent. L'avis d'Edith n'a pas le même poids que celui de ces hommes. « Il ne s'est pas fait une religion sur ces sujets. Il lui était donc difficile de les arbitrer. » Mais elle ne cède pas.

Ce n'est pas que le Président et son ministre s'éloignent l'un de l'autre. Mais de plus en plus leurs différences sont criantes. Qu'ont-ils à se dire, au fond? Elle s'intéresse à des problèmes qui le désolent; il raffole de sujets qui la laissent indifférente. Lui : « Elle a une passion exclusive pour l'industrie, c'est irritant. Elle est, comment dire... spécialisée. [1] » Elle : « Je me souviens d'un déjeuner dont la plus grande partie a été consacrée à parler d'un certain chien alors que je voulais l'entretenir d'affaires sérieuses. J'étais exaspérée! » Elle n'aime pas la cour dont il est entouré, la façon dont Mitterrand joue en donnant d'humiliants coups de patte à des convives serviles. Il ne la convie ni à l'ascension de Solutré, ni aux descentes dînatoires de la rue de Bièvre. Elle : « Je ne l'amuse pas. Je ne crois pas d'ailleurs que mon rôle serait de le distraire. Je ne fais pas partie de cette espèce-là. » Les grands patrons et ses « petits pères » limitent évidemment son horizon. Elle n'aime que les livres, voit quelques films, ne court pas les expositions, écoute rarement de la musique. Pas mondaine pour deux sous, elle ne

---

1. Entretien avec l'auteur, 13 novembre 1992.

dîne pas en ville, ne papote pas chez Claude Maxime et ignore à peu près tout de ces potins que Monique Lang colporte si méchamment et dont Mitterrand raffole. Chez elle, pas de réceptions; elle n'est pas l'âme d'un club select où se tisse la toile solide des relations de pouvoir, et elle préférera toujours les chevaux sauvages de Zingaro, maître de la force animale dressée, aux ennuyeuses subtilités du gratin. Entre le président de la République et elle, cela ne conduit pas à un dialogue nourri.

La cohabitation est une période difficile pour le député Edith Cresson. La vie méchante, feutrée et repue de l'Assemblée, une vie de notables, l'ennuie; l'action ministérielle lui manque. Elle découvre aussi qu'il n'est pas si agréable de perdre du jour au lendemain voiture et chauffeur, ces privilèges du pouvoir qui vous font perdre la sensibilité du macadam. Deux journalistes, la voyant l'air égaré devant le Palais-Bourbon en quête d'un taxi qu'elle ne sait plus héler, la raccompagnent chez elle : « C'est très gentil à vous. J'ai un peu oublié tout ça! » lance-t-elle dans un rire. Au PS, elle est secrétaire nationale à l'Industrie et, comme tous les proches, voit beaucoup le Président. En 1987, alors que le tout-politique suppute sur la candidature éventuelle de François Mitterrand aux présidentielles, elle est, avec cinq autres compagnons – Bérégovoy, Bianco, Joxe, Lang et Mermaz –, mise dans le secret : François se représentera. Edith Cresson va alors jouer un rôle inattendu. Edwige Avice a pris la tête au PS du secrétariat national aux Droits des femmes. L'ex-ministre de la Jeunesse et des Sports, personnalité solide et très sympathique, râle : la prochaine campagne électorale ne s'adresse pas aux femmes, comme s'il n'était plus nécessaire que les socialistes s'en préoccupent. « Un abandon de plus, une erreur stratégique et psychologique vis-à-vis des militantes et de l'électorat! » proteste-t-elle. Mais le féminisme traditionnel a fait long feu. S'il faut renouer le dialogue, plaçons-le sur le terrain des préoccupations économiques et sociales, qui sont maintenant le lot de celles qui ont peu à peu infiltré tous les secteurs d'activité. Elle a besoin d'une figure de proue qui incarne ces nouvelles valeurs. Qui mieux que son amie Edith? Elle est une des rares élues de 1986 – « Le scrutin proportionnel m'a sauvé la mise, je suis convaincue qu'il est le seul à permettre aux femmes d'émerger réellement en France » –, et elle est toujours prête à mettre la main à la pâte. Avice propose que, pour la fête des Femmes, le 8 mars 1988, tout le monde se retrouve chez le maire de Châtellerault, dans la salle même où la débutante avait eu son empoignade avec Abelin lorsqu'elle avait débarqué dans son fief. « Edith me regardait avec beaucoup de méfiance. Elle se demandait si ce n'était pas une chausse-trape. L'optique " femmes " ne lui plaisait pas. Elle a toujours pensé que si elle s'y plaçait, ses relations avec les hommes en seraient compliquées. » Les ténors qui font le voyage par solidarité, Jospin, Rocard, Chevènement, sont en effet étonnés de la voir dans ce rôle. Bien obligés de convenir qu'elle est la seule dans le Parti à pouvoir l'interpréter. Cela n'est pas pour déplaire à Mitterrand. Lui qui n'a jamais prisé les pasionarias féministes, quel que soit le mérite qu'il leur reconnaisse, voit rebondir celle en laquelle il a toujours cru.

Une fois réélu, en 1988, il l'impose à son nouveau Premier ministre et la nomme aux Affaires européennes, un poste discret mais capital pour préparer la France au grand marché de 1993. Cresson : « Rocard aurait voulu éliminer tous les mitterrandiens, et moi en particulier. Cet homme, au demeurant pas déplaisant, veut incarner la modernité mais il a l'air de la concevoir sans les femmes. Il ne doit pas avoir confiance en elles. Il n'y en avait pratiquement pas dans son équipe et elles occupaient toutes des strapontins, même les rocardiennes ! Un comble quand on connaît la qualité de quelqu'un comme Catherine Trautman par exemple. »

Depuis près de vingt ans que perdure leur animosité et que se croisent leurs destins, Cresson et Rocard ont pris chacun l'habitude de faire comme si l'autre n'existait pas. Hors Conseil des ministres, ils ne se verront que trois fois entre 1988 et 1990. Cresson, qui n'a jamais rendu de comptes qu'à Mitterrand, se montre plus farouchement autonome encore vis-à-vis de Michel Rocard qu'elle ne l'était vis-à-vis de Laurent Fabius. Aux Affaires européennes, chargée de mission, elle s'octroie un statut que seul un protégé au-dessus de toute remontrance peut s'autoriser. Elle déserte le quai d'Orsay pour s'installer sans crier gare dans un hôtel particulier de l'avenue Raymond-Poincaré. Pour la première fois, elle prend Abel Farnoux, rentré des Etats-Unis sur un échec, à ses côtés. Il ne conseille plus de l'extérieur, il entre dans la place et se comporte en maître. Farnoux vaut à Cresson des déboires avec nombre de ses collaborateurs : il les use, fait régner un climat électrique, mais le ministre lui donne toujours raison contre tous. Car Abel est absolument irremplaçable pour l'aider dans les négociations qu'elle mène à Bruxelles sur les dossiers industriels et commerciaux. Cresson, qui n'a pas d'administration et s'en réjouit, a besoin néanmoins d'informations techniques sérieuses pour les défendre. Seulement, elle veut apporter un point de vue différent de celui qui prévaut à la Commission où les jugements administratifs et politiques guident les décisions, rarement ceux des spécialistes du terrain. « Ne t'inquiète pas, lui dit Farnoux qui n'en est pas à une invention près, je vais te faire un beau cadeau. Je vais t'offrir un collier de GEM. » Il crée alors pour elle les groupes d'étude et de mobilisation – « d'où l'on ne peut sortir qu'excommunié ». Ces structures inédites rassemblent *intuitu personæ* des sociaux-professionnels industriels, syndicalistes, employés, banquiers –, un représentant de chaque ministère concerné, et des élus de toutes tendances à l'exclusion du Front national. Ils sont chargés d'expertiser les secteurs soumis à discussion, de l'agro-alimentaire à la télécommunication, des marchés publics à l'environnement. Ils fournissent en peu de temps des audits et des propositions, fondés sur l'expérience. Cresson et Farnoux vont les faire fonctionner à plein – comme plus tard à Matignon –, agissant en francs-tireurs, au service de cette idée maîtresse qui leur vaut bien des ricanements : le renforcement dynamique des alliances européennes pour endiguer les invasions américaine et japonaise, et la lutte incessante pour que l'Europe-passoire se dote à son tour d'un arsenal juridique protecteur. Ce faisant, ils heurtent de front les intérêts immédiats de certains des Douze, l'idéologie libérale de Bruxelles et de Michel Rocard. Cresson, préoccupée par l'Union économique et monétaire dont elle pressent qu'elle pourrait accroître le chômage si les financiers mondialistes ont seuls droit de rédaction, ferraille immédiatement contre son Premier ministre qui « laisse faire les technocrates inconscients ». Le dossier de l'automobile lui fournit une magnifique occasion de donner libre cours à ses manières peu orthodoxes et de prouver la justesse de ses thèses. A partir du 1er janvier 1993, la liberté de circulation des marchandises en Europe permettra aux voitures japonaises d'entrer massivement dans les pays les mieux protégés de la Communauté, comme la France. Il faut donc mettre sur pied une

position commune des Douze. La Chambre syndi-
cale de l'automobile est allée voir Rocard pour
demander que ce dossier soit confié à Edith Cresson
plutôt qu'à Roger Fauroux. Au nom de l'économie
de marché, de la libre concurrence, et avec la
complicité de Rocard, il était prêt à laisser les Asia-
tiques pénétrer l'Hexagone sans aucune contrepartie et anéantir un secteur capital de notre industrie,
comme ils l'avaient déjà fait aux Etats-Unis! Fauroux
n'est-il pas allé à l'étranger déclarer qu'après tout il
faut s'incliner devant les Nippons, puisque « leurs
voitures sont meilleures que les nôtres! » « Folie, a
mille fois répété Edith Cresson au président de la
République. Les constructeurs européens ont fait
des progrès remarquables. Nous devons tous
ensemble imposer à Tokyo un calendrier d'ouverture progressive des frontières, afin de laisser à nos
firmes le temps de se hisser au niveau de l'adversaire. Ainsi nous sauverons des dizaines de milliers
d'emplois. Fiat, Mercedes, Volkswagen et les autres
sont sur la même ligne que nous, ce qui prouve que
nous pouvons nous entendre quand il le faut. » Avec
une pugnacité jamais démentie, elle bagarre contre
les « irresponsables » du gouvernement auquel elle
appartient et contre ceux de la Commission, le négociateur ultra-libéral Franz Andriessen en particulier.
Elle vole d'une capitale à l'autre, anime des réunions secrètes à l'ambassade d'Italie ou à la villa
Madame à Rome avec les dirigeants européens de
l'automobile, débarque ici et là dans des conclaves
où elle n'est pas attendue, pour « empêcher le massacre », avec un culot décoiffant. Jusqu'à ce mois de
juin 1990 où elle prend la décision de quitter la politique, lasse précisément d'avoir à se battre vraiment
seule, elle ne désarme pas. Alors, se sachant en par-
tance, elle envoie au diable toute retenue de langage. Rocard doit se rendre au Japon? Voilà *Le Jour-*

nal du Dimanche du 10 juillet 1990 qui publie une interview dans laquelle elle l'accuse d'aller faire « des courbettes ». Mais le texte original, édulcoré par le vigilant Abel Farnoux, aurait certainement créé un scandale. En voici des extraits inédits :

« Avant la guerre, en 1939, il y avait aussi des gens qui tiraient la sonnette d'alarme ! Ils n'étaient pas écoutés. Le laxisme, l'abandon sont hélas une constante de notre pays... Oui, je suis sévère. Rien n'est fait, rien. Nous frôlons le désastre national et nous restons les bras ballants. Non seulement aucune décision n'est prise mais surtout le discours officiel est : " Il faut ouvrir tout notre marché aux Japonais ! " Je suis indignée ! En temps de guerre, ces gens-là seraient fusillés... Les contribuables payent pour que l'intérêt général soit défendu, pas celui d'un homme en particulier. » A-t-on souvent entendu un ministre parler ainsi du chef de gouvernement ?

Dès 1988, sur un autre terrain, elle se sent également en porte-à-faux. A peine réélu, parce qu'il a dû nommer Rocard, Mitterrand veut à tout prix donner le parti socialiste à Laurent Fabius. Pour Cresson, volonté du chef de l'Etat ou pas, il est hors de question d'apporter son soutien à « monsieur Fafa ». Aussi, quand Lionel Jospin quitte ses fonctions à la tête du PS pour prendre le ministère de l'Education nationale, est-elle fermement décidée à choisir Pierre Mauroy pour lui succéder. Le comité directeur se réunit pour voter au troisième sous-sol des nouveaux bâtiments de l'Assemblée nationale. Dans cette salle moderne où elle essuiera un jour sa propre défaite, Edith contribue ce jour-là à celle de Fabius. Une indiscrétion dans la presse révèle son vote. Mitterrand est furieux : « Vous êtes libre de vos options, mais il n'est pas bon que ces dissensions soient étalées sur la place publique. »

Puis vient la préparation du congrès de Rennes. Les chefs des différents clans, Jospin, Fabius, Rocard, sont décidés à en découdre pour s'emparer du Parti dont Mauroy n'a été qu'un patron de circonstance et de transition. Du coup, lorsqu'il s'agit à l'automne 1989, en comité directeur, de comptabiliser les troupes de chacune des familles qui devront s'affronter devant les militants au mois de mars suivant, et de mettre au clair les alliances, Mitterrand veut empêcher Roland Dumas et Edith Cresson de voter pour Lionel Jospin. « Le Président nous avait demandé à tous les deux de nous abstenir. J'ai beaucoup hésité. Je n'avais pas envie d'aller contre ma conviction. Je m'étais engagée vis-à-vis de Jospin, que je respecte infiniment. Mais d'autre part, l'enjeu était énorme pour Mitterrand, son autorité sur les socialistes était en cause, à travers Fabius. Une fois de plus, je me suis dit que, quoi qu'il m'en coûte, je ne pouvais pas le trahir. » S'abstenant, elle perd son siège au comité directeur, ce qui ne la trouble pas outre mesure : « C'est un endroit où on parle trop et d'où je ressors toujours avec un terrible mal de tête. » Grave erreur d'appréciation : à un moment crucial, sa loyauté à l'égard de Mitterrand la sépare définitivement des socialistes parce qu'ils sont eux-mêmes en rupture avec lui. Le congrès de Rennes confirme la séparation. Edith est pendant trois journées historiques un des « éclaireurs » du Président. Elle lui téléphone régulièrement pour le tenir au courant de ce happening fou. Elle lui décrit les déchirures inguérissables et la décomposition mortelle de ce qui fut son œuvre. Elle insiste aussi sur les prétentions de Fabius à mettre la main sur toutes les structures du Parti et l'exaspération qui en découle. Mitterrand lui demande de revenir à Paris pour chercher Roland Dumas qui lui transmettra dans l'avion ses directives. Elles sont claires : il faut lâcher Fabius sur ses folles exigences, mais surtout ne pas le tuer. En fait, Mitterrand le sauve, et le président de l'Assemblée nationale, même assommé, ne peut douter qu'à terme le Parti lui reviendra. Ce sera, avec la bénédiction du président de la République, quand Edith Cresson occupera le fauteuil de Matignon.

Pour l'heure, elle est soulagée qu'au terme d'un laborieux compromis Pierre Mauroy conserve ses fonctions. Et même si elle est entrée, elle, dans la lente gestation de son propre départ, elle pense encore de Mitterrand : « Aucun autre ne me donnerait l'envie de recommencer. Je me serais fait tuer pour lui. »

Chapitre 4

SIX MOIS DE RENDEZ-VOUS SECRETS

Dès novembre 1990, Edith Cresson s'est installée avec Abel Farnoux dans les bureaux fraîchement repeints de sa nouvelle société, la Sisie, rue de Miromesnil, à quelques centaines de mètres de l'Elysée. Elle n'a donc pas beaucoup de chemin à parcourir lorsque François Mitterrand l'invite à déjeuner le 17 décembre. Deux mois et demi à peine après sa démission. Elle s'y rend sans aucune arrière-pensée : « Il est coutumier de ces rencontres avec les siens. J'étais un peu surprise qu'il reprenne contact si vite, mais heureuse parce que j'avais de l'affection pour lui. »

Le Président la reçoit dans ses appartements privés en tenue de golf, d'où il revient. « J'ai fait un magnifique parcours ! » s'exclame-t-il en l'accueillant. Elle le laisse dire : taper dans une petite balle, quel intérêt ? A table, dans le coin salle à manger de la vaste pièce meublée de bois blond que dore un feu de cheminée, la conversation entre eux porte longtemps sur la vie telle qu'elle va. Puis, sans modifier son ton de confessionnal, sans que la voix griffe, Mitterrand entame une complainte sur Rocard : « Il n'est pas fiable... Il ne songe qu'à sa popularité... Il ne traduit ni ma pensée ni ma volonté... » Cresson qui durant tant et tant d'années a beaucoup échangé avec lui sur l'actuel Premier ministre, se contente cette fois-ci d'opiner. « J'ai écouté bien sûr mais pour moi, tout ça, c'était du passé. J'étais loin!... » Cependant, le Président insiste trop sur la nécessité impérieuse de rompre avec les méthodes de gouvernement, de se lancer dans l'action : elle décode le message. Le sort de Rocard est scellé, il y aura, après l'inévitable conflit moyen-oriental, un changement de Premier ministre. « Revoyons-nous après les fêtes pour reparler de façon plus approfondie de ce qu'il faut entreprendre », lui dit Mitterrand en la raccompagnant. Il souhaite la consulter. Ainsi, il aurait non seulement entendu mais écouté ce qu'elle lui a si souvent répété avant de quitter la politique? Elle n'y croyait plus! S'il prend sérieusement son avis, il lui réservera forcément un rôle. A cet instant, elle ne soupçonne pas encore celui auquel le Président la destine.

Nulle improvisation dans le scénario que le chef de l'Etat, mystérieux et retors, est en train de mettre au point. La nomination d'Edith Cresson doit rester son affaire exclusive, son œuvre personnelle. Il va organiser cette opération sur le front intérieur avec la même maestria qu'il met à préparer l'intervention française dans la « Tempête du désert ». Dans cette période de tension extrême, Mitterrand manifeste un sang-froid incomparable. Il mène une double vie. Tandis que, sous les projecteurs, jour après jour, le chef des armées, le stratège apprête la France à l'entrée en guerre, dans l'ombre, le Président de tous les Français, le tacticien, arrange la succession de Michel Rocard. Mitterrand s'entretient sans cesse dans son bureau avec un Premier ministre qu'il a condamné, qui le sait, mais ignore ce qui se trame à l'instant. Il reçoit secrètement celle qu'il a choisie pour le remplacer et qui ne se doute pas de ce qu'il a décidé pour elle. Il a le temps : il va pouvoir jauger

Edith Cresson. De son côté, puisque le « chef » le lui a demandé, elle va travailler pour lui. Abel Farnoux, bien sûr, va l'y aider.

Au Tertre près d'Angers, on ne badine pas avec Noël. La vaste maison, où s'entassent dans le désordre de la mémoire familiale, meubles anciens, objets précieux rescapés de la révolution de 1917 qu'ont fuie les parents de Jacques Cresson, vieux billard, oiseaux empaillés, craque sous les bottes des petits-enfants, des neveux, des nièces qui dévalent l'escalier de bois et tournent autour de l'arbre en guirlandes et lumières. Dans la grande cuisine, sur le fourneau à bois, Edith prépare, avec ses filles Nathalie et Alexandra, l'oie farcie, la khasha et le rituel krendil, le gâteau de fin d'année. La fête n'empêche pas l'allègre grand-mère de faire aussi ses devoirs de vacances. Elle veut profiter de ces quelques jours de tranquillité pour mettre en forme les propositions qu'elle a définies avec son conseiller. Quand Mitterrand l'appellera, ce sera prêt.

Elle consigne tout dans de grands cahiers à petits carreaux, entoilés de marron, marque Le Dauphin, qui ne la quittent pas. En ces dernières heures de 1990, elle ne peut pas savoir qu'elle commence à noircir, de son écriture ronde et claire où se mêlent relâchement et obstination, des pages qui deviendront un irremplaçable document sur la préparation d'un Premier ministre. Aucune rature, aucune hésitation : Edith Cresson a une vision précise des orientations qu'il faudrait donner à la politique intérieure de la mi-1991 aux législatives 1993, « afin de limiter les dégâts ». Dans sa chambre du Tertre, elle rédige en se cachant des siens, comme jeune fille elle tenait son journal intime, ce qui pourrait être un programme de gouvernement. Il contient une bonne partie de ce qu'elle essaiera de mettre en œuvre quelques mois plus tard, dans une atmosphère hystérique.

Il en ressort un projet social-démocrate de type rhénan, en rupture avec le libéralisme devant lequel se prosternent pour quelques mois encore les faiseurs d'opinions et la quasi-totalité de l'intelligentsia. Nationaliste et européenne, le futur Premier ministre a deux convictions : demain, ce sont les régions et les villes qui deviendront les nouveaux pôles de puissance et d'échanges à l'échelon du continent ; mais dans chaque pays, sous peine de voir sombrer, avec un égoïsme de riches indifférents, des millions de gens et des milliers d'entreprises, seul l'Etat pourra assurer une régulation à la fois industrielle et sociale. Elle définit donc deux axes d'action apparemment contradictoires : l'achèvement de la décentralisation et la revalorisation du rôle de l'Etat. D'un côté, elle veut casser le jacobinisme persistant, en finir avec les entraves d'une administration tentaculaire, ivre de la prééminence qu'elle a acquise au fil des années sur le politique. De l'autre, elle prêche pour une dose d'interventionnisme qui déclenchera les ricanements et l'hostilité des commentateurs, avant que certains s'y rallient un peu plus tard. Elle écrit, au Tertre, qu'il faut casser la citadelle des Finances pour créer une force de frappe stratégique que constitueraient l'Economie et l'Industrie enfin réunies. Par ailleurs, Cresson suggère de traquer tous les gaspillages : restriction de toutes les dépenses de fonctionnement de l'Etat et disparition progressive de la gabegie suscitée par des projets industriels irréfléchis ; elle réclame un audit des entreprises publiques et la remobilisation de l'Etat-actionnaire qui, sous couvert de grandes mutations idéologiques, oublie qu'il doit demander des comptes aux patrons qu'il nomme ; elle prêche pour une aide aux petites et moyennes entreprises, notamment pour leur budget de recherche : elles restent les principales créatrices d'emplois, il faut les encourager par tous les moyens. Partisane de la déconcentration totale au profit des régions, Cresson suggère d'élire leurs présidents au suffrage universel. Elle propose de briser l'un des fondements même du dogme républicain et socialiste : les établissements scolaires et les universités devraient être partiellement régionalisés, les classes d'enseignement technique et d'apprentissage seraient en partie gérées par les industries locales. Elle n'en finit pas de souligner l'inadéquation du système de formation aux réalités économiques dans laquelle elle voit l'une des causes essentielles du chômage. Elle suggère, pour sauver les agriculteurs et les campagnes, que l'on revitalise les espaces ruraux en les associant étroitement au développement des villes et propose une nouvelle politique d'aménagement du territoire orientée en ce sens. Enfin, sur le terrain de la morale publique, elle insiste sur l'abolition du cumul des mandats pour les élus et la transparence absolue du patrimoine. Edith Cresson a de l'avance sur la société politique française. A Matignon, au-delà de ses propres maladresses, de son incapacité à exprimer de façon cohérente son ambition, elle paiera très cher d'avoir eu raison trop tôt. Mais pour le moment, elle vit dans le bonheur, si tant est que ce mot ait un sens pour elle. Le bonheur d'être reconnue par François Mitterrand.

Le 3 janvier 1991, la présidente de la Sisie se lève de bonne heure pour visiter avec Abel Farnoux l'usine Num d'Argenteuil dont elle souhaite connaître les technologies de pointe. Le repas prévu avec les cadres de l'entreprise n'aura pas lieu. A la fin de la matinée, Edith Cresson est avertie par téléphone que le Président l'attend impromptu pour déjeuner. Mitterrand a émis le souhait qu'elle entre incognito à l'Elysée. Sa voiture devra pénétrer dans les jardins par la grille du Coq, sur l'avenue Gabriel, à l'abri des regards indiscrets. Elle s'arrêtera devant une petite porte. Là, un garde l'attendra. Elle empruntera alors un vétuste escalier en colimaçon qui l'amènera directement dans les appartements privés. Désormais, il en sera ainsi pour tous les autres rendez-vous.

Cresson répond immédiatement à l'appel de Mitterrand et quitte en catastrophe ses hôtes, son cahier marron sous le bras. Il l'accueille, goguenard : « Dites-moi Edith, qu'allez-vous donc faire dans une usine à 9 heures du matin ? A-t-on idée ! » Avec son indémontable sérieux, elle décrit par le menu les automatismes qu'on y fabrique, explique l'atout qu'ils représentent pour la France dans la compétition internationale, commence à brosser une fresque apocalyptique de la guerre industrielle ! Le chef de l'Etat est, lui, plus préoccupé par celle du Golfe. Aujourd'hui même, George Bush doit faire une dernière offre de dialogue à Bagdad avant l'expiration de l'ultimatum fixé au 15 janvier. Mitterrand, quoiqu'il ait confessé à son amie Marcelle Padovani : « Il ne me manque qu'une guerre pour donner ma pleine mesure et laisser ma trace dans l'Histoire », redoute qu'il y ait des morts français dans le conflit prévisible. Et puis, Jean-Pierre Chevènement, ministre de la Défense, ami de l'Irak, menace de démissionner. Les proches du rebelle viennent, il y a quelques heures à peine, de narguer le Président en déclarant que « la France ne saurait se résigner à une logique de guerre ». Vraiment, « de quoi tout cela a-t-il l'air ? » Patience, des jours meilleurs viendront.

En attendant, il faut travailler. Mitterrand et Cresson s'installent dans le grand canapé de cuir clair qui fait face à la cheminée. Edith argumente avec fougue et détermination autour du projet qu'elle a couché sur le papier. « Si nous voulons aborder l'Union économique et monétaire renforcée, il faut absolument mettre en œuvre une politique industrielle volontariste. » Elle insiste : « Il faut créer une sorte de Miti à la française qui permettra de planifier à long terme notre stratégie. Mais ça suppose que le Trésor et les Finances ne soient pas les seuls décideurs des grands choix industriels. Ceux-ci relèvent du politique et d'une concertation avec les dirigeants d'entreprises. » Le Président est-il favorable à ce Miti ? Pourquoi pas... Cresson ne précise pas encore qu'elle en prendrait volontiers la tête, et qu'elle verrait bien Abel Farnoux secrétaire d'Etat à l'Industrie. Mais encore faudrait-il que le nouveau chef de Matignon partage cette conviction. Prudente, elle tâte le terrain. A qui le Président pense-t-il pour diriger la nouvelle équipe ? En tout cas, à quelqu'un qui ne soit pas impliqué dans les affrontements de courants au PS. Jacques Delors sans doute ? « Il ne peut pas quitter Bruxelles, et il faut le conserver pour les présidentielles de 1995, il sera le meilleur. » Dumas peut-être ? « Ce serait le mieux, sans aucun doute. Hélas, il est trop vieux ! » En quittant l'Elysée, sans que Mitterrand ait rien dit, Edith Cresson a la certitude qu'ils ne sont plus que deux à répondre à ses critères. Plus que deux en lice : Pierre Bérégovoy et elle-même. Elle ne doute pas d'avoir, dans ce cas, la préférence du chef de l'Etat.

Se laisse-t-elle envahir par la joie et l'orgueil ? La gloire probable lui monte-t-elle à la tête ? Retenue de femme devant le pouvoir, les honneurs et l'enjeu, singularité de son caractère, ou les deux à la fois : au lieu de s'enivrer de son destin exceptionnel, elle doute. Ce poste est-il pour elle, et surtout, Mitterrand lui donnerait-il vraiment les moyens de la politique qu'elle propose ? Elle s'en ouvre à Farnoux.

Lui-même n'aspire qu'à faire aboutir ses projets de restructurations industrielles, dans l'électronique notamment, en participant d'une façon ou d'une autre à un gouvernement dont ce serait une des priorités. Si Edith était en charge de l'Economie et de l'Industrie par exemple, il pourrait à la fois l'épauler et réaliser son vieux rêve. Il ne lui avoue pas brutalement : il ne la juge pas faite – lui qui, par ailleurs, lui reconnaît tant de qualités – pour Matignon. Mais il n'a pas beaucoup de mal à la convaincre, avec doigté, qu'elle devrait suggérer à Mitterrand un autre « montage ». Puisque le Président n'a pas l'intention de modifier la politique du franc fort et de la désinflation compétitive, pourquoi ne pas lui proposer de mettre Bérégovoy rue de Varenne ? Ils auraient ainsi, Edith et lui, les coudées plus franches pour mener leur guerre économique. Cresson a du respect pour Béré, même si sa pavane permanente l'irrite. Elle répond à Farnoux : « Tu as raison, surtout que Béré en a beaucoup plus envie que moi de Matignon ! »

Pendant un mois et demi les combattants de l'après-Rocard ne se verront pas, pour cause de conflit du côté du Koweit. De l'Elysée, le chef de l'Etat mène sa guerre avec brio. Dans son bureau de la rue de Miromesnil, Edith Cresson vit dans l'incertitude et attend que les missiles finissent de tomber. Le 20 février, à quelques heures de l'offensive terrestre des forces alliées, elle est convoquée en milieu d'après-midi par Mitterrand. Elle passe par la grille du Coq pour une brève entrevue. Sauf imprévisible dérapage dans les sables moyen-orientaux, la France se tirera bien de la Tempête du désert. Le Président peut maintenant passer à la bataille de l'intérieur. Il dit à Edith « d'une voix très douce » : « J'ai pensé à vous... » Elle lui fait une réponse qui traduit sa confiance : « Oui je sais. »

Avec la fin de la guerre, les rumeurs d'un changement de gouvernement commencent à circuler et traversent Paris comme autant de missiles lancés depuis les rampes de l'ambition. C'est dans la logique des choses : les généraux socialistes pressentant les intentions de Mitterrand s'organisent. Chacun de ceux qui ont des raisons de croire à leur bonne étoile y croient. Le fantasme de Matignon saisit les meilleurs, sans compter Michel Rocard qui, lui, se met à rêver d'y rester. Il élabore pour cela une contre-offensive : il compte proposer après le conflit un remaniement qui ôterait au Président toute possibilité de le liquider. Et puis il y a Pierre Joxe, qui pense que son heure a enfin sonné; Pierre Bérégovoy qui entend en vain la sienne tinter depuis six ans, au point que ce carillon a transformé la béatitude de l'attente en cauchemar; Michel Charasse qui aimerait offrir au spectacle de sa vulgarité un cadre digne d'elle; Jean-Louis Bianco qui voudrait enfin quitter l'ombre où il s'étiole. Et bien sûr Roland Dumas qui a même dépêché son copain Jean de Lipkowski plaider sa cause auprès du chef de l'Etat, en janvier, au retour d'une mission au Moyen-Orient. Mitterrand s'est bien gardé de décevoir ces fantassins de la gloire. Il précise à Edith Cresson : « Tout ceci doit absolument rester confidentiel. Vous devez garder le secret. Rien, rien ne doit s'ébruiter. »

La première pensée de celle qui sera bientôt la première femme Premier ministre de l'histoire de France a de quoi surprendre. Elle est empreinte d'inquiétude. « Ils seront fous furieux! » Ils, ce sont bien sûr les ténors du parti socialiste, ses « camarades ». Jusqu'ici, ses relations privilégiées avec le Président, la protection dont elle jouit ont plutôt fait sa force. Mais Cresson ne portait ombrage à aucun de ceux qui briguaient postes et titres, dans le sillage du président de la République. Désormais, tout est changé. D'emblée, apprenant l'honneur extrême qui lui échoit, elle redoute leur courroux. « Oui, ils seront fous furieux ! Ils n'admettront jamais qu'une femme leur souffle cette place ! » répète-t-elle au chef de l'Etat. Il la rassure : « Vous êtes en dehors des courants, c'est très bien, très bien ! » Mitterrand est formel : cette position marginale lui confère de l'autorité. La gauche a besoin d'une personnalité au-dessus de la mêlée qui redonne du sens à ses croyances, du désintéressement à ses valeurs. Il n'attribue guère d'importance, devant elle, au fait qu'elle soit une femme. « C'est le dernier élément que j'aie pris en compte. [1] »

Cela ne suffit pas à l'apaiser. Son instinct l'avertit que l'hostilité est inéluctable. Nous sommes à quatre ans et demi des prochaines présidentielles mais les candidats potentiels, virtuels ou artificiels, préparent déjà l'après-Mitterrand. Ils veulent à Matignon un homme à eux pour les mener sans vague et sans bruit aux échéances intermédiaires. Elle craint plus que tout les réactions de Laurent Fabius. Les relations à peu près correctes qu'ils ont renouées par l'entremise d'Abel Farnoux, sont insuffisantes cependant pour que le président de l'Assemblée nationale devienne jamais un allié. Ce danger obsède Cresson : « L'ampleur de la tâche à accomplir ne me faisait pas peur. En revanche, j'étais certaine d'être très exposée de ce côté-là. » Alors, après avoir consulté Abel, elle se livre à une démarche tout à fait extraordinaire.

Le 8 mars, quand Mitterrand la convoque, elle se lance dans une comparaison entre les mérites de Bérégovoy et les siens en suggérant qu'il vaudrait peut-être mieux qu'il soit, lui, nommé à Matignon.

---

1. Cresson : « Il est exact qu'il ne m'en a pratiquement jamais parlé. Ce jour-là, il m'a seulement dit que c'était une carte de plus. »

Elle argumente à partir d'une longue note de son cahier dont voici le contenu intégral :

« Hypothèse Pierre Bérégovoy.

Avantages : continuité, logique, confiance des milieux économiques (plus importante en période de turbulence), complémentarité avec Edith selon schéma habituel.

Inconvénients : impact mobilisateur réduit (notamment au PS), discours de campagne électorale difficile à fonder, moins d'espérance (mais moins d'éventuelles déceptions), moins d'actes novateurs liés aux discours du Président.

Hypothèse Edith Cresson.

Avantages : surprise, effet de début positif sur la gauche, les jeunes et le PS, mobilisation plus facile de la population active ; pour les élections : hors courants.

Inconvénients : exploiter la surprise sur la durée, risque de blocages de Bercy pour des initiatives économiques ou sociales, moins d'habileté au Parlement. »

Inventaire prémonitoire en ce qui concerne les embûches qui jalonneront le parcours d'Edith Cresson à Matignon. Elle ne se berce pas d'illusions sur la longévité d'un état de grâce dans un contexte de récession généralisée. Mais on voit bien qu'elle attend beaucoup de la base socialiste, se fiant à ses excellentes relations avec les militants. Elle ne s'inquiète absolument pas d'être sans troupes personnelles dans son propre parti. Son abstention à Rennes, croit-elle comme Mitterrand, fait d'elle un chef de file politique capable de rassembler les frères ennemis : les affrontements d'hier seront ainsi dépassés. Elle croit aussi que son discours et ses actes volontaristes sauront convaincre la France travailleuse, comme ses charters avaient galvanisé les chefs d'entreprise. Cependant, elle redit à Mitterrand deux choses fondamentales. D'abord, qu'il y a contradiction entre la toute-puissance de Bercy et du Trésor, donc de Bérégovoy, et le redécoupage qu'elle souhaite. Ensuite qu'il est bien tard, quel que soit celui sur lequel se portera le choix du Président, pour entreprendre de telles réformes avec l'espoir de les voir aboutir. Il lui répond : « Mais non, mais non, il y a encore beaucoup d'années devant nous... » Sur ce point, elle reste sceptique. En tout cas, rien ne pourra réussir sans un contrat moral entre le Président et son Premier ministre. Ce dernier n'aura aucune chance s'il n'obtient pas des engagements précis du chef de l'Etat, à la fois sur le projet d'ensemble et les méthodes de gouvernement. Edith Cresson en discute devant le feu de cheminée avec François Mitterrand. Elle n'a qu'à suivre les colonnes qu'elle a tracées dans son cahier :

« Conditions minimales de chances de succès : accords précis sur programme clair discuté avec le Président et méthodes de travail strictes incluant des conseils restreints. Une cellule Elysée-Matignon pour 1993, branchée et constituée en accord.

Si Edith à l'Economie : un vrai ministère de l'Industrie délégué. Un secrétaire d'Etat à la mobilisation industrielle. Nécessité d'un accord de Béré.

Observations : un changement d'attitude, de tonalité ; quelques actes symboliques nécessaires : " Plus d'espoir c'est plus de risque. "

Autour du projet, nécessité de mettre en place un système de communication grand public et élus. »

A la fin de la discussion, Mitterrand reconnaît que les arguments d'Edith en faveur de Bérégovoy ne manquent pas de justesse. « Mais, poursuit-il, ce ne serait pas assez nouveau. Après Rocard, tout devra être différent : le fond, le style, l'ambition. Les gens devront sentir le changement... Bérégovoy est trop vieux et trop terne... » Voilà dix ans qu'il pense ainsi : c'est exactement ce qu'il avait expliqué à Béré lui-même quand il l'avait écarté au profit de Fabius en 1984.

Edith Cresson, toujours inquiète, ne s'en tient pas quitte. Lors du rendez-vous suivant, elle arrive avec une autre suggestion : « La mission que vous définissez concerne à la fois le budgétaire, l'économique et le social. Pour la mener à bien, il faut une identité de conception totale entre Matignon et Bercy, donc un tandem Premier ministre-ministre des Finances. Ce tandem doit aussi être moderne, clairement marqué de votre sceau, agissant sous votre houlette. Pourquoi ne pas confier l'un de ces deux postes à Fabius ? » Mitterrand balaie d'un revers de main cette suggestion dont l'absurdité politique et psychologique n'aurait pas dû échapper à Edith Cresson. « Ça peut paraître bizarre en effet, mais je me disais que c'était la meilleure façon de neutraliser Fabius. Je voyais juste sur le fond. Beaucoup plus juste que Mitterrand. Etait-il réellement aveugle ? A-t-il vraiment sous-estimé la haine des dirigeants socialistes que j'allais essuyer ? Ou bien, pensait-il surtout urgent de remplacer Rocard ? J'ai expliqué ensuite au Président qu'il serait essentiel qu'il s'implique personnellement dans mon action de Premier ministre. »
Edith Cresson n'a pas une nature à réfléchir trop longtemps aux obstacles qui peuvent se dresser sur sa route. « Quand vous avez la chance inespérée de pouvoir faire ce que vous réclamez depuis des années, vous vous dites : " Je trouverai les solutions quand les problèmes se présenteront. " D'ailleurs, je pensais que Mitterrand parlerait aux socialistes et saurait les remettre dans le rang s'il le fallait. Comme toujours, j'avais en lui une confiance absolue. » Edith Cresson ira donc à Matignon.

Entre le 8 mars et le 17 mai, date de sa nomination officielle, Edith Cresson et François Mitterrand se voient à sept reprises. C'est la deuxième phase de la préparation. Il ne s'agit plus de parler des grandes orientations mais d'aborder les dossiers concrets que le futur Premier ministre devra immédiatement traiter : l'accord Bull-Nec dans l'électronique, la mise en place d'une commission d'enquête sur le financement des partis politiques, et des mesures pour l'emploi, entre autres. Cresson, qui a beaucoup travaillé avec Abel Farnoux, propose un plan social échelonné sur trois ans, et remis à jour tous les six mois, dans lequel s'inscrirait le budget 1992. Ce plan de redressement prévoit l'amélioration de la gestion des crédits de l'Etat, la révision du financement des retraites et de la Sécurité sociale, le lancement d'un emprunt de 100 milliards au moins. Cet emprunt se veut de dynamisation économique et serait indexé sur la productivité industrielle : le peuple serait ainsi actionnaire de son pays. « A tout ceci, Mitterrand répondait qu'il n'était pas contre et qu'il fallait voir. » Hélas, Cresson n'insiste pas assez pour obtenir des réponses plus claires et des engagements plus précis. Ce qui plonge son conseiller dans une inquiétude qui ne le quittera plus.

A l'Elysée, c'est aussi le moment consacré à la mise au point du dispositif gouvernemental, à l'élaboration des lignes principales du discours d'investiture, et au choix du moment pour frapper le grand coup. Le Président et Cresson sont en désaccord sur les modalités pratiques. Le Président n'a aucune intention de laisser son futur Premier ministre libre de tous ses choix et de tous ses mouvements. Ainsi, au fil des semaines, il réfute plusieurs des collaborateurs dont elle lui soumet les noms, avant de les contacter. En particulier deux d'entre eux : Jean-Claude Colliard et François de Closets.

Cresson sait qu'il lui faut absolument un fabiusien pour diriger son équipe, afin de préserver les équilibres claniques. Colliard, qui a été chef de cabinet du Président avant de diriger celui de Fabius à l'Assemblée nationale, lui paraît un excellent choix. Il offre de surcroît l'avantage d'être dans les meilleurs termes avec Farnoux : il a lui aussi servi d'intermédiaire dans le rabibochage entre Cresson et Fabius. « Non, répond le chef de l'Etat, il ne travaille pas assez. » Cresson : « J'ai été étonnée, Colliard n'ayant pas cette réputation. J'ai supposé qu'il avait un contentieux avec Fabius dont le Président se faisait ainsi l'écho. » Elle retiendra finalement Gérard Moine, directeur du cabinet de Paul Quilès. Un énarque aux nerfs d'acier, amateur de chant et de BD, remarquable négociateur. Quant à Closets, elle aimerait qu'il s'occupe du secteur très sensible dont elle a souligné le rôle capital : la communication. Ses compétences diverses, du social à l'économique, son don de la vulgarisation, son discours au scalpel sur le système français, la séduisent. « Mitterrand le récuse : trop rocardien. » Closets prépare surtout un livre au vitriol sur les gaspillages du mitterrandisme qui ne tardera pas à sortir.

En contrepartie, le chef de l'Etat donne son aval pour deux conseillers qui pèseront très lourd dans l'avenir. Abel Farnoux, bien sûr. D'abord, parce que Cresson ne viendra pas sans lui. Ensuite, parce que cet acteur de l'ouverture vers le centre – en 1988, il a convaincu Jean-Marie Rausch de participer au gouvernement – peut rendre demain les mêmes services. Enfin, parce que sa connaissance de l'industrie électronique et militaire en fera auprès d'Edith un tuteur sérieux et solide. Mitterrand accepte encore un autre homme dont il a apprécié la loyauté durant la cohabitation, et dont la présence suscitera bien des controverses : le préfet de droite Yvan Barbot, qui sera chargé à Matignon des affaires de police et de sécurité.

Quoiqu'il prétende : « Je ne me suis pas mêlé du cabinet [1] », le chef de l'Etat y a donc mis sa patte. Mais il n'est pas intervenu dans les détails de sa composition. « Edith avait eu de nombreux collaborateurs dans ses différents ministères [...] Je n'avais aucune raison d'avoir des craintes particulières à propos de son équipe. » Or, elle est, de ce côté, démunie. Le secret que Mitterrand exige d'elle entrave sa marge de manœuvre. Ce serment qui la lie l'empêche de prendre des contacts efficaces dont elle a un besoin urgent. Car elle est sans clientèle, sans réseau d'amis, politiques ou hauts fonctionnaires, susceptibles de la rejoindre. Revers de la médaille d'une personnalité indépendante de tous les groupes d'influence ; faiblesse d'une femme qui a la réputation justifiée d'avoir laissé tomber beaucoup de ses anciens collaborateurs. Elle ne sait pas entretenir la fidélité et la camaraderie par des déjeuners, des pots, et des renvois d'ascenseur qui permettent aux uns et aux autres, par exemple, de se recaser.

Mitterrand, bien sûr, s'occupe de très près du choix des ministres. Edith Cresson lui propose des experts non socialistes. Elle verrait bien Jacques de Larosière aux Finances, Bernard Esambert à l'Industrie. Dans ce cas, Bérégovoy prendrait la Banque de France. Le Président la rabroue. Alors elle veut au moins savoir si, oui ou non, il accepte la structure Economie-Industrie dont elle ne cesse de rappeler la nécessité :

« Il faudra obligatoirement l'accord de Bérégovoy, martèle Cresson.

– C'est vous qui commanderez, vous n'aurez qu'à le lui imposer. »

---

1. Entretien avec l'auteur, 13 novembre 1992.

Il donne en tout cas son feu vert pour installer Dominique Strauss-Kahn à l'Industrie, pour déplacer Lionel Jospin, et il impose un entrant, Jean-Louis Bianco.

« Pour le Travail et l'Emploi, que penseriez-vous de Martine Aubry?

– Ah oui, oui, très bien. Elle est bonne... et elle a un minois! »

Cresson demande que Philippe Marchand retrouve les Collectivités locales, et quitte l'Intérieur pour lequel il n'est pas fait : on pourrait le remplacer par Charasse. Le Président refuse comme il s'oppose au renvoi de Henri Nallet malmené par les « affaires ».

« Il est difficile de le garder à la Justice.

– Si, autrement, ce serait le désavouer. »

Pour le reste, Edith ne cherche même pas à négocier le départ de certains barons contre l'arrivée de talents nouveaux. A chaque nom avancé, comme dit le vulgaire, elle se fait ramasser. Incontestablement, elle ne se bat pas assez, n'exige pas suffisamment, alors qu'elle est en position de force. Abel Farnoux s'énerve. Pour lui, Mitterrand ne se montre pas responsable en épaulant si peu Edith, en lui réclamant un « nouvel élan » avec une vieille équipe : Farnoux est partisan d'un gouvernement d'experts et de techniciens. A elle, il reproche : « Pourquoi le boss t'accorderait-il ce que tu ne demandes pas? » Facile à dire : elle connaît mieux Mitterrand et sait « quand c'est inutile ». Le Président est en effet très circonspect : « Il y avait eu pas mal de changements au cours des dernières années. Pourquoi renvoyer ceux qui avaient fait leurs preuves, acquis une connaissance du gouvernement? Il me semblait que les meilleurs devaient rester là. Il faut beaucoup de temps pour former un bon ministre. Je jugeais dangereux de mettre des amateurs sympathiques, intelligents certes, mais qui auraient été obligés d'acquérir une compétence en même temps que le Premier ministre. Je reconnais que, de ce point de vue-là, je n'ai pas adhéré à ses demandes. » En vérité, il est lui-même prisonnier du PS et des socialistes et ce n'est pas la moindre des ambiguïtés dans lesquelles il entraîne Edith Cresson.

Il se montre d'autant plus prudent qu'il a procédé, dans les derniers temps, à quelques coups de sondes guère encourageants. Par exemple, auprès de Jean-Pierre Elkabbach et d'Alain Duhamel qu'il rencontre régulièrement. Lors d'un petit déjeuner il a évoqué la possibilité de changer Rocard et, parmi d'autres premiers ministrables possibles, a cité Edith Cresson. Elkabbach : « Ce serait un coup médiatique évidemment. Je crains qu'il ne dure pas longtemps. » Duhamel : « Impossible, Monsieur le Président, c'est une joueuse de deuxième division ! » Il n'a pas d'écho plus favorable du côté des duettistes de la communication élyséenne, Jacques Pilhan et Gérard Colé, que le Paris du tout-image a surnommé Pilé et Collant. Mais le chef de l'Etat est convaincu qu'Edith saura très vite faire oublier ces réticences, vaincre ces animosités. Il croit, sur le tard, à la magie : « Foncez, lui conseille-t-il. Allez-y, n'hésitez pas ! Vous pouvez, vous devez tout bousculer. » Il est en général inutile de lui tenir deux fois ce genre de propos : « Le Président comptait sur moi pour renouer avec les ambitions de la gauche, lui donner un nouveau visage, moderne et dynamique. Il fallait retrouver, avec un projet différent certes, l'élan vital de 1981. »

Mitterrand est obsédé par la recherche de l'instant le plus favorable. Il lui faut agir encore au zénith de sa popularité après la victoire sur l'Irak, mais il ne peut donner le sentiment de liquider Rocard avec brutalité, de profiter d'une trop belle occasion. « Il n'a pas voulu non plus attendre tranquillement la fin de la session parlementaire comme je le lui ai demandé. Je pensais que c'était plus judicieux vis-à-vis des députés, plus respectueux vis-à-vis de la machine législative. Cela aurait d'ailleurs facilité mon arrivée. » En vérité, Mitterrand jubile, pressé d'avancer son pion et de surprendre tout le monde. Pour la soirée du dixième anniversaire de la victoire de la gauche qu'il offre à l'Elysée – un somptueux dîner par petites tables – , il convie Michel Rocard et Edith Cresson. Quelques mètres seulement séparent l'actuel et le futur Premier ministre. Le Président passe de table en table, converse aussi aimablement et hypocritement avec l'un qu'avec l'autre, espérant tromper la vigilance de tous ceux qui guettent le moindre signe de sa part. Il joue bien. Le dimanche 12 mai, il appelle Cresson et lui signifie qu'elle doit se tenir prête pour le lendemain du week-end de Pentecôte. Ce même jour, elle se rend dans un cinéma des Champs-Elysées. Sur l'écran, Cyrano dit à Roxane :

« Je vous croyais princesse, vous êtes une héroïne.

– Monsieur de Bergerac, je suis votre cousine. »

Edith Cresson a les larmes aux yeux.

Mais une fuite savamment orchestrée par ceux qui à l'Elysée s'opposent déjà à sa nomination, oblige le chef de l'Etat à précipiter le mouvement. A 15 heures, le 15 mai, la nouvelle tombe sur le fil de l'agence France-Presse : Edith Cresson devient héroïne.

Chapitre 5

LA PREMIÈRE DANS L'HISTOIRE

Le rideau du Vingt Heures des chaînes de télévision s'ouvre en fanfare, ce mercredi, sur le visage radieux et la silhouette décidée d'Edith Cresson, que les Français découvrent en dînant. Ils ne savent à peu près rien de ce chef de gouvernement inattendu qui n'est ni une habituée des caméras ni une vedette de la politique, mais il ne leur échappe pas que le vieux pays latin respire soudain un air neuf. Avec une femme à sa tête, il s'est habillé vraiment moderne. François Mitterrand leur confirme cette révolution qu'il baptise « nouvel élan » – on n'est pas pour rien au printemps –, en leur présentant à l'écran celle qu'il a choisie pour sa « compétence » et son « caractère ». « Madame Edith Cresson [...] m'est apparue comme la plus apte [à] muscler davantage encore notre économie et porter nos industries au plus haut avant l'ouverture du grand marché unique, le 1er janvier 1993. » Ce body building national est indispensable pour créer des emplois, réduire les inégalités, garantir la Sécurité sociale et les retraites.

Les femmes surtout se réjouissent. Elles attendaient depuis longtemps la consécration au pouvoir d'une des leurs, sans trop y croire. De gauche ou de droite, elles jettent pour un temps leurs étiquettes

93

politiques aux orties. A Dreux, même des militantes du Front national s'extasient : « C'est formidable, Mitterrand a fait quelque chose de bien ! » Dans les magasins, les bureaux et les ateliers, partout sauf dans les fermes où l'on déteste toujours autant la « parfumée », c'est l'allégresse et l'espoir. Les déclarations des célébrités qui ont déjà réussi le parcours d'obstacles trahissent l'intensité de leur contentement, et leurs propres difficultés. Sur une radio, Françoise Giroud confond les genres et s'enflamme : « Edith Cresson en a, comme on dit ! » A l'Assemblée, la député socialiste Denise Cacheux réclame vengeance : « Les mecs vont en chier et c'est très bien ainsi. » Christine Ockrent et Anne Sinclair restent maîtresses de leurs mots : « Bravo, il était temps ! » Florence Arthaud évalue la compétition : « La France avait du retard sur l'Angleterre, elle le rattrape. » Les sondages sont à l'unisson et Edith Cresson s'installe avec la bénédiction de 73 % des Français. Un record.

Elle ne prête pas attention à cet état de grâce dont elle a prévu qu'il ne durerait pas, ni ne cherche à l'analyser. « J'éprouvais de la fierté bien sûr, mais une fierté d'ordre patriotique. » A puiser l'essentiel de son énergie dans l'hostilité, comme tous ceux qui ont appris le mal avant le bien, elle perd pied dans l'harmonie. A toujours privilégier l'action, elle en oublie l'affection : elle ne prend donc pas en compte – non par morgue, mais par incapacité sentimentale – cette bienveillance populaire toute disposée à se transformer en amour. Elle n'a pas non plus conscience de sa responsabilité de femme devant les femmes, et de l'énorme enjeu dont elle devient ainsi le symbole. Or, si l'accueil des Français est plus que favorable, il n'y a pas blanc-seing. Les promesses n'abusent plus personne, la poudre aux yeux suscite la méfiance, et le choc de sa nomination est trop

able pour qu'on le traite avec naïveté.
sent la majorité des gens, ça fait plaisir mais
ir... » L'attente n'est peut-être pas dénuée
pensées chez certains, mais elle est saine.
de, tout peut s'inscrire : l'enthousiasme ou
admiration ou le mépris, la patience ou
tion. Cette suspension des possibles res-
une devanture nue. A décorer.
-on de cela au Premier ministre, elle
les épaules. L'image d'un être, et sa
l rapport ? Pour elle, aucun. Elle a une
le résultats, les citoyens se prononceront
lle les croit trop sérieux pour juger selon
tères que le sien. Pas une minute, l'idée
qu'il lui faut prendre de vitesse ceux qui
ger de tracer son portrait. Toute sa faute
que l'on peut gouverner sans mettre au
litique sophistiquée de communication.
terrand, qui là-dessus pourtant a tout
appris, avement coupable de ne pas lui avoir
imposé démarche. Car c'est une femme seule
et sans s qui entre à Matignon. Elle n'a que
deux app le président de la République et Abel
Farnoux. clientèle politique ou administrative,
hors les m de Châtellerault, est inexistante. Ses
adversaires, revanche, sont légion : une multitude
d'hommes puissants et organisés qui n'ont aucunement besoin de tramer contre elle un vaste complot.
L'establishment a des accords tacites avec lui-
même : il chasse d'instinct qui ne possède pas ses
signes de reconnaissance, ne partage pas ses rites,
n'adopte pas ses codes et ses modèles ou, pis, prétend s'y attaquer. Lui, sait communiquer et ses mots
sont autant de salves qui tuent. Le volontarisme
d'Edith Cresson contre la volonté de l'élite, le handi-
cap de départ est-il surmontable ? De tout cela, le
grand public ne sait évidemment rien, et ne saura

rien, puisqu'il est comme le Premier ministre du mauvais côté. Il se fera une idée, certes, sans pouvoir comprendre la partie qui se joue devant lui.

Le drame d'Edith Cresson débute presqu'en même temps que l'annonce de sa nomination, à 15 heures le 15 mai. Il tient en une anecdote. A l'Elysée, quelques-uns de ceux avec qui elle travaillera dès le lendemain déjeunent autour d'une table que la République, bonne fille, leur dresse depuis dix ans. Il y a là Jacques Pilhan et Gérard Colé, Jean-Louis Chambon, Michel Charasse, Jean Kahn et Jean-Louis Bianco. Ils ont la teinte d'un manuscrit de la mer Morte. D'ordinaire, ils se racontent des histoires de cul. Aujourd'hui, ils se payent la « nouvelle ». Charasse, qui sera son ministre du Budget, répète inlassablement : « C'est une folle, c'est une folle ! » Entre deux gorgées de bordeaux, les horreurs sur Cresson fusent. Les hommes du Président ne se gênent pas pour contester, au Palais même, le choix de leur patron. Un jeu de massacre, sans aucune retenue, d'une grossièreté si énorme que celui qui en témoigne se refuse à rapporter dans leur crudité ces propos de porchers. Comment la loyauté pourrait-elle être, ensuite, au rendez-vous ? Elle n'y est pas. Bianco, Pilhan et Colé essayent dans l'après-midi de mettre en garde Mitterrand. Colé répète son argument : « Un Premier ministre qui arrive à Matignon doit avoir un taux de notoriété très important pour encaisser le choc des points qu'il perd par la suite. Sinon, il gouverne immédiatement en négatif, ce n'est pas viable. » Mitterrand n'apprécie pas cette « inopportune » sortie. Colé quitte l'Elysée – pour la Française des jeux où sa gestion contestée fera l'objet d'une enquête de l'inspection des Finances – en lançant à Chambon : « Tu te souviendras de ce que je te dis ! On partira sous les épluchures ! »

Comment Edith Cresson pourrait-elle s'engager, solide, dans sa première épreuve : la formation de son gouvernement? Elle se déroule à huis clos, et si les paroles n'ont aucunement la brutalité des précédentes, c'est le même état d'esprit qui règne. « J'ai été immédiatement confrontée à une bande d'éléphants devenus fous. » Ils savent qu'elle veut abattre les chapelles et communier autrement. Elle est, elle, certaine que le Président leur a parlé et démontré que l'heure n'est plus aux divisions. Qu'ils doivent, pour aborder correctement les prochaines élections, se mettre en rang et en silence derrière la bannière rassembleuse de leur nouveau chef. Or s'il les a reçus à déjeuner, il ne les a pas convaincus. Mitterrand, maître de l'Elysée, ne l'est plus des siens.

Edith Cresson, leur nouveau chef? Allons donc! Indécente plaisanterie! De qui le Président se moc e-t-il? Pour eux, cette nomination est une provocation d'homme vieillissant, harpagon du pouvoir, qui perd la main et place sa protégée. Logique de la récompense, largesse de parrain qui, sur le tard, devient aussi méchant à l'égard de ses fils décevants qu'il l'était, naguère, avec ses meilleurs ennemis. Parfum de femme et de fin de règne. Ils se sentent, les barons socialistes, humiliés. Humiliés d'avoir été tenus à l'écart, tous sauf Fabius, et contrairement à la tradition, de la décision du chef de l'Etat. Les vieux conventionnels enragent de ne pas avoir été choisis, alors que leur fidélité n'a pas de comptes à rendre à celle d'Edith Cresson. Les sabras sont offensés d'avoir tant payé de leur personne et de leur génération, pas moins en tout cas que ce Premier ministre, et en vain. Les uns et les autres considèrent comme un affront personnel qu'à leurs titres de gloire, leur compétence, leur professionnalisme et leur capacité gestionnaire, Mitterrand ait préféré ce qu'ils appellent « l'amateurisme brouillon » de celle qui, à leurs yeux, n'est jamais qu'une militante très courageuse, un peu excitée et parfois insupportable.

A l'indignation se mêle chez ces caciques la déception que procure un espoir évanoui sans retour. Après les législatives de 1993, la droite reprendra pour longtemps la direction des affaires. Chacun de ces prétendants à Matignon regarde s'éloigner sa dernière chance d'en gravir les marches. La colère qui les saisit, se tournant contre Edith Cresson, vise à travers elle François Mitterrand. Ils ne se laisseront pas faire. « Je ne m'attendais pas à des fleurs mais j'imaginais que les petites querelles seraient vite dépassées. Que nous allions marcher ensemble pour sauver la gauche, essayer de réaliser ce qui ne l'avait pas été. Au lieu de quoi, j'ai eu droit à un congrès de Rennes-bis, à un étalage d'ambitions déchaînées, à un combat de coqs en déroute qui se déchiraient pour obtenir les derniers grains. » Du jour au lendemain, cette intruse est devenue une rivale.

Pendant deux jours, ce ne sont que palabres, emportements, menaces, exigences, conciliabules, incessants va-et-vient entre les rues de Varenne et du Faubourg-saint-Honoré, coups de téléphone à n'en plus finir. Une atmosphère de révolte plane, les héritiers se rebellent. Aucun d'entre eux ne croit au nouvel élan ni à la politique novatrice que Mitterrand a solennellement annoncés à l'antenne pour expliquer l'arrivée de Cresson. L'interventionnisme industriel du Premier ministre les laisse sceptiques, ses appels à la guerre économique, de marbre, et son apologie de l'apprentissage les refait voir rouge. Bref, pour la plupart, ils se moquent de ses idées. Dès lors, « ils se battent pour les places, uniquement pour les places », et bien sûr pour sauver, chacun, leur petite famille au sein de la grande. Edith Cresson, qui croyait pouvoir compter sur l'assistance présidentielle, se retrouve tout de suite prise dans la tourmente imprévue des luttes intestines qu'elle avait voulu fuir. Elle doit faire avec les subtils jeux de courants, alors qu'il était question de les écarter.

A Matignon, le jeudi matin, en attendant que Michel Rocard vide les bureaux du bâtiment central – puisque Mitterrand lui a à peine laissé vingt-quatre heures pour se retirer! – Edith Cresson s'installe dans le pavillon de musique, au fond du merveilleux jardin. Charmant lieu de stuc et de vitres, d'intrigues aussi : là, Jacques Chirac a comploté en son temps contre Jacques Chaban-Delmas. Elle y reçoit son prédécesseur. Rocard lui expose brièvement quelques dossiers et se montre fair play, bien qu'il ait du mal à supporter le camouflet d'un licenciement sec et sache que sa disgrâce entraîne celle de ses amis. Ils se chargeront très bientôt de le venger. Puis, Lionel Jospin, ministre de l'Education nationale, arrive. Il est l'un des très rares à avoir envoyé, la veille, un petit mot affectueux : « Chère Edith, je te félicite... Cette responsabilité t'échoit dans une période où les choix sont délicats et les délais, avant l'échéance électorale, courts. Tu le sais, quoi qu'il arrive, je t'aiderai dans ta tâche... » Une élégance qui plonge Cresson dans l'embarras puisqu'elle a l'intention de lui imposer le sacrifice de son portefeuille. Le dispositif qu'elle veut mettre en place pour réaliser son programme contre le chômage et la consolidation de l'entreprise France repose sur un triptyque : l'Education, le Travail et le nouvel ensemble Industrie-Economie-Trésor-Aménagement du territoire. Il faut donc que Jospin, hostile à la politique de l'apprentissage, cède sa place à un entrant qui jouera le jeu, en l'occurrence Jean-Louis Bianco. Cresson a déjà obtenu l'accord de Mitterrand pour confier à Jospin le poste peu enviable des Affaires sociales et de l'Intégration. Après tout, puisqu'elle donne elle-même l'exemple en allant au charbon, les troupes doivent suivre. Elle se doute que Jospin ne sera guère enthousiaste. Mais elle fera valoir l'intérêt supérieur de l'Etat : avec cet homme-là, l'argument trouve toujours un écho. Ils se font face, elle un peu tendue, lui dans l'expectative.

« Le Président et moi avons pensé te confier un grand ministère social qui couvrirait la santé, la population et l'immigration. Tu es contre l'apprentissage, tu es lié aux syndicats d'enseignants, il te serait difficile d'appliquer à l'Education la politique que je veux mener. »

Jospin est surpris. Il en bafouille :

« Je ne vois ni dans la conjoncture économique ni dans la définition même du gouvernement où il y aurait place pour une politique sociale. Comment, en quels domaines, pourrait-elle être menée ?

– Ecoute, nous avons un immense chantier devant nous : il faut remettre à plat la Sécu, s'occuper des retraites, prendre à bras le corps l'intégration des immigrés. Il n'y a que toi, avec ton autorité et ton passé dans le Parti, qui puisse accomplir ce travail.

– Il n'en est pas question ! Ça fait trois ans que je bosse comme une bête sur l'Education, et tu voudrais que je laisse tout en plan pour m'occuper d'un dossier de merde ! »

Il n'a pas envie, Jospin, de dilapider ainsi son crédit d'homme de gauche. Il refuse de faire du déminage social. Il espérait qu'on lui proposerait, à la fin d'un parcours au long duquel il a investi sa vertu, un ministère prestigieux et moins aride. Tout ceci ressemble à une mise sur la touche : décidément, Mitterrand ne lui pardonnera jamais d'avoir combattu Fabius à Rennes. Cresson insiste :

« C'est incroyable, quand même, c'est une décision du Président !

100

– Eh bien, je suis libre d'accepter ou de refuser.

– Tu n'es pas propriétaire de ton poste! »

Elle ose lui faire la leçon?

« Tu me demandes un devoir d'obéissance, je m'y refuse. Insiste auprès du Président.

– Il ne cèdera pas. »

Elle veut marquer son territoire, sa différence avec Rocard, Jospin peut le comprendre. Mais pourquoi n'est-ce pas Joxe, Lang, Dumas, Quilès ou Béré qu'elle charge de cette tâche ingrate? Un peu fort de café, tout ça : « Alors, je ne resterai peut-être pas. » Ils décident de se revoir l'après-midi, après que Cresson aura reparlé avec Mitterrand. Elle est inquiète : si Jospin résiste et reste à l'Education, son édifice est en péril. Son autorité aussi.

Dans le pavillon de musique se succèdent, de demi-heure en demi-heure, d'autres barons. Le Premier ministre, qui n'a jamais réclamé un seul poste depuis 1981, découvre l'ampleur des caprices, des susceptibilités et des prétentions. Candide et rageuse, elle tombe des nues : est-il possible de ne s'intéresser qu'à soi, alors qu'il y a urgence à agir, et si peu de temps pour mener les réformes? Voilà Jack Lang qui laisse traîner ses yeux et ses oreilles partout, essaye de voir sur les bouts de papier abandonnés les attributions des uns et des autres. La jalousie des sujets du Prince, entre eux, est sans limites. Lang veut conserver la Culture... et réclame de plus l'Education. Pas question. Alors, il exige d'être aussi porte-parole du gouvernement. Va pour porte-parole! Puis c'est le tour du fabiusien Paul Quilès. Pas content, mais alors pas content du tout. D'abord, Cresson lui a « piqué » sans le prévenir Gérard Moine, qui était hier encore son excellent directeur de cabinet. Ensuite, il a déjà eu dans le passé ce ministère de l'Equipement et des Transports qu'elle lui propose. Ça ne l'intéresse pas. Il veut l'Industrie. Cresson n'est pas dupe de la manœuvre : le verrouillage des fabiusiens, avec Bérégovoy aux Finances, serait parfait. « Impossible », lui rétorque-t-elle : elle tient à confier l'Industrie au jospiniste Dominique Strauss-Kahn, qui partage ses options. Dans ce cas, Quilès ne s'inclinera que s'il récupère aussi l'Espace : « Après tout c'est mon bébé. » Il exige encore... l'Aménagement du territoire : tous les moyens sont bons pour noyauter Cresson. A cette volonté de puissance, elle répond encore non. Elle lui impose même un secrétaire d'Etat à la Sécurité routière, Georges Sarre. Un peu plus tard dans l'après-midi, celui-ci lui téléphonera : « Quilès m'embête ! Il me cherche des histoires. Il veut récupérer la sécurité dans les villes et ne me laisser que celle des campagnes ! »

Cresson n'est pas au bout de ses peines. Maintenant, c'est l'heure de l'affrontement avec Pierre Bérégovoy. Il se glisse dans la pièce, chaleureux comme une banquise. De tous ceux que l'amertume, voire la haine, habite, Béré est certainement le plus atteint. Cette amazone qui lui passe sous le nez porte ombrage à son destin : lui, et lui seul, aurait dû aller à Matignon puisque sa logique monétaire et économique ne peut pas être remise en cause. Finir sa vie sans avoir réalisé son rêve, la frustration est intolérable. La veille à l'Assemblée, Tony Dreyfus, l'un des lieutenants de Rocard, lui a dit : « Désolé, ç'aurait dû être vous, Pierre. » Il a répondu, avec une conviction attristée : « Oui, je sais. » Et quelques jours avant, sur fond de supputations, à ses amis fabiusiens réunis comme chaque jeudi chez Jacques Mellik pour un petit déjeuner, il avait laissé entendre que son moment était venu. « Il a fallu le détromper, raconte Claude Bartolone, lui faire comprendre que ce n'était pas encore l'heure. Il faut dire aussi que nous pensions tous que Mitterrand choisirait Delors ! »

Sous ses airs de père tranquille, Bérégovoy est un homme d'une remarquable habileté, esprit aussi clair que ses sourcils sont broussailleux. Il a le zèle outrancier des convertis : autogestionnaire devenu plus rigoriste que les plus rigoristes des monétaristes, prolo plus ampoulé que le plus ampoulé des inspecteurs des Finances. S'il aime à la folie, malgré une trompeuse modestie, les honneurs, les sirènes des motards, les cocardes, et tous ces délicieux attributs du pouvoir, il a surtout l'ivresse de la performance financière. Le franc a affadi en lui la sensibilité sociale et, à gérer le porte-monnaie de la France, il en a oublié celui des Français. Depuis sept ans, il règne sur le monde de l'argent. Il n'a pas l'intention de laisser quiconque, et surtout pas cette femme, empiéter sur ses plates-bandes. Ses armes sont puissantes : il a réussi à rétablir ces grands équilibres de la nation qui font les petits malheurs des citoyens, il a peu à peu constitué des réseaux, infiltré la presse qu'il sait comme personne flatter et manipuler, où il compte de vrais amis, comme Gérard Carreyrou, directeur de l'information de TF1. Il entretient avec *Le Canard Enchaîné* des relations hebdomadaires. Il téléphone lui-même à l'un pour le féliciter d'un article; il donne le numéro de sa ligne directe à l'autre, en lui suggérant de vérifier auprès de lui une information délicate; il est le champion toutes catégories de la rumeur et de la désinformation, mission capitale qu'il a confiée jusqu'au début de 1992 à André Gauron, l'un de ses meilleurs collaborateurs. Moyennant quoi, il s'est longtemps faufilé telle l'anguille à travers tous les scandales.

Face à Bérégovoy, dans le pavillon de musique, Edith Cresson joue son propre avenir. Ou bien elle lui impose ce Miti à la française qui lui tient tant à cœur, ou bien il faudra sans cesse mener une guérilla contre lui pour imposer des choix structurels dont il ne veut pas. Partie difficile et déterminante pour elle. C'est lui qui met les choses au point. « J'ai pensé démissionner et suivre Rocard. Si je ne le fais pas, c'est par souci de ne pas ouvrir une crise. » Courtoisement, il réaffirme que le franc doit rester fort et qu'il ne saurait laisser filer le déficit budgétaire. Le Premier ministre veut faire du social ? Il n'y a aucune marge de manœuvre pour cela, les rentrées fiscales faisant défaut. Il entend conserver la haute main sur les Finances, l'Economie et le Trésor, et ne voit aucun intérêt au montage qu'Edith souhaite. Avec prudence, Cresson renvoie sa réponse à plus tard : elle parlera au président ce soir, sachant que Béré de son côté interviendra auprès de lui. Elle comprend immédiatement qu'il lui faudra composer. Rien ne se passe décidément comme elle le voudrait.

Et puis, c'est au tour de Michel Delebarre, qui bloque lui aussi, sur son titre. Les mauroyistes dont il fait partie sont les parents pauvres de cette équipe et s'il est d'accord pour prendre l'Aménagement du territoire, en plus de la Ville, il n'en démord pas : il prétend rester ministre d'Etat, alors que Mitterrand et Cresson n'en ont prévu que deux. « Ah, je croyais que tu ne t'intéressais qu'à ce que tu faisais ! On peut vivre sans être ministre d'Etat, tu sais ! Je vais en parler au Président. A ce soir ! »

Lorsqu'arrive l'heure de la passation de pouvoirs, en début d'après-midi, Edith Cresson est sur les nerfs. Michel Rocard maîtrise les siens. Il lui fait visiter l'ensemble du superbe étage qu'elle occupera, moulures dorées, tissus précieux, tapisseries et tableaux de maîtres : elle n'aime pas. L'écrasante hauteur de plafond, le cours des siècles figé, ce cadre qui symbolise à ses yeux l'engourdissement de l'appareil d'Etat et la boursouflure, tout la met mal à l'aise. Dans un bureau, Rocard, l'air mystérieux, ouvre un coffre dont il lui donne la combinaison. Il en sort une enveloppe. Elle contient les chiffres et le code en cas d'alerte nucléaire, si le Président était déficient. Cresson se sentirait-elle la force de l'utiliser s'il le fallait ? « Les femmes ne sont pas sur terre pour déclencher l'apocalypse. » De retour sur le perron pour les adieux, devant la foule des photographes, des cameramen et des journalistes, elle s'apprête à serrer la main de son prédécesseur. Mais non, Rocard la prend par surprise et l'embrasse devant les caméras. Son directeur de cabinet Jean-Paul Huchon, dont l'opinion sur Edith Cresson se résume à : « C'est une imbécile », lâchera le lendemain à Pascale Amaudric, journaliste au *Journal du Dimanche* : « Vous avez une femme qui arrive à Matignon, tout le monde veut que ça se passe bien, alors Rocard embrasse la femme. Une femme, ça s'embrasse. »

Après ce baiser d'une belle sincérité et un au revoir définitif, le Premier ministre monte le grand escalier intérieur du palais et se dirige vers son nouveau bureau. En poussant la porte du fumoir qui sert d'antichambre, elle se trouve, à son grand étonnement, nez à nez avec Fabius qu'elle n'a pas vu arriver. Il se lève d'un bond de son fauteuil. Blême, presque tremblant de rage contenue. « Je n'avais pas rendez-vous avec lui. Il était président de l'Assemblée nationale et il n'avait rien à faire là. J'ai vite compris que Mitterrand n'avait pas fait son travail en le mettant au pas ! » Il éructe :

« Mes amis ne sont pas assez représentés dans le gouvernement ! Je n'accepte pas ça !

– Tu plaisantes ! Béré, Charasse, Joxe, Quilès, Curien, Kofi Yamgnane, Bredin, Cathala, qu'est-ce qu'il te faut encore ? »

Sur la table du Président, depuis quelques jours, elle a vu une liste de candidats ministres dont il ne lui a pas échappé qu'elle émanait du seul Fabius. La nomination de Cresson bouleverse tous les plans de ce calculateur qui joue l'après Mitterrand. Il avait parié sur le maintien de Rocard jusqu'aux régionales de 1992, et prévu de s'emparer ensuite du PS. De « Michel », il pouvait se démarquer au coup par coup; avec « Edith », il va lui falloir adopter l'apparence de la solidarité. Entre fidèles... Il est hors de lui. D'une voix blanche, il ajoute :

« Tu dois prendre Mauroy aux Affaires sociales!

– Il n'a jamais été question que Mauroy revienne et il ne reviendra pas! D'ailleurs le Président m'a affirmé qu'il n'avait jamais entendu parler de ce bobard! »

Elle est, elle, excédée par la grossière manœuvre de Fabius et des siens. Depuis vingt-quatre heures, dès l'annonce du changement de gouvernement, ils ont en effet essayé de débarquer Pierre Mauroy de la tête du PS. Au moins de le déstabiliser, en faisant courir la rumeur de sa rentrée dans l'équipe Cresson. Si bien qu'en ce jeudi après-midi, après Rocard et Fabius, Edith se retrouve avec un troisième ex-Premier ministre de fort méchante humeur! « La composition de ce gouvernement a été invraisemblable, raconte Mauroy. J'ai été un témoin de premier rang, involontairement. Comment le Président a-t-il pu accepter tout ça? [1] » Mauroy a déjà piqué une grosse colère, la veille, devant les secrétaires nationaux du PS : « Des âmes charitables tendent à me donner des postes. Je tiens à vous dire que, plus que jamais, je suis à mon poste. Je n'ai jamais envisagé de quitter celui de Premier secrétaire. Compte tenu de ce que je représente, je ne laisserai personne me traiter comme ça dans la presse. » Dans la presse? Allons! Les fabiusiens lui tirent dessus, pas les journalistes. Une prise de bec, lors de cette réu-

---

1. Entretien avec l'auteur, décembre 1992.

nion, l'a opposé à Claude Bartolone, qui pourrait prendre la place d'un autre fabiusien, Marcel Debarge, numéro deux du parti, pressenti pour un secrétariat d'Etat : « Si Debarge entre au gouvernement, je ne serai pas le Premier secrétaire de ce numéro deux! » tonne Mauroy en désignant le petit Bartolone. « Et moi, réplique celui-ci, je ne serai pas le numéro deux de ce Premier secrétaire! » Echanges policés pour une manigance qui fait long feu. Mais c'est clair : avec l'arrivée d'Edith Cresson, toutes les plaies de Rennes se rouvrent brutalement. Au PS, c'est la fin de la cohabitation. Cresson et Fabius, une fois de plus, se quittent fraîchement.

Revient Lionel Jospin. La conversation ne prend pas meilleure tournure. Cresson :

« Si tu tiens à rester à l'Education, je créerai un secrétariat d'Etat à l'Enseignement supérieur qui s'occupera des relations universités-entreprises au niveau régional en particulier.

– Alors, que me resterait-il? Je serai le ministre des lycées et collèges? Ou alors, transforme ce secrétariat d'Etat en ministère plein et confie-le à Claude Allègre. »

Ce géophysicien distingué, son vieux compagnon, a mené à ses côtés depuis trois ans l'immense réforme des universités. Jospin :

« C'est un génie!

– Génie ou pas, on n'est pas là pour faire de la géologie, on fait de la politique! Pourquoi veux-tu qu'il soit ministre?

– Dans ce cas, je pars. »

C'est à l'Elysée que tous ces problèmes seront réglés. Edith Cresson passe plusieurs heures dans le bureau de François Mitterrand pour négocier au cas par cas. « Que fait-on pour Jospin? Puisqu'il résiste autant, ce ne serait pas bon de lui forcer la main. S'il s'en allait, comme il menace de le faire, cet éclat ne serait opportun ni pour le gouvernement ni pour le PS. » Comme si la fronde de Jospin lui-même ne suffisait pas, un de ses fidèles, Henri Emmanuelli, ne décolère pas. Cresson et Mitterrand proposent au trésorier du PS le secrétariat d'Etat au Commerce extérieur. Un camouflet. Depuis longtemps, ce socialiste qui a une solide réputation de macho a rompu avec Mitterrand qu'il accuse de tous les reniements. De surcroît, il ne partage pas les objectifs de ce gouvernement. « On se fout de ma gueule ! » En 1988, il avait déjà dit à Mitterrand qu'il « avait passé l'âge des caramels mous ». Le bras de fer avec le Président, pendant trois quarts d'heure au téléphone, est rude. Rien n'y fait : Emmanuelli ne cède pas devant Mitterrand qui dépense en vain des trésors de persuasion. Tout ceci est de mauvais augure pour Cresson : au PS, Emmanuelli a de l'influence.

Dosage pour dosage, difficile de trop maltraiter les mauroyistes qui ont pratiquement disparu du paysage : Delebarre sera donc ministre d'Etat. Mais il faut aussi, et surtout, régler le sort de Bérégovoy. Mitterrand ne veut en aucune façon se séparer de lui. Cresson doit s'incliner. Adieu la séparation des Finances et de l'Economie, et le bel échafaudage ! Elle obtient en compensation que l'Industrie et le Commerce extérieur soient, au moins géographiquement et administrativement, rattachés aux Finances. Si bien que « Béré », qui ne l'avait pas demandé, se retrouve à la tête d'un empire ! Cresson : « Pour moi, compte tenu de mes ambitions, tout valait mieux que le statu quo antérieur. J'ai accepté cette solution parce qu'elle permettait d'établir une synergie importante entre des ministères qui, jusque-là, s'ignoraient. C'est par malveillance que la presse l'a présentée comme une défaite et a aussitôt prétendu que Bérégovoy était un Premier ministre-*bis*. » Essaye-t-elle de résister à Mitterrand qui ne lui donne pas ce qu'elle voulait ? Non.

Plus tard dans la soirée, assise devant Anne Lauvergeon, Cresson s'emporte contre ces empêchements. « Elle faisait une consommation de kérosène folle et répétait : " Ça ne marche pas comme je voudrais. " Elle a sous-estimé les pesanteurs des barons, des courants et les ambitions. » Le Président aussi. A Paulette Decraene, sa vieille amie et secrétaire particulière de Mitterrand, Edith ne cache pas ses doutes : « Est-ce que je suis Premier ministre ou pas ? Avec ces gens-là, je ne pourrai rien faire. » Et il faut encore satisfaire les caprices des uns et des autres ! Debarge, avant de donner sa réponse, veut savoir combien il gagnera. Sénateur proche de la retraite, avec famille, il ne peut pas lâcher la proie pour l'ombre. Jean Poperen râle parce que son courant n'est pas assez représenté mais, en tout état de cause, refuserait d'arriver avec Jean-Marc Eyrault, le maire de Nantes, qui l'a trahi pour Rocard. Un évincé dont il faut se rappeler le nom, comme il conviendra de se souvenir de ceux de Michel Vauzelle et de Christian Pierret, deux fabiusiens qui auraient souhaité en être et n'en seront pas. Michel Charasse, ce drôle qui n'a de l'humour qu'aux dépens des autres, intervient, lui, sans rire, pour dire qu'il préférerait être « ministre auprès » de Pierre Bérégovoy plutôt que ministre délégué. Charasse qui, dans l'invraisemblable confusion des genres qui caractérise ce pouvoir, est à la fois ministre à Bercy, conseiller à l'Elysée où il occupe un bureau, et confectionneur de gouvernement dans l'antichambre de Mitterrand. Bernard Kouchner de son côté vit un calvaire médiatique : il n'est pas assez reconnu comme secrétaire d'Etat et demande à être au moins rattaché au ministre des Affaires étrangères, « sinon je ne resterai pas ». Yvette Roudy, dépitée, s'indigne de ne pas être du premier cabinet dirigé par une femme. Elle s'est entretenue directement avec le Président qui lui a accordé une mission culturelle auprès du Quai d'Orsay. Seuls les centristes de l'ouverture, Jean-Pierre Soisson et Jean-Marie Rausch, ne font pas de coquetteries, pas plus pour une fois que Brice Lalonde, qui obtient son portefeuille de l'Environnement.

Quand elle revient à Matignon, vers 22 heures, Edith Cresson parle à bâtons rompus avec quelques journalistes. Après lui avoir demandé s'il faut l'appeler Madame *la* ou *le* Premier ministre, et qu'elle leur ait répondu : « A Châtellerault on m'appelle Edith », ils lui font remarquer que son gouvernement ressemble comme un sosie au précédent. « Vous savez, on ne fait jamais tout ce qu'on veut. C'est la vie ! Mais il a une tonalité très différente quand même avec cinq femmes de grande qualité. Elles occupent de vrais postes, et je compte en particulier sur Martine Aubry, au Travail. » Avec les journalistes, Cresson conclut : « La tâche du gouvernement, ce n'est pas d'être cressonien mais de servir le pays. »

Les responsables la narguent ? Elle les écrase sous son dédain. Pour bien marquer qu'elle n'agira pas sous la bannière déchiquetée du PS, et ne s'en laissera pas compter, elle prend dès le lendemain la décision de supprimer le traditionnel petit déjeuner des « éléphants », les barons du Parti. Mitterrand lui a dit : « Allez-y ! », elle y va. Elle les renvoie avec arrogance : « Je ne fais pas partie des éléphants, et quand j'aurai envie de les voir, je les verrai. » Elle oublie que les animaux en question sont pour la plupart dans son gouvernement, ont fait le socialisme plus qu'elle, qu'ils ont le cuir coriace et les crocs redoutables. Elle les prend de front, ils sont choqués par sa manière. Pourtant, sur le fond, elle n'a pas tort. Incontestablement, ces séances de travail avaient perdu de leur confidentialité et de leur sérieux. Pierre Mauroy : « Edith a eu raison de les supprimer. En 1981, ces réunions m'ont beaucoup servi car le Président était toujours présent. On échangeait ce que l'on ne pouvait pas se dire ailleurs, dans le secret. Avec Rocard, c'était devenu un grand groupe, où les uns et les autres pensaient surtout à se marquer, si bien qu'on ne parlait plus franchement. Et puis, il y avait beaucoup trop de fuites vers la presse. Ce n'était plus indispensable. La structure qu'Edith a mise en place, un rendez-vous hebdomadaire entre le Premier ministre et le Premier secrétaire, tous les mardis à 11 heures 30, était plus efficace.» Avis partagé par Lionel Jospin : « C'était une institution déréglée où l'on ne débattait plus vraiment des problèmes institutionnels du Parti. Je comprenais qu'elle veuille les supprimer. » Cependant, elle commet une grave faute : alors qu'elle a sous les yeux l'étendue de la décomposition, elle se retranche, décontenancée, au lieu de chercher à rétablir aussitôt un lien institutionnel avec le Parti. Elle veut prendre ses distances avec les dirigeants du PS, sans se rendre compte qu'on ne séduit jamais en tournant les talons, fût-ce avec les meilleures intentions. Peut-être se prive-t-elle ainsi de l'arme qui lui aurait permis de combattre plus efficacement ceux-là mêmes qui l'ont abattue.

La grande et belle famille est réunie autour du patriarche, dans l'après-midi du vendredi 17 mai. Premier Conseil des ministres du gouvernement Cresson. L'histoire aimerait retenir qu'il y régnait la complicité un peu solennelle et la joie contenue des moments de grâce et de communion où chacun oublie les passions qui le brûlent. Las, tout le monde est à cran. Et d'abord le président de la République, excédé par les affrontements et les ressentiments suicidaires de tous ceux qu'il exècre depuis Rennes, mais avec lesquels il doit composer. Il rappelle à l'ordre les anciens et sermonne les nouveaux. L'Europe est une exigence plus impérieuse à ses yeux que la survie des socialistes, et les urgences politiques une priorité plus sérieuse que leurs états d'âme. Il réclame aux ministres de « l'autorité sur l'ensemble des rouages de l'Etat pour assurer une plus grande rapidité d'exécution des décisions prises », et l'homogénéité dans l'action gouvernementale. De la discipline, que diable! Comment pourrait-il lui échapper que les secousses de ces deux dernières journées l'ébranlent lui-même? Que les chefs de clans sont d'ores et déjà, plus ou moins tacitement, décidés à faire tomber le Premier ministre, et à démontrer au président de la République que l'heure de sa toute-puissance est révolue?

A la sortie du Conseil, tandis qu'ils se dirigent tous vers le photographe qui les attend au bas du perron pour le traditionnel cliché, Jospin, absolument bouleversé, totalement déterminé, s'approche de Cresson. Il a appris par la bande, juste avant d'entrer dans la salle, qu'elle l'a trompé. Elle a créé dans son dos le fameux secrétariat d'Etat à l'Enseignement supérieur. Il a « l'air d'un con », il en a assez d'être maltraité par ce Président et ce Premier ministre qui font fi de lui. *Mezzo voce*, pour ne pas trop attirer l'attention des ministres qui les cernent – seul Jack Lang flaire l'odeur du scandale –, il prévient le Premier ministre : « Si tu n'y renonces pas tout de suite, je démissionne à l'instant. » Discrètement, Cresson appelle Mitterrand : le geste mauvais, le Président signifie que toutes ces histoires ne l'intéressent pas. Qu'ils se débrouillent tous les deux! Ce qu'ils feront. Le soir, la liste officielle des secrétaires d'Etat qui devait en comporter dix-sept n'en annonce plus que seize.

Pendant ce temps, chacun a trouvé ses marques sur les marches de l'Elysée, prêt à poser pour la photo qui immortalise l'agonie de la tribu. Le fossé entre Mitterrand et les siens, malgré les sourires de circonstance, vient de se creuser un peu plus : « Qu'est-ce qu'ils avaient les socialistes, hein ? Ils me reprochaient d'avoir congédié Rocard ? Je l'ai laissé gouverner. J'ai estimé à un certain moment que nous allions tomber dans le gouffre. Les socialistes, qu'est-ce qu'ils en avaient à dire ? Ils trouvaient Edith illégitime, ah oui... Qu'est-ce que ça signifie, cette expression fantaisiste ? L'illégitimité se définit par rapport à une loi ou une institution. Alors au nom de quoi jugeaient-ils ainsi ? Pourquoi se sont-ils opposés à elle ? Ils lui ont inutilement compliqué la tâche qui était déjà objectivement très difficile. Elle le savait. A eux aussi, je le leur avais dit. [1] » Leur attitude, évidemment, n'aura pour longtemps qu'un seul effet : le Président fera bloc avec son Premier ministre. Lui, c'est elle, et elle, c'est lui.

Edith Cresson n'est pas du septième arrondissement, comme presque tout le milieu politique parisien. L'immeuble qu'elle habite rue Clément-Marot, à deux pas d'Europe 1 et de France 2, abritait jadis *Salut les Copains*. Depuis que son mari a acheté leur appartement à crédit pour trois cent mille francs il y a trente ans, ils vivent là dans des meubles d'une banalité bourgeoise, avec si peu d'ostentation que c'en est presque de la frugalité. En rentrant tard chez elle ce même vendredi soir, elle espère avoir un peu de calme. Mais elle trouve Jacques Cresson devant la télévision, visiblement effaré. C'est un homme grave qui dissimule sous un humour pointu la souffrance qui le tourmente. L'économie – de son foyer, de Peugeot où ce septuagénaire a fait toute sa carrière, de la France pour laquelle il s'est battu, et de la planète qu'il sillonne toujours en quête de

---

1. Entretien avec l'auteur, 13 novembre 1992.

contrats commerciaux – est chez lui une obsession. Sa fermeté discrète sert beaucoup sa femme : elle peut mettre son pragmatisme à l'épreuve du sien et se laisser aller, sans gêne ni mauvaise conscience, à l'évolution doctrinale qui a marqué ces huit dernières années. Derrière ses lunettes, Jacques Cresson a le regard désarçonné. « Qu'est-ce qu'ils te passent! Mais qu'est-ce qu'ils te passent! Pourquoi sont-ils après toi? » Ils, ce sont les sept invités d'Anne Sinclair pour son émission *Le Point sur la table*. Du moins, cinq d'entre eux : Alain Minc, Jean Boissonnat, Jacques Julliard, Serge July et Franz-Olivier Giesbert. Cinq éditorialistes et essayistes dont l'avis lumineux fait l'opinion éclairée. Ils assènent en effet une volée de bois vert à Edith Cresson, nommée depuis deux jours seulement. Elle n'est qu'un coup de pub et de bluff de Mitterrand, empêtré dans les sables gris du second septennat, une misérable marionnette dont Bérégovoy, le vrai patron du gouvernement, tire les ficelles, une pauvre femme sans idées que des hommes intelligents ne sauraient laisser diriger. Il suffit de les écouter : le Président a commis à leur égard un crime de lèse-majesté spirituel. « J'essayais en vain de bouger au bout de ma ligne, raconte Jean-Marie Le Guen, député socialiste de Paris, bientôt conseiller politique de Cresson, présent sur le plateau de TF1. Ils étaient odieux. Ils l'avaient condamnée avant qu'elle ait ouvert la bouche! Minc en particulier, qui donnait des leçons sur un ton inadmissible. » Devant son poste, le Premier ministre fulmine : « En voilà un qui a fait perdre des milliards en toute impunité à Benedetti sans jamais être sanctionné! Il prétend me juger alors que je n'ai encore rien fait! Ce n'est pas possible! » Il y a aussi du désarroi dans son indignation. Pour la plupart, elle ne connaît pas ces hommes qu'elle doit d'ailleurs rencontrer, pour les entretenir de ses projets, dans les prochaines heures. Entre elle et eux, aucun passif. Alors? « Déjà, ils me considéraient comme un regrettable accident dont il fallait au plus vite effacer la trace. »

A vrai dire, la quasi-totalité des journaux semblent partager cet objectif. Rares sont ceux qui ne sèment pas d'emblée des contre-vérités ou des perfidies gratuites, comme si le personnage n'était pas assez conflictuel pour se suffire à lui-même! Ils sonnent le glas avant le baptême. *Le Monde* ne cache pas sa violente hostilité. Sous le titre « Une logique de combat », Jean-Marie Colombani règle les modalités de l'assassinat d'Edith Cresson parce que Mitterrand a imposé le « licenciement sec » de Michel Rocard pour lequel ce talentueux journaliste a depuis toujours un penchant certain. Le lendemain, le quotidien demande à la une : Cresson, « pour combien de temps? » Sur la même page il constate : « Bercy aux commandes » et conclut que « l'espoir des industrialistes repose sur Pierre Bérégovoy », un comble! Seul Plantu, comme il le fera jusqu'à la fin parce qu'il ne doit pas aimer les curées, retient son génial crayon. A l'autre bout de l'échiquier, *Le Quotidien de Paris*, ennemi politique, titre sur cinq colonnes le samedi 18 mai : « Cresson déjà en sursis ». Quant au *Parisien Libéré*, sans l'ombre d'une preuve, il jette ce même jour le soupçon sur le passé de résistant d'Abel Farnoux. Procédé inadmissible, il est vrai. Toucher à Abel? Edith Cresson les tuerait, si elle le pouvait! Mais ne peut-on laisser au Premier ministre débutant le temps de faire un rapide apprentissage? Peut-être donnera-t-elle le sentiment d'être responsable d'« une défaite de la pensée », comme Julliard l'écrira plus tard de sa plume brillante, mais n'y a-t-il pas dans toutes ces insinuations nauséabondes, à coup sûr, une déroute de l'honnêteté?

Dans ce contexte, la première touche d'originalité d'Edith Cresson est mal perçue par ceux-là mêmes qui réclamaient pourtant un peu de couleur sur le tableau, et maintenant hurlent au barbouillage. Quand *Le Journal du Dimanche* du 19 mai sort avec le désormais célèbre « La Bourse, j'en ai rien à cirer », on ne retient pas que le Premier ministre a un divertissant côté Madame Sans-gêne, on y trouve la démonstration qu'elle ne comprend rien à l'économie. « Je répondais dans une bousculade incroyable à la journaliste Pascale Amaudric. Les patrons et le monde industriel m'ayant plutôt bien accueillie, la Bourse n'avait pas bougé, et elle me demandait ce que j'en pensais. J'ai voulu dire en une formule que j'en avais assez de constater que l'argent et ses dividendes sont devenus une valeur essentielle de beaucoup de dirigeants socialistes. Sous prétexte de reconversion idéologique, ils encensent leur nouveau dieu et se prosternent dans son temple. Ils ont oublié que l'argent n'a de valeur que par le travail. L'argent pour investir dans l'entreprise afin de générer des richesses et de l'emploi, oui. Pour spéculer, non. Les délits d'initiés et la prosternation des responsables de gauche devant Tapie sont la conséquence directe de cet état d'esprit. »

Les réactions à ce mot d'auteur devraient alerter le chef du gouvernement. L'inciter à réfléchir tout de suite à l'écho que lui renvoie le chœur. Car sur les gradins, il y a le peuple. Mais non. Et Mitterrand encourage à persévérer celle qu'il veut guerrière au rude parler, ravi qu'on l'ait déjà surnommée « la dame de fer », absurdité psychologique et médiatique. Elle reconnaît : « Quand j'entends : " Foncez! ", pas la peine de me le dire deux fois! »

Elle se met donc en tête de « prendre les choses à bras le corps », selon son expression favorite. Mais alors qu'elle se débat dans des difficultés terribles pour constituer son cabinet, et qu'elle est à la veille de son capital discours d'investiture, que décide-t-elle le mardi 21 mai ? D'appeler l'auteur de ce livre, qu'elle ne connaît pratiquement pas, et dont elle vient d'apprendre qu'elle rédige un portrait d'elle pour *Le Nouvel Observateur.* « J'ai cinquante minutes, je réponds à toutes vos questions, même les plus personnelles. » Edith Cresson parle longuement de son enfance : « Je veux pouvoir dire qui je suis, à la fin ! » Dialogue inouï lorsque l'on songe aux circonstances. Sous les lambris de Matignon, déséquilibrée par l'accueil de la classe politique, le Premier ministre, qui s'apprête au pire, cherche ses marques.

« Ne craignez-vous pas d'avoir beaucoup d'ennemis ? Ça va quand même être très difficile pour vous...

– Vous savez, dans mon enfance et aussi mon adolescence je n'ai pas été loin d'être détruite. J'en ai réchappé. Ça m'a endurcie. Aujourd'hui, on peut me tuer, mais on ne peut plus me détruire. »

Le lendemain, dès 14 heures 30, le tout-Paris se bouscule au Palais-Bourbon. On se presse pour voir et écouter la « Première » dans le périlleux exercice du discours de politique générale. Aura-t-elle un tailleur à la hauteur de l'événement ? Fins, ses bas ? Bijoux fantaisie, ou pierres précieuses ? La coiffure, pas trop apprêtée ? La pensée, affinée ? Saura-t-elle allier la rigueur de la tenue et celle du franc ? S'engager sur la tribune, et ne pas trop promettre ? Les balcons débordent d'invités qui se tordent le cou. Dans les couloirs et les travées, députés et journalistes, ministres et gourous de la communication, intellectuels et chefs d'entreprise se mêlent, se hèlent, et s'apprêtent. L'assemblée est un théâtre de cruauté et de brutalité, une arène pour gladiateurs à

l'armure impénétrable. « Génétiquement macho »,
selon l'expression de Jean Le Garrec, le porte-parole
mauroyiste du groupe. Dans l'air de l'attente, ce
jour-là, aux effluves de Guerlain se mêle l'odeur sauvage des grands fauves avant l'orgie. Les bribes de
conversations, saisies ici et là, parfois trahissent
l'espoir presque superstitieux qu'« elle ne se plan-
tera pas », plus souvent le désir salace qu'on
« pourra se la faire ». Edith Cresson doit absolument
séduire cette foule. Question de vie ou de mort. Elle
a un avantage pour ce combat : on la croit forte. Il
faut qu'elle profite de sa réputation. Les députés sont
des professionnels qui connaissent toutes les ficelles
du spectacle, et d'entrée de jeu vont prendre sa
mesure, sur leur terrain. Elle gagne, ou elle casse. Il
n'y a guère de place pour l'indulgence ou la ten-
dresse. Ceux de l'opposition ont toujours démontré
qu'ils ne reculent devant aucune insanité. Quand,
ministre du Commerce extérieur, elle était venue
répondre à une question orale en robe noire mou-
lante, l'un d'eux avait hurlé : « Est-ce qu'elle a une
culotte dessous ? » Voilà une semaine, lors de sa
nomination, c'est l'UDF François d'Aubert qui s'est
distingué : « On nous donne la Pompadour ! » tandis
que Jean-Marie Le Pen a évoqué « la dame du
sérail ». Les socialistes sont sans doute plus discrets
– un reste de discipline –, mais n'en pensent pas
moins. Certains comme Jean-Claude Petitdemange,
l'homme des réseaux rocardiens, lui ont déjà promis
un bel avenir : « C'est une navette qui explosera en
plein vol. » Quant aux membres du gouvernement et
au président de l'Assemblée nationale... Les femmes,
à l'exception de quelques jalouses et d'une poignée
de misogynes à l'affût, ont le trac. Elles aussi
risquent gros puisque Edith Cresson est devenue
leur porte-flambeau. Il y a de l'exigence dans leur
solidarité. Elles ne pardonneront pas si facilement

un échec. L'enjeu pour le Premier ministre est démesuré, l'épreuve extrêmement difficile. Mais c'est la loi : il faut l'affronter.

Or, Edith Cresson n'est pas prête. Chacun est installé à sa place, elle se fait attendre. Personne ne peut se douter qu'elle est encore à sa table de travail, à quelques centaines de mètres, en train de remanier son discours d'investiture. François Mitterrand, à qui elle l'a donné le matin avant d'entrer en Conseil des ministres, n'a pu le lire que fort tard. Il lui a renvoyé sa copie, avec un jugement très sévère. « Trop long et ennuyeux ». C'est la catastrophe, dont elle est seule responsable. Dans son cahier marron, elle avait tracé, dès le début mai, les grandes lignes de son intervention. Que ne s'y tient-elle ! Que n'a-t-elle écouté aussi Abel Farnoux ! Depuis plusieurs jours, il a suggéré une tactique sage et cohérente. « Tu n'es pas un bon orateur, tu ne tiendras pas la route pendant une heure à la tribune. Tu dois être brève, définir quelques axes clairs. Demander qu'on te laisse le temps d'étudier les dossiers, avant de fixer dans le détail ton action gouvernementale, et de faire des annonces. » Farnoux a même rédigé le dimanche 19 mai un texte court, incisif, autour de quatre idées fortes, en indiquant quelques méthodes. Martine Aubry l'a lu : « Il était parfait. » Mais Edith Cresson a préféré suivre son instinct : il faut que sa prestation ait de l'envergure, que son propos soit étoffé. Elle s'en est remise à Gérard Moine qui compte à son actif l'audacieuse réforme des PTT qu'il a très bien réussie. Enarque lui-même, il a demandé à chaque cabinet ministériel de lui adresser une note. Ce n'est pas le programme du Premier ministre qui est mis noir sur blanc mais un condensé de ce que les administrations respectives souhaitent obtenir. Durant de longues heures, Moine a mixé le tout. Il en ressort un catalogue sans mise en scène ni perspectives. Il faut reprendre la copie, qui ne s'est guère améliorée. Inconséquence qui conduira le Premier ministre « anti-cloporte » à faire un discours de « cloporte ». Ni meilleur ni pire que celui de ses prédécesseurs, mais pas celui que l'on attendait. De surcroît, on a oublié de s'intéresser aux micros de l'hémicycle : ils sont réglés pour des voix d'hommes. Inattention qui va accentuer les défauts d'Edith Cresson.

Le Premier ministre arrive donc en retard au Palais-Bourbon avec des feuillets raturés et gribouillés. Sans avoir eu le temps de jeter un coup d'œil à la courte note qu'un conseiller lui a préparée : « Avoir sans cesse à l'esprit le but de l'intervention; maîtriser les silences en reprenant sa respiration profondément, tout en se reculant du micro (le changement de posture détendra les muscles) et en prenant le temps de boire; changer volontairement le rythme d'élocution; porter son regard sur tous les axes de l'hémicycle; si la voix se fatigue, ne pas lever la tête, rentrer plutôt le menton et se rapprocher du micro. Un discours, c'est comme une musique : il faut de la mélodie, de l'harmonie et du rythme. »

A l'Assemblée, Cresson n'a jamais été à l'aise et bien des députés se souviennent qu'elle disait « Ça m'emmerde », lorsqu'elle y siégeait de 1986 à 1988. Elle préfère les tréteaux populaires où elle peut exprimer franchement sa personnalité. Son émotion, sa conscience de parler pour l'Histoire, l'antipathie qu'elle devine dans la fosse, tout concourt à la fragiliser. Elle commence à parler et le silence de la foule, en quelques minutes, change de nature. C'est une caricature de la femme telle que ses détracteurs la dénigrent, que le Premier ministre offre à la France. Le ton est terne, passe encore, mais la voix! Aiguë, haut perchée, flottante. Edith Cresson fait tout ce qu'il ne faut pas : elle se penche sur le pupitre, bloque sa colonne d'air, s'empêche ainsi de respirer et perd une grande partie de son fantastique tonus. Elle reprend son souffle au mauvais moment, met l'accent sur des mots sans importance et escamote ceux qui ont du poids. Un effet hypnotique s'ensuit. Au discours apparent se substitue un autre, celui des sons : ils se chevauchent et, du coup, le propos est vidé de sens. Elle ennuie. Où est passée la batailleuse au langage vert ? On dirait une écolière appliquée, qui ânonne une leçon qu'elle ne comprend pas, sans personnalité, sans conviction. Les socialistes qui pourraient l'aider à poser sa voix en l'interrompant par des applaudissements – vieille recette des assemblées – la laissent choir. A juste titre scandalisés que, pas une seule fois, elle n'ait rendu hommage à celui qu'elle a évincé. Une première. Elle ne cite même pas le nom de Michel Rocard, c'est la gauche tout entière qu'elle insulte, et l'un des rares hommes d'avenir – du moins le croit-on – qu'elle passe, avec morgue, par pertes et profits. Mitterrand qui le savait, incapable de surmonter sa propre haine à l'égard de Rocard, l'a mal guidée. Quand elle termine, le nouvel élan a tourné au vieux flan.

« Les discussions orageuses des jours précédents avaient absorbé mon temps et mon énergie. En plus, je savais que mes idées n'étaient pas partagées par les miens. Je n'ai pas voulu aller à l'affrontement. Quand j'ai parlé de l'apprentissage et des différents problèmes posés sur la table, j'ai évité la provocation. Je me suis repliée sur une version soft. Je ne voulais pas rentrer dans le lard des ministres, et notamment de Béré qui n'avait cessé de me répéter que je ne devais pas faire d'annonces brutales, pour ne paniquer ni les investisseurs ni la Bourse. Je devais au contraire rassurer en réaffirmant qu'il n'y aurait pas de changement de politique économique.

J'en conviens, ce n'était pas novateur. On me reprochait d'être hors normes, de ne pas ressembler au modèle du Premier ministre, j'ai voulu m'en rapprocher. J'ai eu tort. Mais ils étaient prêts à se saisir de tout. Là, ils se sont emparés de ma voix, qui n'a jamais été bonne, parce que c'était un signe distinctif féminin. Il fallait le souligner, en parler tout le temps pour m'affaiblir. Mais je n'avais pas peur. Et surtout pas de ceux dont j'aurais dû avoir peur, en fait, c'est-à-dire des socialistes. »

Aussitôt, à la suspension de séance, les couloirs bruissent de phrases assassines. C'est le déchaînement. L'opposition respire, soulagée. « Mes copains étaient hilares, se souvient Jean de Lipkowski. Nous étions rassurés. Edith, c'était la femelle qui braille et n'a rien à dire ! » Alain Devaquet : « Elle a réussi cette performance géométrique de faire un discours à la fois plat et creux. » Alain Juppé : « A aucun moment elle n'a révélé les mesures qu'elle comptait prendre pour atteindre ses objectifs. » Et Yann Piat, UDF, ex-Front national, résumait : « J'attendais un discours de femme, et nous avons eu un discours asexué. » Mais les coups les plus durs sont portés par les socialistes. Sauf quelques-uns qui savent se tenir et respecter la solidarité gouvernementale, ils se précipitent sur les journalistes. Julien Dray : « Je m'endormais. » Les rocardiens Gérard Gouze et Jean-Marie Patriat se moquent ouvertement, tandis que le fabiusien Claude Bartolone répète : « On va dans le mur avec elle ! Elle est nulle, nulle ! » Lipkowski, inquiet, fait passer à Cresson un message : « Chère Edith, je ne veux pas vous cacher que votre discours est désastreux. Vos propres amis ne vous ménagent pas. Il faut absolument vous rattraper lors de la réponse aux questions orales. » Elle l'entend et reconnaît devant la presse, avec un certain panache, qu'elle n'a pas été bonne. Puis elle se rattrape en effet, en seconde partie. Fort brillamment. Enjouée, drôle, pleine de répartie, ne s'en laissant pas conter par ses contradicteurs en délire (« Mais vous n'allez pas pousser des cris comme ça toute la soirée! »). Sans notes, elle donne des précisions sur son programme. Elle houspille les « mecs », les renvoie dans les cordes, comme elle sait le faire quand elle est naturelle. Elle les fait rire, les charme, les conquiert. Elle prend tout le monde à contrepied. « Elle va nous faire fauter », lance Edmond Alphandéry. C'est une autre femme. C'est aussi Edith Cresson. Hélas! Il est tard, les journaux télévisés et écrits sont en voie de bouclage, les journalistes ont déserté l'hémicycle depuis longtemps, leur religion faite, et quelques-uns seulement la suivent dans cette figure libre de la compétition. Ils en feront un compte rendu scrupuleux. Mais sans effet. Le lendemain, la presse, injuste sur le fond du discours, dit une messe funèbre pour Edith Cresson. Son sort s'est scellé là.

L'une des retombées immédiates de cette journée reste confidentielle. Pourtant, elle aura de funestes conséquences. En une séance de travail, les rigolos du *Bébête show* changent le sobriquet et modifient complètement la silhouette psychologique de la poupée qu'ils sont en train de préparer en toute hâte pour le 27 mai. Stéphane Collaro : « Avec Amadou et Roucas, nous avions décidé de surnommer Cresson " Didi-la-Teigne ". Après son discours d'investiture, nous nous sommes rendu compte qu'elle n'était pas si teigne que ça. Nous avions fait une fausse approche. Nous avons alors essayé " Au pied ", mais ça ne collait pas bien. Finalement, Roucas a trouvé " Amabotte ". De nous trois, il est le plus remonté contre les politiques. Lui les hait franchement. [1] » Collaro, producteur de l'émission, prépare soigneu-

---

1. Entretien avec l'auteur, octobre 1992.

sement son coup. Le fin du fin serait que le Premier ministre apporte elle-même sa caution à la créature qui doit la représenter dans le zoo télévisuel : « Nous nous sommes mis d'accord avec le rédacteur en chef de la page télé de *France-Soir* pour qu'il envoie un photographe à Matignon avec le dessin d'Amabotte. On a choisi ce journal parce qu'il correspond à notre public populaire et qu'on voulait avoir le maximum d'écho pour le lancement. » Le reporter demande un rendez-vous. Il explique qu'il souhaiterait faire poser Edith Cresson, le croquis à la main, et recueillir ses réactions. Interloquée, elle rouspète auprès de ses conseillers en communication. « Ce monde est tombé sur la tête ! Dans la situation où nous sommes, la politique ne consiste quand même pas à se préoccuper de comiques ! J'ai autre chose à faire que de recevoir ces gens-là, on se fiche de moi ! » Ils la sermonnent : « Tu es folle ! De toute façon, ils vont t'y mettre. Si tu refuses, on ne sait pas ce qui peut se passer avec eux, ce sont des méchants. » La presse n'est déjà pas tendre, mieux vaut jouer le jeu. Voilà donc le chef du gouvernement dans son bureau, face à un photographe au demeurant charmant, qui lui montre le document. « Je ne me suis pas étendue en commentaires. Et à tout prendre, je préférais être une panthère plutôt qu'une poule. » Elle s'enquiert du nom de l'animal.

« Amabotte ?! Ça me paraît choquant, je ne suis à la botte de personne !

– C'est sûrement à cause de la botte de cresson, madame.

– Mais tout le monde va comprendre ça autrement ! »

Elle est loin de se douter de ce qui l'attend.

Collaro fait ensuite monter la pression médiatique, et artérielle. Le dimanche 26 mai, dans le Vingt Heures de TF1, il apparaît à l'écran plus égrillard encore que du temps des cocos girls. Il brandit un grand sac en papier d'où ne dépasse qu'une longue queue. Il entretient le mystère sur la marchandise : demain seulement, on saura à quoi s'en tenir. Seule certitude : l'animal retenu est conforme à l'aspect sympathique et avenant du Premier ministre. « Nous étions décidés à ne pas faire une marionnette laide. Il la fallait pulpeuse... » Pour attaquer au cœur de la féminité selon le *Bébête show*. « On a un public où il y a beaucoup de beaufs. Ils ont une certaine idée de la femme et nous-mêmes, Roucas et Amadou surtout, on ne trouvait pas très positif que Mitterrand en mette une à Matignon. » Le lundi 27 mai, dix millions de téléspectateurs découvrent ainsi une image d'Edith Cresson à connotation raciste. Ce n'est pas une caricature mais une défiguration. La panthère, lors de cette première apparition, répète tout ce que dit Mitterrand-Kermitt. Etre falot, sans personnalité, elle excite la hargne de l'homme viril, Pasqua-Pas-de-quoi : « Elle est nulle, elle est minable! C'est le perroquet du vioque! » Elle continue à faire la voix de son maître. « Elle est con comme une valise sans poignée... Si on est devenu un pays de jobards, on a le Premier ministre qu'on mérite! » Et d'un! Le mardi 28 mai, les trois fossoyeurs en état d'érection intellectuelle connaissent par procuration un orgasme magnifique. La femelle Amabotte, en pâmoison, se frotte contre Kermitt, roucoule des « mon roudoudou d'amour » et des « mon bichon de Solutré » tandis que Rocard-Rocroa jette sur elle l'anathème de l'homme humilié et impatient : « Usurpatrice! » Le mercredi 29 mai, les Bêtes enfoncent le clou. La femme hystérique glousse des « " mon canaillou d'amour "»... Ça veut dire, j'en ai rien à branler ». Le jeudi 30 mai, alors qu'un jeune beur vient de mourir dans un commissariat de Mantes-la-Jolie et qu'Edith Cresson a le

courage politique de déclarer son décès « suspect »
à l'Assemblée nationale, Amabotte avoue son
incompétence à Mitterrand : « Mais enfin, chéri,
chéri, qu'est-ce que je dois faire ? » La panthère
tourne à la loque désemparée qui raconte n'importe
quoi dans les circonstances les plus graves. Le vendredi 31 mai, devant la meute déchaînée, Amabotte,
geignarde, arrive en se plaignant : « Au secours, mon
chabichou d'amour, ils sont tous après moi !... » Ce
n'est que le début du procès en sorcellerie qui sera
instruit, semaine après semaine, pendant près d'un
an. Mais d'emblée, les chefs d'accusation sont rete-
nus : Edith Cresson est la maîtresse du Prince, son
jouet, une putain, une crétine. Du coup, les pires
insanités sont permises : le *Bébête show* devient « le
Bébête peep show », en toute liberté démocratique.
Egrainé au fil des soirées : « Toi, tu vas reboucher
ton trou et fous-nous la paix », « Je m'ennuie, alors la
greluche, je la viole », « Amabotte, elle est pire que la
guerre, c'est un cataclysme », « Tromblon », « Déla-
brée du bulbe », « Elle a un de ces petits pétards tout
à fait charmants et je ne vous parle pas du reste »,
« Vampire ! Diablesse ! »...

D'abord, le Premier ministre traite à la légère
cette affaire. Son emploi du temps est trop chargé
pour qu'elle ait l'occasion de s'installer devant son
poste à l'heure du *Bébête*. Mais son entourage
l'alerte : les dégâts auprès de l'opinion peuvent être
considérables. Alors, elle regarde le miroir qu'on lui
tend. « J'étais écœurée. Ça, moi ? Le plus terrible, ça
a été la souffrance que ces salauds ont infligée à mon
mari, à mes filles qui me voyaient traînée dans la
boue, le *Bébête show* a joué un rôle déterminant
dans la destruction de mon image. Pour ces
immondes, la tâche était d'autant plus facile que,
contrairement à tous les autres responsables politiques, j'étais presque une inconnue. Ils pouvaient

faire ce qu'ils voulaient puisque mon personnage médiatique n'existait pas. Il n'y avait aucun moyen d'échapper à celui qu'ils créaient et qui était repris chaque matin sur Europe 1. Ces gens-là sont tout puissants, on ne peut rien contre eux. Ils ne m'ont pas donné envie de pleurer mais de vomir. Je les méprise. » A quoi Stéphane Collaro répond : « Il faut avoir des couilles pour être Premier ministre ! C'est un poste qui demande de l'abnégation... Cependant je reconnais qu'avec Cresson on n'a pas été d'une totale rigueur. Après coup, j'admets que j'ai un petit remords : on a cogné très, très fort. Elle était plus fragile qu'on ne pensait et on s'est livré à un gros jeu de massacre. » *Mea culpa* faussement patelin : « Je ne regrette rien, on s'est bien amusé, et c'était Mitterrand qu'on visait à travers elle. On avait compris que, dans son deuxième septennat, il n'y avait pas de raison de ne pas y aller. » Collaro a beau jeu de rappeler que le *Bébête show* se nourrit lui-même des manchettes ou des articles de journaux, de gauche notamment. Cresson : « Les deux systèmes se renvoyaient la balle et j'étais prise là-dedans. » Par pudeur, elle ne parle pas au Président de « l'infâmie ». En mesure-t-il l'étendue ? « Ce n'était pas très agréable en effet. Et surtout, il faut vraiment ne pas connaître Edith pour imaginer qu'avec son caractère, elle peut ressembler à cette Amabotte. [1] »

Malheureusement, les téléspectateurs, c'est-à-dire les électeurs, n'ont pas le droit de savoir. Le portrait que les humoristes tracent de Cresson est forcément juste puisqu'ils sont, eux, bien informés. Dès lors, quel Français se sentirait fier d'avoir à la tête du pays une telle femme ? Et quel député socialiste à l'écoute de ses administrés ne se dirait pas qu'elle va le mener à la catastrophe ? Denise Cacheux, député PS du Nord, une sympathique forte en gueule, l'un des

---

1. Entretien avec l'auteur, 13 novembre 1992.

personnages les plus appréciés de l'Assemblée nationale où son langage vert et ses plaisanteries font l'union, voit aussitôt venir le retournement d'opinion que provoque le *Bébête show*. « A Lille, j'ai tout de suite flairé que les gens, de gauche ou de droite d'ailleurs, étaient ébranlés. Leur attente à l'égard d'Edith était immense. Et puis ces types du *Bébête*, d'entrée de jeu, l'ont présentée comme vous savez. Les électeurs parlaient de l'émission, posaient des questions plus ou moins gênées. J'étais scandalisée. Nous, les femmes du Parti, nous savons ce qu'a été notre combat pour l'égalité, pour nous frayer un chemin, et à quel point c'est difficile d'avancer dans ce monde de mecs qui ne veulent pas lâcher une once de leur pouvoir. Dans les réunions du groupe socialiste, les camarades se référaient eux aussi au *Bébête* et en profitaient pour dire des horreurs sur le Premier ministre. J'ai saisi l'occasion d'une remarque dégueulasse de l'un d'entre eux, Christian Bataille, pour dire ce que je pensais de tout ça. Ils m'ont répondu : " Oh, le *Bébête*, ça détruit tous les politiques, pas plus Cresson qu'un autre. Et puis, tu ne peux pas raconter qu'il n'y a pas un fond de vérité là-dedans ! " On s'est engueulés et je leur ai rappelé que lorsqu'Edith était ministre et qu'ils allaient pleurer dans son giron pour obtenir quelque chose pour leur circonscription, ils ne parlaient pas comme ça ! »

De leur côté, les responsables de la nation et les décideurs n'ont pas pour habitude de se planter chaque soir devant les poupées de Roucas, Amadou et Collaro. Désintérêt qui leur permet d'ignorer superbement les plaisirs du peuple – une des formes du mépris, une des raisons du divorce – et de défendre au nom des grands principes un divertissement dont l'élite tout entière est en réalité la cible. Les critiques de télévision, voyant Edith Cresson vilipendée sur un mode pourtant très différent des autres recrues du *Bébête*, restent étrangement muets. Ou s'ils parlent, c'est du bout des lèvres. Ainsi Françoise Giroud, dans son éditorial hebdomadaire, épingle-t-elle d'un mot le « Bébête macho » pour ne plus y revenir : la plume y est, pas le cœur. Exemple parfait d'un glissement d'attitude. Dès le discours à l'Assemblée, l'ex-secrétaire d'Etat à la Condition féminine de Giscard devient une déçue d'Edith Cresson dont la voix l'irrite et dont « on attendait plus de classe ». Mais sous prétexte qu'elle la trouve « très mauvaise », ce qui est bien son droit, elle ne dénonce pas une seule fois en dix mois le lynchage de 19 heures 55 : « On est tenté de la soutenir à tout va. Mais y a-t-il de quoi ? » Claude Sarraute dans *Le Monde* – peut-être jalouse que son « Mimi » lui en ait préféré une autre, allez savoir ! – participe, elle, franchement à l'hallali. Le 11 juillet, elle s'en prend au Premier ministre qui a commis un crime de lèse-bouffonnerie en dénonçant devant la presse anglo-américaine les comiques « néfastes » et « l'impunité totale dont ils jouissent » pour véhiculer « toutes les caricatures sur les femmes ». Le billet de Sarraute est un chef-d'œuvre de perfidie et de misogynie féminines : « Ça, pour faire des salades, tu t'y entends, hein, la Cresson!... Bien qu'ignorant tout de vos rapports, j'imagine mal le Mimi te repoussant du pied, agacé par tes câlineries de femelle en chaleur. Si tant est que tu l'exaspères, ce serait plutôt par tes bourdes de charretier en fureur ne sachant quoi inventer pour se distinguer de la discrète distinction de ton prédécesseur à Matignon. Moi, c'est là-dessus que j'aurais insisté à la place de ces trois virtuoses de la caricature... Ils ont préféré insister sur le comique de situation. Et ça, faut bien reconnaître que la tienne, celle d'une femme prise dans le sérail du Prince, est particulièrement vulnérable aux lois du genre... Sexistes, eux ? Non, toi ! En prétendant qu'ils ont dépassé les limites et en exigeant des égards refusés aux mecs, tu apportes de l'eau à leur moulin. S'ils te surnomment Amabotte, crois-moi, c'est pas pour que tu les siffles comme des chiens : " Au pied, les humoristes ! Couchés ! " »

D'emblée, Edith Cresson est frappée là où elle ne s'y attend pas. Tout simplement parce qu'elle arrive à Matignon, à presque soixante ans et malgré sa responsabilité devant l'Histoire, sans s'investir dans sa féminité. Elle a fait le tour depuis longtemps de la séduction dont elle continue à pratiquer tous les comportements automatiques mais elle refuse, consciemment, de « jouer dans la catégorie des femmes ». La sienne, c'est « celle de la nation. Pour moi, l'égalité dont la gauche était porteuse, l'égalité telle que je l'avais vécue jusque-là sans rencontrer aucun problème, résidait dans ce privilège. La gestion d'une politique gouvernementale n'a rien à voir avec le galbe d'une jambe ou l'opulence d'une poitrine. Les photographes ont été ignobles. Chaque fois que je descendais de ma voiture, ils traquaient mes genoux ou mes cuisses – je finissais par en être obsédée – et à l'Assemblée, ils prenaient des gros plans de mes bagues ou de mes boucles d'oreilles comme si c'étaient les signes d'une légèreté ou d'une incompétence. Tout ça avait quelque chose de profondément scandaleux et désespérant. »

Elle est rebelle à tout ce qui pourrait l'enfermer dans un rôle qu'elle récuse de toute son âme. Qui pourrait supposer que le nouveau Premier ministre est un bloc de granit enrobé de rose Torrente ? Mitterrand l'a chargée d'une mission ardue, les dossiers désignés l'attendent à l'instant, le but fixé relève de la gageure : il faut faire. Uniquement faire. Sans se préoccuper de rien ni de personne. Sans se regarder. Foncer dans l'action, escortée de quelques fidèles et d'abord d'Abel Farnoux. Puisque le Président le lui demande, Edith Cresson est prête à tout se payer – les éléphants du PS, les énarques « cloportes », l'intelligentsia parisienne, les patrons des nationalisées, les banquiers, les éditorialistes, les Japonais. Mais, avec un entêtement suicidaire, elle ne veut pas s'offrir une image. A Jacques Séguéla qui vient la voir à Matignon pour lui proposer une campagne d'affiches, « Edith Cresson, la dame du faire », et lui suggère d'ôter le collier, cadeau de son mari, qui annonce en grosses lettres d'or et familièrement son prénom, elle répond : « Mais si je me montrais sans ma chaîne " Edith ", ce serait comme une publicité mensongère ! » Et elle ne donnera pas suite.

Chapitre 6

LE COUP D'ÉTAT PERMANENT
DE PIERRE BÉRÉGOVOY

Etre fidèle aux valeurs de la gauche tout en adoptant les méthodes pragmatiques de la droite, c'est le défi personnel d'Edith Cresson. Au terme d'une longue maturation, elle se vit elle-même comme une synthèse de ces deux traditions. Ses projets, ses intentions portent la marque d'une dualité résolue. Mais pour réussir, il lui faudrait démontrer sa capacité à traduire cette synthèse intime dans un discours et une action politiques intelligibles. A première vue, elle a plusieurs atouts. L'époque, on le sent, n'est plus aux confrontations idéologiques, aux clivages sectaires : plutôt à la réforme courageuse, loin des intransigeances dogmatiques. La détermination du Premier ministre à transformer en profondeur la société française est totale. Pédagogie, souplesse, force d'entraînement seront les trois conditions indispensables pour entamer cette aventure risquée. Cresson a l'avantage de couvrir par ailleurs un spectre large : socialiste européenne épaulée par les réseaux essentiellement de droite – économiques, financiers, militaires et policiers – d'Abel Farnoux, elle pourrait asseoir le travail gouvernemental sur une cohabitation originale dont Matignon serait la scène unique, et qui rallierait progressivement ceux qui se retrouvent déjà autour d'une majorité d'idées. Femme – et la première, à ce niveau, ce qui constitue un signe –, elle incarne par là même le personnage de troisième type, auquel il est difficile de faire un procès théorique, et qui a par conséquent la voie libre pour agir neuf.

A peine aux commandes, elle veut indiquer la double logique dans laquelle elle se situe. D'un côté, elle multiplie les propos de réhabilitation de l'entreprise, instrument de la modernisation et fabrique d'emplois, ce qui lui vaut le soutien prudent du CNPF qui craint cependant son interventionnisme, et celui sans réserve de la CGPME (Confédération générale des petites et moyennes entreprises.) De l'autre, dans sa première déclaration sur Antenne 2, elle laisse percer sa nostalgie : « Sans doute, je suis social-démocrate [...] Mais j'ai beaucoup aimé les années 1981-1983 [...] Les communistes sont partis, je l'ai beaucoup regretté [...] S'il y a une évolution, on verra bien. » Phrases pour le moins déconcertantes après la chute du mur de Berlin et dont Edith Cresson s'explique aujourd'hui seulement : « D'abord, je souhaitais exprimer par là que la gauche avait, à ses débuts au pouvoir, des partis solides sur lesquels s'appuyer, une vraie stratégie et un projet architecturé. C'était enthousiasmant. Depuis le tournant de la rigueur : plus rien du tout ; et ça ne semblait pas nous réussir. Moi-même, en arrivant, je trouvais un PS déjà en décomposition, la " Lettre aux Français " pour toute référence, et le ni-ni pour toute doctrine ! Ce n'est pas ce que j'appelle, bon ou mauvais, un grand dessein. Et puis, j'avais acquis et j'ai conservé du respect pour les communistes. Eux, sont restés ancrés dans la réalité sociale tandis que beaucoup de socialistes s'en sont éloignés. Bref, j'exprimais seulement des affinités. » Livré sans explications et se juxtaposant paradoxalement au plaidoyer pour les patrons, ce couplet sur l'union de la gauche donnera le sentiment d'une incohérence, sera à l'origine d'un malentendu général et sèmera le trouble dans les esprits de tous bords. La droite, sous la plume de Franz-Olivier Giesbert, récent converti, hurle au loup qui revient, dans *Le Figaro*. Les jeunes, les ouvriers et les retraités qui sont les plus frappés par la dureté des temps, accueillent au contraire Cresson très favorablement, et retiennent de son intervention qu'elle va faire du social, encore du social, toujours du social, comme aux plus belles heures de Pierre Mauroy. En revanche, le petit air des regrets fait sortir de leurs gonds les socialistes de la deuxième gauche comme Jean-Claude Petitdemange, l'homme des réseaux rocardiens : « C'est surréaliste ! A travers Cresson, Mitterrand veut reprendre en mains la politique intérieure, radicaliser à nouveau les clivages gauche-droite, mais il a de la France d'aujourd'hui, citadine, éclatée, sophistiquée, une vision de comices agricoles ! » Claude Bartolone, l'écho de Fabius, est lui au bord de l'apoplexie : « Cresson est malade ! C'est ringard ! Tout s'est écroulé à l'Est et elle redonne vie à ce marquage-là. Oh, le décalage ! Elle fait bouger des forces qu'elle sous-estime. C'est *Apocalypse Now* ! » On le pressent : tandis que la cote des socialistes s'effrite inexorablement et que les législatives se profilent, la complexité d'une position qui prétend raccommoder les inconciliables exige tout de suite un doigté sémantique et une subtilité conceptuelle dont le Premier ministre est dépourvu.

Cette faiblesse est exactement contrebalancée par une qualité que révèle une attitude physique : Edith Cresson sait remonter ses manches pour aller au charbon. Sa couturière, madame Mett, P-DG de Torrente, adapte depuis dix ans tous les tailleurs de sa cliente à ce geste. « Chez Edith, c'est une façon de penser, dit-elle. De moi-même, quand je lui fais ses

135

costumes, j'ajoute quelques centimètres au tour de poignet pour qu'elle ne soit pas gênée. Elle a horreur d'être entravée dans cette liberté de mouvement et elle n'avait aucune intention, étant Premier ministre, d'y renoncer. » Le style Cresson correspond bien, il est vrai, à sa tâche. Elle doit traiter en quelques semaines, à une cadence d'autant plus folle qu'elle est lancée en pleine session parlementaire, le lourd héritage de Michel Rocard. Arbitrer au pas de charge. Cela fait partie de son contrat : elle en assumera l'impopularité.

Mais elle ne cesse de fulminer contre son prédécesseur. Ah, elle comprend qu'il ait passé des « jours tranquilles à Matignon » ! Alors qu'il a eu la chance de bénéficier durant ses trois années au pouvoir d'une croissance qui a même atteint 4% en 1988, le record de la décennie, il ne s'en est pas servi ! Sioux comme un présidentiel, il n'a pas pris le risque d'engager à moindre douleur le règlement des problèmes qui mettent en péril l'équilibre de la nation. Cresson a beau savoir à quoi s'attendre, quand les chiffres perdent de leur abstraction et qu'il faut les transformer en une politique, la vivacité de ses sentiments rejoint ce dessin d'Hoviu qui paraît dans *L'Action économique*. Mitterrand demande à son Premier ministre : « Alors, Edith, l'héritage Rocard ? » Debout, elle répond : « Des emmerdes, François, rien que des emmerdes ! » Ce n'est certes pas l'année où il fait bon être à Matignon. L'investissement chute dangereusement, le déficit de la balance commerciale a doublé, le cap de deux millions et demi de chômeurs vient d'être à nouveau franchi et il manque trente milliards de recettes pour limiter le déficit budgétaire de 1991 à quatre-vingt-dix milliards. Le PIB croît de 0,5% seulement alors qu'il avait augmenté respectivement de 4,8% et 4,9% en 1988 et 1989. Rocard laisse un secteur industriel public sans stratégie. Dans l'électronique, Bull et Thomson perdent des sommes fabuleuses. L'automobile est menacée. De leur côté, les agriculteurs sont désorientés : aucune concertation avec le gouvernement, aucune position commune n'a été adoptée sur la réforme de la PAC et la négociation du GATT. Mais surtout, Rocard « s'est défilé » devant le casse-tête suprême : le déficit de la Sécurité sociale. Par refus des secousses, et malgré l'instauration difficile de la CSG, il a laissé pourrir la situation. A tel point que le 25 avril 1991, soit trois semaines avant la nomination de Cresson, le Trésor a dû faire les échéances, le découvert de la « Sécu » à la Caisse des dépôts et consignations ayant pulvérisé le plafond autorisé. Grâce à cette périlleuse et douteuse acrobatie, les Français, dans l'ignorance de ce qui se passait, ont pu toucher leurs pensions de retraite et le remboursement de leurs frais de maladie... Le fameux trou de la Sécurité sociale atteint quinze, vingt ou vingt-cinq milliards, peut-être plus, dont neuf à coup sûr pour la seule année 1990 : pour l'instant, le nouveau chef du gouvernement ne parvient même pas à en connaître le montant exact. « Dire que nous sommes au pouvoir depuis dix ans! c'est monstrueux! » râle Cresson toute la journée sous les dorures de Matignon. La légèreté de Rocard la plonge dans l'indignation. Si encore il avait donné l'impression de prendre les choses au sérieux. Mais non! Quelques jours avant de quitter la rue de Varenne, il a lancé à Anne Lauvergeon, secrétaire générale adjointe de l'Elysée, en passant devant son bureau : « La Sécu? Bah! Un simple problème de plomberie! » Et Claude Evin, son ministre de la Santé et son compagnon de route, qui a rétorqué en février à la Commission des comptes : « Il n'y a pas de problème de déficit, seulement un léger problème de financement. » Néanmoins, les deux hommes ont finalement décidé d'accomplir leur devoir... Le 14 mai 1991, veille de leur départ. Ce jour-là, lors d'un comité interministériel, ils ont présenté ensemble, comme pour narguer, un plan de sauvetage si draconien qu'il est inacceptable en l'état par les professionnels de la santé. « Remettons à la semaine prochaine », a dit malignement le Premier ministre qui le lendemain ne le sera plus. Et voilà Edith Cresson en charge du Samu pour la Sécu. Elle ne décolère pas et dénonce partout la « lâcheté » de son prédécesseur et ses mauvais investissements de la manne publique – près de deux cents milliards! – dont il a disposé.

Son équipe de communication se répand sur le même ton. Mais il y a désaccord dans le cabinet. Ses conseillers politiques, eux, essayent de la mettre en garde contre la faute tactique : les attaques obsessionnelles contre Rocard ne passent pas bien auprès des socialistes. Ils restent des heures dans le bureau de Cresson à lui expliquer qu'elle n'a pas besoin d'insister. « Tu as démissionné de son gouvernement l'année dernière, maintenant il est viré, pas la peine d'aller plus loin! N'oublie pas que tu n'as pas de courant et que les forces derrière toi sont maigres. Un peu de Jospin, de Mauroy, de Mermaz et de Chevènement, ça ne constitue pas une majorité pour un chef de gouvernement. » Elle ne les écoute pas. Il faudra attendre qu'Edith Cresson ait fini d'éponger la succession, à la mi-juillet – et dans quelles conditions! – pour qu'elle renonce à dénigrer son prédécesseur. Entre-temps, congédiés sans ménagement, évincés du gouvernement, maltraités dans les discours, les « rockistes » se déchaînent. Les petites phrases assassinent. Michel Rocard, avant de se taire pour longtemps : « Ce n'est pas possible, la République ne mérite pas ça! »; Jean-Claude Petit-demange : « Elle mettra en péril le pays et l'Etat »; et quand il l'entend parler de l'héritage : « On ne gagne jamais contre son camp. » Plus sérieusement, c'est au PS, au sein du comité directeur et du bureau exécutif, et à l'Assemblée, dans le groupe, où ils ont une forte présence et une capacité certaine à maintenir le cap des options voulues par leur chef, que les rocardiens organisent très vite la résistance contre « l'usurpatrice ».

Pendant cinq semaines, Edith Cresson ne parlera, ne décidera pratiquement que restrictions, économies, impôts nouveaux dans la plus pure ligne de la rigueur, là où les socialistes attendaient redistribution sociale et abandon de l'austérité. Très vite, elle est donc ressentie, dénoncée comme prisonnière de son gouvernement, et surtout de l'intransigeant Pierre Bérégovoy. Une femme sous influence. Comment justifier, sinon, les mesures qu'elle prend au fil des jours sur l'air de « c'est comme ça et pas autrement » ?

Les choses sont, en vérité, plus nuancées. Le Premier ministre n'a pas à se forcer. Elle l'affirme, et André Gauron, alors conseiller de Bérégovoy, en témoigne : « Il n'y a pas, entre elle et lui, de grandes divergences sur la doctrine. Elle connaît trop les enjeux de la guerre économique internationale – dont elle n'est pas pour rien " la Jeanne d'Arc " – et les difficultés de la construction européenne, où la France doit avoir face à l'Allemagne la place forte, pour ne pas souscrire à la politique monétaire de Béré. » Comme lui, elle ne croit pas non plus que la relance de l'inflation améliorera l'emploi ; enfin, elle n'a pas l'intention de lui réclamer beaucoup d'argent pour casser les rigidités, accomplir la modernisation qu'elle souhaite, puisqu'il s'agit avant tout de modifier des structures et des comportements : « J'étais d'accord avec les principaux choix de Béré car il n'y avait aucune autre politique possible. Je n'ai jamais contesté la nécessité du franc fort, jamais fait preuve de laxisme dans la dépense publique. Et je mets quiconque au défi de trouver une seule de mes déclarations, un seul de mes actes allant dans ce sens. Je remarque seulement, mais c'est une autre affaire, qu'il s'est ensuite octroyé, quand il était à Matignon, des largesses dont il ne m'a pas accordé le millième. » En fait, elle lui reproche, mais avec force, sa vision exclusivement financière de l'industrie et sa cécité totale sur le social. Ce dernier point sera au cœur de leur différend.

Pierre Bérégovoy va organiser contre Edith Cresson un coup d'Etat permanent. « Dès le premier instant, et à tout moment, témoigne Dominique Strauss-Kahn, ex-ministre de l'Industrie, il cherche à empêcher Edith. » Psychologiquement, Béré ne parvient pas à accepter d'avoir été écarté de Matignon. Le traumatisme est sérieux : c'était pour lui l'ultime chance d'obtenir la consécration tant attendue. Cresson : « Nous nous réunissions tous les deux chaque vendredi à 9 heures. Quand il était dans le fauteuil en face de moi, je sentais à toute son attitude qu'il se demandait pourquoi il n'occupait pas ma place. C'était extrêmement pénible. » Tête à tête de deux puissants qui ont un seul point commun : ils ne sortent pas de l'ENA. Mais l'ancien ouvrier voit dans le technocrate le prototype de l'homme d'Etat et du grand politique, et il a désespérément voulu adhérer à ce modèle ; il ne peut tolérer ni respecter la bourgeoise qui a toujours contesté le sérail qu'elle a fréquenté dès la naissance, et qui cherche à le dynamiter. Bérégovoy ne défend donc pas seulement ses convictions : il se considère aussi comme le sauveur de toute son administration à laquelle il voue admiration secrète et reconnaissance. Dominique

Strauss-Kahn : « Quand Béré est arrivé au Budget en avril 1984, il m'a fait venir et m'a dit : " La monnaie, je n'y comprends rien. Peux-tu m'apprendre ? " Il a mis du temps. Ses professeurs, ç'a été son environnement. Il a d'abord été l'élève, puis le porte-parole, enfin l'exégète de la vision financière du Trésor. Il défend inévitablement les notes de son administration. » Les membres de son cabinet, issus du même moule, délégués des différentes directions du ministère, ainsi que Jean-Claude Trichet, le patron du Trésor, pèsent fortement sur ses choix.

La stratégie de Bérégovoy vis-à-vis d'Edith Cresson sera fondée sur le sentiment d'injustice qu'il éprouve et la peur qui l'envahit. Obsédé par les grands équilibres, le déficit budgétaire qui s'accentue et pourrait atteindre, si on n'y prend garde, cent trente milliards à la fin de 1991 ; soucieux d'éviter qu'un poids excessif pèse sur les taux d'intérêt, le ministre des Finances a la hantise de voir son œuvre s'effondrer pour cause de laxisme, à l'heure d'être parachevée. Or, il en est absolument convaincu, la reprise est pour l'automne. Il faut tenir jusque-là. Il ne cesse de le répéter à Cresson, que son expérience européenne rend beaucoup plus dubitative. En tête à tête, elle lui a dit sa conviction que la crise est mondiale, durable et « qu'on n'a pas atteint le fond ». « Il a fait une grave erreur d'appréciation en ne voyant pas venir le retournement de la conjoncture internationale. Il s'est fourvoyé parce qu'il a écouté les experts qui étaient eux-mêmes aveugles. Sinon, il aurait peut-être mieux accepté et soutenu ma politique industrielle dont les effets à long terme allaient dans son sens. Il voulait me ligoter jusqu'à ce que la croissance revienne. » L'inquiétude de Bérégovoy est d'autant plus vive que l'argent, nerf de la guerre, rentre beaucoup moins bien que prévu dans les caisses : « Il m'a prévenue quand j'ai été nommée qu'il était très coincé parce que les experts s'étaient aussi trompés dans leurs prévisions sur les rentrées fiscales : quatre-vingts milliards de manque à gagner! Cela s'appelle, paraît-il, " l'épaisseur d'un trait de plume ". Béré, lui, n'avait pas l'air de trouver ce plantage inacceptable... Il couvrait ceux qui le menaient dans le bleu. Moi, j'étais effarée et je me demande toujours où se trouvent les vraies fautes, en politique. »

Relayé par les médias et soutenu par son administration, le ministre des Finances adopte une tactique alternative : il va réussir avec une exceptionnelle habileté à faire passer Cresson, tantôt pour une dépensière incontrôlable mettant en péril les équilibres, tantôt pour un vampire assoiffé d'argent frais pour financer les dépenses. En même temps qu'elle se heurte au front de la rocardie, le Premier ministre doit donc essayer de contourner la forteresse de Bercy d'où partent des tirs nourris, et jusqu'au bout ininterrompus.

Parce qu'elle sait qu'elle se trouve dans une situation quasi intenable – gérer la récession et conduire la gauche aux élections –, Edith Cresson cherche tout de suite à savoir si elle pourra agir sur le terrain des inégalités. Elle a souvent entendu Michel Charasse disserter à l'infini sur ce thème. Peut-être y a t-il là quelque chose à glaner... Elle ne perd donc pas de temps pour demander au ministre du Budget, en toute confidentialité, quelles perspectives réconfortantes en matière de justice sociale elle pourrait quand même proposer au PS et aux électeurs dont elle pressent le mécontentement. Charasse ne se fait pas prier. Avec quelle joie il prend sa plume la plus perverse pour mettre « la folle » confraternellement au courant de l'état des lieux! Il lui envoie d'abord pour nourrir sa réflexion un document dactylographié, en date du 27 mai, qui s'intitule : « Liste sommaire des inégalités en France ». Il y dénonce les principaux privilégiés de la société française : les riches, les élus régionaux et généraux, les retraités et les fonctionnaires, les trois-quarts de la France, en somme. Certes, il y aurait du travail sur la planche pour rectifier les injustices pointées, des allocations familiales à la loi sur les handicapés, des déductions pour frais professionnels à l'aide au logement HLM. Mais qui accepterait de s'en charger? Charasse ne se fait pas d'illusions. Le 29 mai, il adresse à Cresson une longue lettre manuscrite, en guise de commentaire. Ce morceau d'anthologie brosse avec un cynisme époustouflant le portrait de toutes les ambiguïtés, de tous les renoncements socialistes. En voici le texte intégral et inédit :

« Chère Edith,
Je pense qu'il est urgent de mettre un terme au débat sur les inégalités, d'abord à gauche et notamment au PS.
1. Contrairement à ce qu'on croit trop souvent, nous ne pouvons plus faire grand-chose dans le domaine fiscal du fait des contraintes européennes et de l'ouverture des frontières pour les capitaux. En outre, ces mesures ont un effet *nul* sur l'opinion publique. Ce que les gens veulent, c'est recevoir *directement* l'effet des sommes perçues sur les riches ou les spéculateurs. Cela représente essentiellement l'ISF et les plus-values des entreprises soit vingt milliards de francs au maximum.
Or on peut :
– soit alléger l'impôt de ceux qui le payent. Mais ce sont les plus favorisés. Cela représente en gros sept millions de foyers fiscaux dont six millions se considèrent comme pauvres et injus-

tement traités. Cela fait 3 300 francs par foyer et sitôt donnés, sitôt oubliés!

– soit aider les plus pauvres qui ne payent pas l'impôt. Or le RMI nous coûtera cette année 10 à 12 milliards de francs et les allègements de taxe d'habitation pour les non-imposables 4 milliards. Nous distribuons presque tout mais *pas à notre électorat.*

Ainsi sur plus de 40 000 RMIstes, 10 % à peine sont inscrits sur les listes électorales, 5 % votent assez régulièrement et 1 % votent à gauche. Donc, cela ne nous profite pas. Même observation pour les allègements sociaux de taxe d'habitation.

En tout cas nous avons choisi d'aider les plus pauvres avec l'argent récupéré sur les riches plutôt que le donner aux classes moyennes qui sont *notre électorat* et qui râlent tout le temps...

2. En revanche, le champ des inégalités – les vraies, celles qui concernent tout le monde et celles qui sont supportées par le plus de monde et par les plus modestes au profit de petites minorités protégées – est immense. J'ai fait une première liste que je t'adresse à titre personnel. Comme tu le verras il s'agit :

a) d'inégalités *criantes, honteuses,* insupportables pour ceux qui ont fait leur cheval de bataille avec les inégalités.

b) d'inégalités qui, *sauf exceptions,* sont impossibles à supprimer sauf à se mettre nécessairement à dos toutes les catégories sociales (autres que les ouvriers du privé payés moins de 8000 francs par mois), c'est-à-dire 5 ou 6 millions de nos compatriotes.

Il est donc essentiel de demander publiquement au PS s'il *veut* que nous agissions dans ces domaines. Je connais assez les socialistes pour savoir qu'ils ne sont pas à une contradiction près et que leurs cris d'indignation contre les inégalités n'ont d'égaux que leur refus de changer quoi que ce soit qui mettrait en furie successivement les uns et les autres, qui sont les principaux fournisseurs des sections du PS.

Aussi, la réponse étant : " Ne touchons rien dans ces domaines ", nous serons tranquilles sur ce thème des inégalités jusqu'aux élections de mars 1993.

3. Ceci dit, on peut regarder ce qu'on peut encore faire en matière fiscale : mais c'est modeste, à la marge, et l'effet politique *est nul*. Car ceux qu'on ponctionne crient très fort mais leurs cris ne sont pas couverts par les cris de joie de ceux qui touchent indirectement mais qui ne reçoivent *rien directement en retour*.

À ta disposition pour approfondir ce sujet dont il faudra un jour parler au Président en allant au fond des choses.

Bises. »

Cresson croit encore à la volonté réformatrice des socialistes, et son mépris des « éléphants » – qu'elle rend seuls responsables des affres de Rennes – n'a pas entamé sa confiance dans la base. Elle ne peut tolérer – c'est contraire à son engagement de vie – ces propos insultants sur les déshérités, dont il ne faudrait plus s'occuper sous prétexte qu'ils ne votent pas à gauche. Charasse non plus ne sera pas un allié.

Cresson a peu de marge de manœuvre. Elle sait qu'elle fera subir pendant quelques semaines au pays un électrochoc qu'il aura du mal à supporter. Le Parlement en sera la caisse de résonance. Or l'alliance avec les centristes a vécu, la droite va se radicaliser à l'approche des élections et déposer motion de censure sur motion de censure dès que le Premier ministre utilisera le 49.3. Difficulté supplémentaire dont François Mitterrand dans sa hâte de liquider Rocard a sous-estimé l'importance, ou sur laquelle il n'a pas voulu s'arrêter. A Matignon, Cresson cherche à recruter un excellent conseiller technique chargé des relations avec le Parlement, poste clé pour obtenir des majorités sur les projets gouvernementaux. La mission consiste à pratiquer du lobbying auprès de quelques députés de l'opposition pour qu'ils votent un texte ou s'abstiennent, permettant ainsi son adoption sans recours au 49.3. Comme dans tout démarchage, les contacts personnels jouent un rôle considérable. L'argumentation politique, mais plus souvent la promesse d'un service – un dossier de financement d'une route par exemple que Matignon met sur le dessus de la pile – sont la condition de la réussite. Sous Rocard, c'est Guy Carcassonne qui était ce talentueux fabricant de prêt-à-voter. Lourde succession. Jean-François Gueulette, quarante ans, « apparatchik fabiusien ayant travaillé aux côtés de Joxe, Mermaz, Billardon et Auroux », comme il se définit lui-même, pose sa candidature. « Je n'ai eu aucune retenue parce qu'il s'agissait d'une femme, et d'Edith Cresson. » Grand, large, taillé à la serpe, Gueulette, secrétaire général du groupe socialiste depuis 1985, connaît remarquablement les comportements et les besoins des députés ainsi que les mécanismes institutionnels de l'Assemblée et du Sénat. Moins bien le Premier ministre, « qui n'était pas très présente entre 1986 et 1988 ». Pourtant, en un quart d'heure d'entretien ils se mettent d'accord, et le conseiller qui a « l'ambition de faire aussi bien que Carcassonne » s'installe aussitôt dans le bureau de son prédécesseur, au rez-de-chaussée sur le jardin. A peine trois semaines plus tard, avec le projet sur la réforme hospitalière, il obtiendra un beau succès en divisant l'opposition et en ralliant notamment Raymond Barre.

Cresson ne peut gouverner, dans la nouvelle configuration politique, sans les communistes. Inutile de compter sur leur soutien actif mais au moins faut-il s'assurer de leur neutralité. Pierre Mauroy, pour le PS, se charge de renouer les liens avec la place du Colonel-Fabien. Il officialise ces retrouvailles en déjeunant, toujours aussi jovial, avec Georges Marchais. Tandis que Gueulette entreprend auprès des communistes une opération séduction au Parlement, Abel Farnoux en organise une à sa façon. « Rien ne remplace les contacts personnels au plus haut niveau. Je vais arranger ça! » dit-il au Premier ministre. Arranger ça? Après la guerre, il avait connu un ex-militant des Jeunesses catholiques qui venait d'entrer au PC et allait en devenir l'un des responsables : René Le Guen. Si leurs chemins politiques se sont séparés, l'amitié est restée indéfectible : chacun des deux compagnons répond « présent » quand l'autre a besoin de lui. C'est le cas cette fois encore.

Dans le coffre de la voiture qui emmène Edith Cresson et Abel Farnoux, en cette chaude soirée de début d'été, le chauffeur a déposé un panier de pique-nique : sandwiches et boissons. La nuit sera longue dans la maison inhabitée, quelque part en province, où la poussière et les toiles d'araignées accueillent les deux visiteurs. Ils s'installent, et attendent tranquillement que vienne se ranger, devant la porte, un véhicule d'où sortent, fort détendus, René Le Guen et Georges Marchais. La rencontre clandestine entre le Premier ministre et le secrétaire général du parti communiste s'annonce bien. Edith tombe sous le charme des yeux admirables de Georges, qui la trouve extrêmement sympathique. La discussion peut s'engager. Cresson dresse un état des lieux et justifie la politique sévère qu'elle devra mener. Elle s'engage, en revanche, sur l'emploi, sur l'aide aux entreprises, et réaffirme son volontarisme industriel pour préparer la France au grand marché de 1993. C'est ce que Marchais souhaite entendre. Il fait savoir que les communistes ne dévieront pas de leur ligne dure, quitte à perdre encore des voix aux prochaines élections. « Les dissidents et les rénovateurs, affirme-t-il en substance, c'est de la rigolade. Ils se planteront, et avec eux, les socialistes comme Chevènement qui les soutiennent. Il faudra toujours un parti de gauche fort, et ce sera nous. Personne d'autre. » Pas question donc que son groupe, à l'Assemblée, mette une sourdine à ses revendications. Mais Marchais a apprécié l'attitude de Cresson au ministère du Redéploiement industriel et sur certains dossiers « chauds »; il comprend de quelle situation elle hérite, croit à sa stratégie de rupture avec l'ultra-libéralisme et se déclare prêt à lui faire, sur ce point capital, une relative confiance. Il n'entrerait ouvertement en guerre, plus tard, que pour empêcher Michel Rocard ou Laurent Fabius, ses deux bêtes noires, d'accéder à l'Elysée. Edith Cresson le quitte rassérénée : Georges Marchais lui donne l'assurance qu'il ne fera pas tomber son gouvernement, pourvu qu'elle respecte ses engagements sur la politique industrielle. Ironie de l'histoire : c'est cette même politique que les socialistes, décidément coupés du réel, ne lui pardonneront pas.

Le 2 juin, Edith Cresson commence par ranger au placard les trente-cinq heures sans modification de salaire, cette revendication mythique de la gauche. A Roanne, chez le président du groupe socialiste Jean Auroux, devant la Conférence nationale des entreprises, elle met fin sans ambiguïté à un rêve. Première brisure d'un parcours explosif. Alors que le père des fameuses lois avait prévu de présenter dans son discours ces trente-cinq heures comme le « phare » d'un programme européen, il se voit contraint d'y renoncer en entendant le Premier ministre déclarer, sans l'avertir, à la tribune : « Une telle mesure ne contribue pas à réduire en priorité les situations les plus difficiles. A quoi s'ajoute la question de la compensation salariale et le risque qu'elle entraîne : une hausse brutale des coûts du travail, avec les effets négatifs sur l'emploi qu'on peut redouter. » Cresson réaffirme que la France est arrivée à un moment où seule la compétitivité économique des entreprises peut endiguer le chômage et vole au secours des petits patrons en leur promettant une aide substantielle. C'est cinquante-cinq ans de dogme que cette militante enterre en optant pour une démarche brutale qui impose de déplacer le combat social vers la formation et l'autonomie des salariés. Elle anticipe, sans s'expliquer convenablement, sur la dégradation inexorable du tissu économique, et tente de mettre en garde ses amis contre la persistance de l'utopie. Dans la salle, les auditeurs assommés et encore dubitatifs s'interrogent sur la résignation à laquelle elle les incite. Sans mesurer le courage qu'il faut, à un Premier ministre appelé à conduire les siens aux élections, pour préférer un langage sévère à des berceuses. Même si la salle l'applaudit debout, l'abandon des trente-cinq heures sera vécu comme une offense, la première offense qu'Edith Cresson inflige à son camp et à ses électeurs. Mais dix-huit mois plus tard, un certain consensus sur le partage du temps de travail régnera en France, et des salariés accepteront même de gagner moins pour en sauver d'autres.

Tandis qu'elle ronge l'espoir, Cresson s'apprête à rogner aussi sur la feuille de paye avec la certitude d'être dans le juste. Sans le moindre état d'âme, elle plonge tête baissée dans le gouffre de la Sécurité sociale, urgence des urgences. Pas une équipe ministérielle depuis vingt ans qui n'échappe au vertige qu'il provoque. L'interministériel sur le déficit et les dépenses de santé est donc le premier que convoque le chef du gouvernement « pour faire le ménage, car, dans six mois, il aurait été trop tard ». A Matignon, dans la grande salle du conseil au rez-de-chaussée, sous le lustre à aigrettes, Pierre Bérégovoy et Michel Charasse sont assis en face d'elle. A sa droite Jean-Louis Bianco, ministre des Affaires sociales, à sa gauche Martine Aubry, ministre du Travail, sa « chouchoute ». Sont également présents Gérard Moine, son directeur de cabinet, Christophe Chantepy, son conseiller social, Olivier Mallet et Alain Prestat, les deux conseillers budgétaires, l'un « bercien », l'autre rocardien. Un plan de table conforme à la situation politique et psychologique d'Edith Cresson, presque cernée par trois hommes qui se seraient bien vus à sa place et deux autres qui sont les porte-parole d'une administration et d'un leader ennemis.

Le bilan que présente Bérégovoy – qui fut un excellent ministre des Affaires sociales lors du premier septennat, et qui depuis est resté obsédé par le dossier de la Sécu sur lequel il a alerté tous ses Premiers ministres – est accablant. Trente-deux milliards de déficit cumulé pour 1991, douze milliards supplémentaires prévus pour 1992 : le régime général est atteint d'un mal mortel. Tout l'aggrave : les médecins prescrivent de plus en plus, les patients consomment de plus en plus, les techniques coûtent de plus en plus cher. Bref les dépenses grimpent de 8 % chaque année et une chimiothérapie s'impose.

Comment renflouer la trésorerie? L'idéal serait évidemment d'augmenter la CSG : elle offre l'avantage de faire participer d'autres contribuables que les seuls salariés à la protection sociale. Mais impossible d'y avoir recours. Pour des motifs uniquement politiques, qui montrent à quel point la gauche, à l'image du Premier ministre, est désormais ouvertement entravée. Bérégovoy :

« Si nous adoptions cette solution, ce serait pris comme une augmentation d'impôt et nous ne pouvons pas nous permettre cette impopularité.

– La CSG est un excellent instrument. Je l'ai toujours approuvé, contrairement à toi. Mais de toute façon, il faudrait pour la réajuster un vote au Parlement et nous n'aurons pas la majorité sur cette histoire. Rocard a déjà eu un mal fou à la faire adopter. Les communistes sont farouchement contre, les syndicats aussi, et la droite est hystérique quand on lui en parle. Et puis, il y a les retraités. Nous allons devoir serrer la vis pour leurs pensions, on ne peut pas les pénaliser davantage, ce serait injuste. »

Tandis que seront épargnés, dans la foulée, les revenus du capital et de la propriété, les salariés, eux, trinqueront donc une fois de plus. Une augmentation des cotisations d'assurance maladie de 0,9%, qui rapportera vingt milliards en année pleine, sera adoptée par décret – ce qui dispensera les communistes d'avoir à se prononcer – et annoncée au Conseil des ministres du 12 juin.

La discussion, lors de l'interministériel, n'en reste cependant pas là. Car il faut envisager de surcroît un plan de réformes structurelles dont Bianco a la charge. Bérégovoy et Charasse proposent, pour réduire les dépenses, de supprimer le remboursement des médicaments de confort et d'imposer une vignette sur tous les autres, d'augmenter de plus de

50% le forfait hospitalier qui passerait de trente-trois à cinquante francs, de diminuer les tarifs de quelques professions de santé comme les radiologues, les kinésithérapeutes et les pharmaciens, qui d'ailleurs descendront dans la rue quelques jours plus tard. Autant dire qu'il faut prendre de front certains lobbies, et d'abord celui très puissant de l'industrie pharmaceutique : il n'acceptera pas facilement la baisse de son chiffre d'affaires. Cresson ne se laisse pas intimider par ces propositions qui correspondent, pour certaines, à sa propre observation : « Je n'ai jamais compris qu'on se fasse rembourser son comprimé d'aspirine ou sa gélule de magnésium. Quant aux malheureux qui appellent au secours la nuit, se font faire des ordonnances terrifiantes de tranquillisants ou d'antidépresseurs et laissent ensuite les boîtes de cachets fermées, je pose la question : " Est-ce à la Sécu de financer leur angoisse ? " Les médecins, eux, doivent devenir un peu responsables. On ne s'en sortira pas s'ils n'acceptent pas de négocier dans une commission *ad hoc* une enveloppe annuelle globale de prescriptions pour chacun d'entre eux. » Elle est déterminée : « Allons-y puisqu'il faut prendre les choses à bras le corps... On ne peut pas laisser dépérir un système que le monde entier nous envie. »

Vers la fin de la réunion, Michel Charasse dont on ne sait s'il a une âme de réformateur irresponsable ou de Robespierre, brosse une vaste fresque sociale : « Tu t'apitoies sur les vieux, dit-il au Premier ministre, mais ils sont très privilégiés dans notre société ! C'est leurs cotisations à eux qu'il faudrait augmenter !... Si on mettait tout à plat, on pourrait aussi déplafonner l'assurance maladie et maternité. Tu trouves normal, toi, que les riches et les femmes qui ont des moyens soient autant remboursés que les autres ? Toutes les caisses sont dans le rouge. Si on

152

veut s'en tirer, il n'y a qu'à déplafonner les allocations familiales, pas de raison que les rupins reçoivent pour leurs gosses comme ceux qui en ont vraiment besoin. Et même chose pour les mutuelles! » Mallet et Prestat les rigoristes opinent, Chantepy en rajoute, Bianco, les yeux baissés d'indignation, se tait obstinément; Aubry, comprenant que « les deux compères, Béré et Charasse, essayent de planter Edith en la poussant à faire ce qu'ils n'ont pas obtenu de Rocard », sort de ses gonds : « Attendez! A quel jeu on joue là? Vous êtes fous! Une seule de ces mesures suffirait à foutre en l'air n'importe quel gouvernement! C'est un sujet qui réclame un grand débat public et un énorme travail pédagogique auprès de l'opinion. Vous cherchez à nous faire sauter ou quoi? »

Edith Cresson ne bronche pas. Elle sait que les replâtrages ne suffisent pas pour la Sécurité sociale : « J'ai proposé au Président de diminuer le remboursement de certains médicaments ou soins, évidemment pour les personnes disposant d'un revenu suffisant. » Cela se passe le vendredi matin suivant, à l'heure du rendez-vous de travail hebdomadaire que Mitterrand a instauré avec son Premier ministre. Il réplique immédiatement : « Non! Cela prendrait trop de temps, ce serait trop compliqué d'entrer dans tous les détails d'une telle modification. Et les Français n'aimeraient pas ça. » Cresson : « En fait, il aurait fallu toucher aux textes fondateurs de l'après-guerre, car le problème de la Sécu ne peut être réglé sans ça. Et là, Mitterrand n'était plus d'accord. Moi, j'aurais voulu toucher à l'os, j'y étais prête. Prête à endosser les états d'âme des socialistes, la colère des professions de santé avec lesquelles d'ailleurs j'ai engagé ensuite des négociations dont certaines ont abouti. »

Dans leur esprit, Pierre Bérégovoy – qui se considère comme un vice-Premier ministre – et Michel Charasse ont entrepris de gouverner la France comme si Edith Cresson n'existait pas. Mais puisqu'elle existe, elle doit leur obéir et se contenter d'appliquer leur politique, quels que soient les tiraillements et les contestations que la rigueur suscite dans le camp socialiste, dont l'agitation croît à mesure que diminuent l'inflation et la croissance. Seulement, elle n'est pas décidée, elle, à tout leur céder. Porteuse de la mauvaise nouvelle – plus d'argent dans les caisses, serrons-nous la ceinture –? Elle veut bien endosser cette réputation, puisqu'elle compte engager par ailleurs des transformations qui porteront un jour leurs fruits. Mais elle refuse d'oublier qu'elle est aussi un Premier ministre de gauche. Deux dossiers – la réforme de la taxe locale d'habitation et l'augmentation du SMIC – marquent alors le début de la guerre que se livrent ces protagonistes, guerre croisée avec celle que leur déclarent, à tous les trois mais d'abord à Edith Cresson, les députés du PS.

Le groupe, pas plus que le Parti, ne s'est remis des séquelles du congrès de Rennes. Il est en perte de certitudes et il a besoin d'un chef. Il attend des solutions à ses problèmes, vite. Deux cent soixante-dix-sept hommes et femmes en quête de salut. Tous courants, sous-courants et sous-sous-courants confondus, ils voient grossir la vague des difficultés politiques, redoutent la lame sanction des électeurs, vivent le regard sur le calendrier électoral et éprouvent un infantile besoin d'être confortés, rassurés, entraînés. Ils ont en commun un seul programme : sauver leur peau. Et ils ne font confiance qu'à une seule bouée de sauvetage : l'argent. Le mauroyiste Jean Le Garrec, alors porte-parole, raconte fort bien l'état d'esprit du moment : « D'abord, il y a une incompréhension. Les députés flottent, ne comprennent plus où Mitterrand veut les conduire avec Cresson. Ils sont étonnés de son choix, ils connaissent la brutalité d'Edith. Après Rocard, ils sont inquiets, car c'est ce nouveau Premier ministre qui doit les emmener aux élections. Or, Edith déstabilise d'emblée. D'une certaine façon, avec elle, le contenu importait moins que la manière d'être. On croit, au début, qu'elle va lâcher du lest, faire une politique de gauche comme au temps de Mauroy. Quand le groupe comprend que ça ne prend pas, il se durcit. Et puis nous sentons que nous ne l'intéressons pas. Pour résumer : les courants, ça l'emmerde, le Parti, ça la fait chier, et le Parlement elle n'aime pas beaucoup. »

Le groupe, composé d'un tiers de jospinistes, d'un tiers de fabiusiens et d'un dernier tiers où se rejoignent mauroyistes et rocardiens, est par ailleurs en jachère intellectuelle. Les députés qui se réunissent sous la présidence de Jean Auroux le mardi après-midi de 14 heures 30 à 16 heures et le mercredi de 10 à 12 heures, ne délibèrent plus beaucoup : ils lisent et commentent la presse. Et s'intéressent de moins en moins au travail parlementaire, tout en râlant de plus en plus. Jean-François Gueulette : « Une petite réunion, c'est cinquante à soixante députés, une moyenne cent-dix et une grande, cent-cinquante. Une centaine d'élus travaillent vraiment, font la loi, contrôlent le gouvernement. Pour chaque projet, il y en a cinq qui savent, quarante qui comprennent et le reste suit. »

C'est sur cette toile de fond qu'Edith Cresson inscrit ses premières décisions. Rien de surprenant si les élus socialistes sont, dans ces conditions, littéralement rendus fous. L'abandon des trente-cinq heures, la perspective d'une augmentation des coti-

155

sations au lieu de la CSG, les louanges aux patrons, les mesures sur la réforme hospitalière, la ponction de seize milliards prévue par diverses dispositions d'ordre économique et financier (les DDOEF) qui comportent l'alignement européen de la TVA sur les fleurs et les agences de voyages, et son instauration sur les œuvres d'art et les droits d'auteur : c'est trop de sacrifices réclamés à la fois. Or, de plus en plus, ils sont obligés de voter des textes auxquels ils n'adhèrent pas.

Alors, le groupe mobilise et ouvre les hostilités le mercredi 5 juin. Par un revirement spectaculaire de doctrine sur la taxe d'habitation que tous les contribuables payent chaque année. Jusqu'ici, la part départementale de cet impôt était calculée sur la valeur locative du logement occupé. Il s'agirait à partir de janvier 1992 de l'asseoir sur les revenus. Nombre de socialistes voient dans cette modification une mesure de justice fiscale, donc sociale. Bercy, et Laurent Fabius, y sont en revanche farouchement opposés : à leurs yeux, l'extension de ce prélèvement est indéfendable dans le contexte d'austérité. Ils avaient fini par convaincre le groupe d'abandonner ce projet et, le mardi 4 juin, tout semblait bien ficelé. Or voilà qu'entraîné par Henri Emmanuelli, jospiniste, président de la commission des Finances à l'Assemblée, Edmond Hervé, fabiusien, et Alain Richard, rocardien – l'alliance des tendances traduit l'addition des rancunes personnelles et le rejet collectif –, le PS fait volte-face : le bureau exécutif, à la quasi-unanimité, veut maintenir la réforme et les députés déposeront un amendement au projet de loi sur les DDOEF, qui par ailleurs les met sens dessus dessous et auquel ils s'opposent. Objectif : faire plier Cresson, en lui démontrant qu'elle ne parviendra pas à leur imposer la politique de Bérégovoy auquel ils la croient tout à fait soumise. La gauche parlementaire inaugure ainsi ce qui deviendra jusqu'aux législatives de 1993 son mode déboussolé de fonctionnement : le retournement.

Entre le tandem Bérégovoy-Charasse et les socialistes qui la prennent en tenaille, Edith Cresson doit donc arbitrer. Tandis que le projet fait la navette entre le groupe et le gouvernement, elle fait faire des simulations et comprend qu'une telle réforme fiscale annoncée plus près des élections serait une erreur : c'est maintenant ou jamais. Elle-même en est partisane, exactement comme elle a défendu la CSG : « A part l'IGF, cette mesure était la première de justice fiscale individuelle depuis dix ans. Il était temps, non ? » La colère gagne les ministres berciens lorsqu'ils la sentent fléchir. Leurs cabinets intoxiquent la presse en faisant lancer contre Cresson le slogan de la *poll tax*. L'un des conseillers politiques du Premier ministre, le député de Paris Jean-Marie Le Guen, s'emporte contre « les massacreurs de Bercy » et l'encourage à ne pas céder. Elle y est de moins en moins décidée : « Béré et Charasse commençaient à m'indisposer sérieusement avec leurs diktats, leur dirigisme. Leur obstination sur le sujet reflétait du mépris pour les élus. En vérité, ils n'étaient pas préoccupés comme ils le prétendaient par les pauvres – leurs arguments étaient faux –, mais par les classes moyennes, qui en effet allaient devoir faire un tout petit effort, de quelques centaines de francs par an. Moi, cela ne me choquait pas, au contraire ; ce ne sont pas ceux qui ont de l'argent qui ont le plus de difficultés à participer à un effort d'assainissement collectif. Je n'allais pas me laisser manipuler. » Après avoir consulté Mitterrand, qui la soutient, elle tranche donc en faveur du PS. La rancune de ceux qui sont ainsi désavoués sera tenace, en particulier celle de Laurent Fabius. « Quand il a pris le Parti six mois plus tard, lors de notre premier déjeuner à Matignon, il a sorti un papier de sa poche avec les prévisions chiffrées des Finances et il m'a dit : « Voilà ce que tu fais avec la taxe d'habitation, tu crées de nouveaux contribuables, c'est très dangereux pour les élections ! » Ce papier, il l'a ressorti au milieu d'un dîner à l'Elysée, devant le Président, Lang, Kiejman et leurs épouses, le soir du deuxième tour des cantonales en mars 1992, et il m'a accusée devant eux d'avoir fait perdre le PS. Trois jours avant que je sois liquidée... »

Trois semaines à peine après son arrivée, Edith Cresson est ainsi contrainte d'engager en première lecture la responsabilité de son gouvernement à l'Assemblée sur les économies budgétaires et la taxe d'habitation, et d'avoir recours à son premier 49.3, alors que Michel Rocard avait tenu six mois avant de l'utiliser. Se retrouver si vite contre les siens : elle ne débute pas sous les meilleurs auspices. Et voilà la droite qui de surcroît décide de déposer une motion de censure !

La séance qui débute le mercredi après-midi 12 juin se poursuit très tard dans la nuit. Cresson est chez elle, endormie, quand le téléphone sonne, vers deux heures et demi du matin. A l'autre bout du fil, Emmanuelli : elle doit aller défendre son projet de loi et surtout la réforme de tous les enjeux. C'est le baptême du feu pour le chef du gouvernement qui découvre les délices des réveils d'avant l'aube, la douche prise en hâte, le thé avalé trop brûlant, les vêtements enfilés sans souci d'élégance. Quand elle arrive à l'Assemblée, Michel Charasse s'est déjà heurté aux députés du PS, leur a refusé toutes les concessions sauf, forcé et contraint, la taxe. Il leur a lancé, furieux : « Le groupe socialiste a maintenu son idée de départ. J'espère seulement qu'il ne laissera pas le gouvernement seul lorsqu'il faudra donner les explications nécessaires aux contribuables et aux élus locaux. » Mais à la tribune, Cresson confirme son accord. Elle essaye en même temps de leur faire comprendre sa politique. « Contrairement à toutes les prévisions, le retournement du cycle de croissance économique dont bénéficiaient les pays occidentaux depuis 1985-1986 a été de grande ampleur... Un point de croissance en moins représente douze milliards de pertes de recettes pour l'Etat. Le gouvernement n'a voulu ni laisser filer le déficit budgétaire, ni pénaliser l'investissement, ni augmenter les impôts... Il a choisi d'ajuster les dépenses à l'évolution des recettes. Le présent projet est un élément de la politique d'adaptation à l'évolution de la conjoncture. Il répond aux impératifs de l'heure. »

Alors qu'elle croit avoir convaincu et séduit en démontrant qu'elle savait être à l'écoute des élus de gauche, rien ne passe. Aussi tombe-t-elle de haut quand elle découvre qu'elle est lâchée par ceux-là mêmes qu'elle a voulu soutenir. La presse, judicieusement manipulée par Bercy, parle de sa frénésie fiscale et la descend en flammes. Les socialistes, elle en est certaine, vont rectifier le tir. Or ils restent silencieux. Cresson s'insurge : pourquoi ne volent-ils pas à son secours pour défendre cette mesure qu'ils ont souhaitée? Elle en parle à Jean Auroux, leur patron : « Il faudrait que tu organises tes députés au Parlement. Ils ne peuvent pas me laisser tomber comme ça! » Mais elle est encore naïve : « Je n'ai pas compris tout de suite que nous n'étions plus au temps de Defferre et de Joxe qui les tenaient d'une poigne d'acier. En fait, Auroux ne maîtrisait rien. » Son indignation monte d'un cran lorsqu'elle lit dans *Paris-Match*, la semaine suivante, une interview d'un député socialiste. Il y raconte que, lors des discussions sur la taxe, elle ignorait totalement de quoi il s'agissait et que, prise en défaut, elle était devenue

« cramoisie ». Faire rougir Cresson, ce n'est déjà pas facile. De plus : « Comment, étant maire, pourrais-je ignorer de quoi il retourne ? Mais cette calomnie s'est répétée, on le disait et les gens le croyaient. Comment voulez-vous rattraper ce genre de médisance ? »

Prise de fureur, Cresson décide d'infliger une leçon aux députés socialistes, de leur montrer qu'elle peut élargir sa majorité. Une semaine plus tard, lors du vote sur le projet de la réforme hospitalière, le Premier ministre fait sensation. Gueulette : « Je l'avais informée que nous n'avions pas de majorité et que j'allais essayer d'en trouver du côté des centristes, ce qui était difficile sur cette affaire. Elle est arrivée en séance une dizaine de minutes avant le vote. Je lui ai dit que je n'avais réussi à en débaucher que deux. C'était très juste. Elle a réfléchi quelques instants et elle m'a lancé : " On y va ! " Elle en avait gros sur le cœur. On a eu un moment d'angoisse et, finalement, nous sommes passés avec quatre voix de l'opposition, dont celle de Barre. »

La démonstration est faite. Mais les rapports entre le chef du gouvernement et les siens ne vont évidemment pas s'améliorer...

Symbolique s'il en est, l'empoignade sur le SMIC qui se déroule parallèlement à celle sur la taxe d'habitation, fait monter d'un cran la fièvre à Matignon, à Bercy et au PS. Combat violent qui pendant une dizaine de jours avive les tensions et fixe les rancœurs. La décision qu'il faut prendre n'est pas anodine : il s'agit, en pleine stagnation, soit de tenir une promesse de Rocard de donner avant le 1er juillet un coup de pouce de 2,3% au salaire minimum d'un million six cent mille personnes – 11% des salariés du secteur privé ; soit d'accorder une hausse limitée par la loi à 1,7%. Dans le bureau d'Edith Cresson, Pierre Bérégovoy, dont la raideur et la rigueur ne se démentent pas, répète ses arguments :

« La situation macro-économique ne nous permet absolument pas de faire une telle concession. Il faut à tout prix mettre les salaires à l'unisson du ralentissement conjoncturel, sinon nous allons à la catastrophe. D'autre part, si nous tenons bon sur cette affaire, nous aurons des arguments pour endiguer plus facilement les revendications des fonctionnaires qui vont nous sortir des demandes folles. Et puis, une trop forte hausse du SMIC alourdirait le coût du travail et les patrons seront tentés de limiter les embauches de salariés peu qualifiés. Or l'emploi, si j'ai bien compris, est ta priorité absolue.

– Oui, mais je dois tenir compte aussi d'autres considérations. Le Parti réclame cette mesure, les socialistes sont très énervés, ils ne comprennent plus rien à ta politique, tu ne tiens absolument plus compte de la base ni de l'état d'esprit des gens. Et j'ai les syndicats sur le dos. Kaspar et Blondel ne sont pas décidés à lâcher. Si la CFDT et FO considèrent que le contrat passé par Rocard tient toujours, comment s'asseoir dessus ? Ils vont descendre dans la rue, il y a déjà suffisamment d'agitation comme ça ! Quant aux patrons, et notamment le CNPF, je te rappelle qu'ils n'ont pas sauté au plafond lorsque Rocard a fait cette promesse. Je sais bien que les circonstances financières ne sont plus les mêmes, mais quelles qu'elles soient, on n'a jamais pu prouver l'influence d'une augmentation du SMIC sur l'embauche... C'est un débat académique.

– Il n'est pas question de céder.

– On verra... »

De son côté, le ministre du Travail, Martine Aubry, met en garde Cresson : « Fais attention, Béré t'envoie dans le mur ! »

Le grand argentier emploie tous les moyens, en effet, pour empêcher le chef du gouvernement d'arbitrer en faveur du PS et des syndicats. Il subit lui-même la subtile pression du directeur du Trésor, Jean-Claude Trichet, et de son propre directeur de cabinet, l'inspecteur des Finances Hervé Hanoun, qui sont fermement opposés à une trop forte hausse du SMIC. D'abord, il utilise la presse, son instrument de prédilection. Ses collaborateurs, sous l'anonymat, expliquent sa position et affirment sa détermination : il ne faut pas laisser faire Cresson, qui ne connaît rien à l'économie, met la France et sa monnaie en danger. Ils jouent inconsciemment sur un symbole : la femme, dépensière par nature, dilapide de façon inconsidérée l'argent que l'homme a gagné. Dans la plupart des journaux, les commentateurs reprennent à leur compte cette analyse. Fort opportunément, par l'intermédiaire d'André Gauron, sortent ensuite deux rapports, l'un de l'INSEE, l'autre de l'OCDE, qui confortent la position de Bercy.

Mais Béré va plus loin. Il décide de déstabiliser en tous lieux et à tout sujet le Premier ministre, s'opposant à elle sur toutes les dépenses qu'elle veut engager, à tel point qu'il semble vouloir ajouter, à la croissance et à l'inflation zéro, la politique zéro. Il adopte une stratégie du crescendo dont il est persuadé qu'elle portera ses fruits ; il utilise l'arme qu'il croit absolue : celle de sa démission. Une première fois, le vendredi 14 juin, la rumeur vient mystérieusement de Londres et fait état d'un différend à propos, non pas du SMIC, mais des projets du Premier ministre relatifs à l'eau. Cresson a eu l'outrecuidance d'annoncer un doublement des dépenses sur cinq ans pour la dépollution, principalement à la charge des collectivités locales, des industriels et des agriculteurs. Bercy dément mais il est bien à l'origine de la « fuite ». La seconde fois, le 18 juin, c'est Paris qui a des frissons et le SMIC est ouvertement la cause de la rumeur. La Bourse frémit quand elle entend que « Béré va partir », perd 1,2 %, tandis que le franc est bousculé et que les taux d'intérêts grimpent. En vérité, ce sont frayeurs à bon compte mais la démonstration vaut son pesant d'or : les milieux financiers et les investisseurs étrangers ne font pas confiance au Premier ministre. Bercy joue honteusement... et pense gagner. Cresson : « J'étais scandalisée que Bérégovoy en arrive à de telles pratiques, si peu patriotiques. » Ses conseillers politiques l'encouragent à la fermeté : « Prends-le au mot. Accepte sa démission ! Ça suffit. » Malgré l'étranglement qu'a choisi le ministre des Finances, elle réaffirme publiquement que sa décision n'est toujours pas prise et porte l'affaire devant Mitterrand. Déjà agacé par la première rumeur de démission de Bérégovoy, le président de la République lâche : « Eh bien, qu'il démissionne à la fin ! Mais vous, vous gouvernez, alors faites-vous obéir ! » Cresson : « Il ne se rendait pas compte de la puissance que j'avais en face de moi ! Quant à Béré, il me répétait sans cesse que je ne lui ferai pas avaler n'importe quoi. C'était sa grande phrase ! Il voulait me montrer sa force, sa capacité à créer une situation critique. » Sur le fond, le chef de l'Etat tranche en faveur du Premier ministre. Il n'a pas pour rien lancé Cresson en réouvrant publiquement le dossier des inégalités. Il n'est pas question non plus de perdre toute crédibilité auprès des partenaires sociaux. Bérégovoy est sans doute indispensable, mais il irrite sérieusement le Président. On dirait que tout le monde s'y met, dans le camp socialiste, pour détruire sa protégée. Il entend que cesse au plus vite cette guerre de communiqués et de phrases assassines entre Matignon et Bercy – Cresson, quoiqu'elle le nie, vient de

traiter Béré d'« enflure ». Mitterrand intervient durement au Conseil des ministres. Le 20 juin, les adversaires tiendront une conférence de presse commune
pour avouer qu'ils s'adorent et qu'il n'y a entre eux
aucune divergence. Le soir même, dans le Vingt
Heures de TF1, le Premier ministre crée la surprise
en annonçant une augmentation du SMIC de 2,3 %.

Cependant, c'est la deuxième fois en deux
semaines que « le Pinay de gauche » perd la partie et
la face. Se faire démentir par un chef de gouvernement qu'il méprise est un affront insurmontable.
Vis-à-vis de lui-même, comme vis-à-vis de son administration. A partir de cet instant, Bérégovoy ne
désarmera plus, ce que Gauron traduit par : « Il a été
loyal jusqu'à un certain moment... »

Chapitre 7

LES BRANQUIGNOLS DE LA COMMUNICATION

Pour résister au choc de ces premières semaines, il aurait fallu qu'Edith Cresson parvienne à se faire comprendre des Français. Or elle se trompe tragiquement de politique de communication et refuse de gérer son image. Jusqu'ici, elle a toujours été naturelle, telle qu'en elle-même. Cela lui a plutôt réussi, et à Châtellerault en particulier ses électeurs apprécient sa gouaille, ses manières rudes, la spontanéité de ses comportements qui vont de pair avec l'efficacité de sa gestion. Ce qu'ils résument ainsi : « Madame Cresson n'est pas frelatée. On n'a jamais l'impression qu'elle joue. » Pourquoi se mettrait-elle donc à composer une apparence, un vocabulaire, sous prétexte que la voilà Premier ministre ? Pourquoi ce qui a convaincu les Châtelleraudais ne séduirait-il pas tous les Français ? S'adapter aux comportements ambiants, épouser la sociologie politique, sacrifier son temps à la « com », très peu pour elle ! Les gens sont las de toute cette frime qui « rend le discours sur la politique plus réel et plus important que la politique elle-même, une grave perversion ». En se préparant pour Matignon, elle a donc omis de réfléchir à cette dimension de sa nomination qui dépasse, et de loin, sa personne. Elle n'a absolument pas pris la mesure de l'extrême sophistication de

165

l'image qui règne désormais sur le monde qu'elle fréquente pourtant depuis vingt-cinq ans, ni réfléchi aux relations malsaines que la presse et les politiques cultivent avec cynisme et mauvaise conscience mêlés. Pour Cresson, seul compte le fait, pas l'effet. Elle n'a conscience ni d'elle-même ni des autres, ni de ce qu'elle produit ni de ce qu'ils en reçoivent. Elle ne soupçonne pas qu'un être entier, dans l'univers cathodique, ne semble pas vrai. Qu'il faille apprendre à communiquer sur son authenticité pour en faire passer le meilleur, rigolade! Qu'un écran de télévision soit à des années-médias d'une place de marché, absurde! Ce métier-là, hélas, elle ne l'apprendra pas.

Aucun des obstacles économiques, sociaux, politiques et culturels qu'elle affronte en pionnière ne l'amène à reconsidérer cette extravagante naïveté : « Je n'avais aucun doute sur ma capacité à faire bouger les forces inertes que j'étais chargée de bousculer. Que j'y parvienne plus ou moins bien, c'était évident. Ma tâche m'exaltait et pour être franche aucun des signes avant-coureurs de ce que j'allais connaître ne m'avait entamée. Ni même alertée. » Sujet politique non identifié atterri par surprise à Matignon, elle est aveugle au plus grand des dangers qui la menacent : mettre en pleine lumière la faiblesse du système institutionnel de la Cinquième République, la fragilité du couple Président-Premier ministre. Parce qu'elle est femme, et parce qu'elle est munie d'un ordre de route lui enjoignant de dynamiter jusqu'à sa propre famille, la faille inhérente à la Constitution – tous les chefs de gouvernement sont choisis par le Prince et non par leur parti ou par le peuple – risque de se transformer en abîme si Edith Cresson n'atteint pas la perfection médiatique. Car c'est par là qu'il faut d'abord convaincre, emballer, désarmer, par là qu'on peut faire oublier que le Premier ministre n'est jamais qu'un salarié plus ou moins aimé du Président. En négligeant sa communication à destination du sérail qui lui est hostile, et des Français qui sont dans l'attente, Edith Cresson prend un énorme risque. Candeur et arrogance tout à la fois, elle le balaie : les électeurs, croit-elle, la jugeront sur pièces.

Bien avant que François Mitterrand n'officialise l'appellation lors des obsèques de Pierre Bérégovoy, trouvant là une occasion parfaite pour lâcher enfin ce qu'il pense depuis toujours, Cresson a affublé les journalistes du surnom de « chiens ». Elle peut également, selon la gravité de leur crime, évoquer à leur sujet les « hyènes » charognardes. S'il est vrai que tout pouvoir, en démocratie, entretient des rapports paranoïaques avec la presse, le choix des mots traduit chez elle une réaction inquiétante dont le Président aurait dû tenir compte. C'est l'existence et l'utilité mêmes des médias qu'elle conteste, car la vertu de la critique n'est à ses yeux que vice de la traîtrise. Avant et juste après mai 1981, elle en voulait à ceux de droite qui combattaient le socialisme montant ou triomphant, et elle s'est acharnée par exemple sur la tête emblématique d'un Jean-Pierre Elkabbach alors que la foule avait depuis longtemps déserté la Bastille. Elle invectivait par ailleurs les journaux de gauche parce qu'ils avaient misé sur le « jeune » Rocard contre un vieillard de soixante-trois ans, fini, usé, qui s'était allié avec les communistes et prônait les nationalisations... Dès le congrès de Metz, pour ce délit d'« ignominie », elle parlait de Jean-Marie Colombani du *Monde* comme d'un « petit jean-foutre », et ni l'un ni l'autre ne devaient oublier ces amabilités. « Je me souviendrai toujours de l'article de Colombani qui enterrait littéralement Mitterrand, juste avant sa victoire, et présentait

Rocard comme l'avenir. La presse de gauche a toujours voulu jouer un rôle politique, souvenons-nous de *L'Express* et de Monsieur X, déjà... Elle s'estime investie d'une mission et ne fait donc pas la différence entre la défense d'une opinion et celle d'une personne. Cette très ancienne complicité, voulue par les uns et par les autres, aménagée, pensée par l'équipe Rocard qui l'a portée à sa perfection, fait des journalistes des quasi-collaborateurs des hommes politiques. C'est malsain. Lorsque l'histoire leur inflige en plus un démenti, ils pardonnent rarement cette humiliation. C'est ce qui s'est passé avec le Président dont ils sont depuis douze ans les adversaires, les seuls vrais ennemis. »

Ses bêtes noires : *Le Monde*, *Libération* et *Le Nouvel Observateur*, que Mitterrand, habité par une antipathie aussi forte, mais évidemment beaucoup plus habile, entreprenait, lui, de circonscrire par l'illusion de l'association et la vigueur de la flatterie. Attitude qu'elle est incapable d'adopter. Elle ne possède pas la sagesse élémentaire de laisser « aboyer la meute » parce qu'elle n'est pas assez indifférente, ou tolérante. Du coup, elle commet des maladresses qui indisposent durablement les faiseurs d'opinion. A son arrivée, elle décide de rencontrer en tête à tête chacun des éditorialistes avec lesquels elle va devoir compter : de Serge July à Jacques Julliard, ils défilent à Matignon. Pour eux, c'est une prise de contact avec un Premier ministre dont ils ne savent rien, même s'ils ont déjà expliqué ce qu'ils en pensent. Elle, attend d'eux qu'ils rendent compte de ce qu'elle fait. Comment pourraient-ils s'entendre et se comprendre? Très vite, Cresson se rend à l'évidence : ils ne la soutiendront d'aucune façon. Elle voit rouge et cherche à corriger la presse. Elle fait venir à Matignon, pour une explication tendue, Jacques Lesourne, le directeur général du *Monde*, auprès duquel elle se plaint de Colombani et d'un article sur Abel Farnoux auquel Jacques Amalric, en le rewritant, a donné une tonalité désagréable. Puis elle convoque Colombani lui-même, qui l'écoute poliment et repart à l'attaque aussitôt sorti de son bureau. De son côté, Farnoux intervient auprès du P-DG du *Parisien* pour protester contre les insinuations des deux journalistes qui mettent en doute sans preuve sa résistance. « Votre père n'aurait pas publié cet article. » Deux ans après, l'un d'eux s'excusera avec un certain courage auprès de lui. Plus tard, Cresson exigera de voir Georges Valance de *L'Express*. Un journaliste pour lequel elle a du respect mais dont les articles hostiles lui paraissent unilatéralement alimentés par ses adversaires.

En vérité, tout dans la psychologie d'Edith Cresson la prédisposait à redouter le complot médiatique. La planète presse lui est totalement étrangère. Marginale au PS, et par conséquent sans intérêt au regard des journalistes politiques, elle n'a connu au fil des années et des ministères que des rédacteurs spécialisés qui l'ont plutôt épargnée mais ne l'ont pas fait exister. Cela lui était d'ailleurs indifférent. La télévision, hormis la couverture de l'actualité, l'a ignorée. En une décennie, malgré les postes qu'elle a occupés et la perspicacité de sa vision industrielle et commerciale de la France et de l'Europe, elle n'a pas une seule fois été invitée dans une émission de prestige. Ainsi, François-Henri de Virieu, producteur de *L'Heure de vérité*, ne l'a pas jugée digne de son plateau et l'a dit ouvertement, tandis qu'en sept occasions il offrait une tribune au respectable Jean-Marie Le Pen. « Quand j'étais à l'Agriculture, Virieu tenait sur moi des propos singulièrement méprisants alors que j'appliquais un programme qu'il avait lui-même contribué à élaborer dans le groupe des experts où il siégeait. » Elle ignore tout des règles d'une prestation télévisée, c'est une inculte du petit écran. Cresson éprouve pour les médias, comme pour l'establishment dont ils sont partie prenante, un mélange de peur et de dégoût – jamais de fascination –, qui ne sont guère propices à l'indispensable séduction. Face à eux, elle se situe dans la méfiance et une agressivité toujours prête à éclater.

Il est donc urgent que des spécialistes s'occupent d'elle. Le Président souhaite que son gourou médiatique, Jacques Pilhan, dont il connaît pourtant les sentiments, travaille avec Edith Cresson. Pilhan, publicitaire et stratège en communication, est au cœur du système mitterrandien. Il est l'homme de la longévité présidentielle, celui qui a su inventer un Mitterrand différent à chaque évolution de la société française et des circonstances politiques. Il a réussi en particulier à « gérer » pendant trois ans, de 1988 à 1991, la « haine tranquille » [1] qui unit le Président et Michel Rocard dont il était aussi le conseil. Il doit aujourd'hui accomplir le même miracle dans un contexte inédit. Les méthodes de Pilhan, remarquable connaisseur des mentalités et des attentes collectives, reposent d'abord sur la psychologie. Il a besoin d'appréhender la personnalité et l'histoire de son client, puis l'architecture du scénario qu'il veut imposer. Il ne peut remplir sa mission qu'à condition de se sentir à l'aise avec ses personnages qui doivent, eux, se soumettre à sa science. Entre Edith Cresson et lui l'affaire est vite entendue. Il n'a pour elle qu'hostilité et il est convaincu que Mitterrand a fait une énorme erreur en la choisissant : sa brutalité ne correspond pas à ce que les Français espèrent d'une femme et d'un politique en ce moment, outre qu'elle n'est « pas à la hauteur du poste ». Son manque d'ardeur et de conviction vient encore de ce qu'il ne voit pas comment installer l'image de ce

---

1. Robert Schneider, *La Haine tranquille*, Le Seuil, 1992.

couple d'Etat que les petites phrases et la rumeur ont sexualisé. Quant à elle, elle ne trouve à Pilhan aucun charme et, comme il est avare de mots, elle discerne mal sa compétence. Ce qu'il lui raconte? « Sans aucun intérêt. Il voulait que je pose dans un Rafale pour paraître moderne : mon prédécesseur l'avait déjà fait. » Réunis pour la première fois par Mitterrand lors d'un déjeuner à l'Elysée, ils se revoient ensuite à Matignon pour une séance hebdomadaire de planification. Impossible dialogue. « La communication, c'est quelque chose d'intime, il faut beaucoup donner de soi-même, donc être en confiance. Je ne l'étais pas et je sentais que Pilhan était gêné en face de moi. » Cresson s'ennuie, refuse de se livrer, ils arrêtent bientôt. Cette séparation aura un fort impact sur l'avenir d'Edith Cresson : elle sonne le glas de toute synergie médiatique entre l'Elysée et Matignon, elle laisse le chef du gouvernement aux mains de ses propres communicateurs qui sont loin de posséder le talent de Jacques Pilhan.

Son nom n'apparaît nulle part. Il est capable de se fondre dans n'importe quel groupe sans même qu'on s'en aperçoive. Il murmure plus qu'il ne parle et se nourrit de fruits secs. Le Premier ministre le connaît depuis 1986, lorsqu'elle a fait appel à lui pour Châtellerault. Jean-Marc Lhabouz, petit-fils d'un militant de la SFIO, a deux casquettes : celle de consultant en « culture d'entreprise » qui « travaille sur les logiques inconscientes qui amènent à se développer, à stagner ou à mourir, sur les mythes de tout système organisé et les rituels de diffusion » (*sic*); celle de préparateur mental des sportifs de haut niveau. Les AGF et surtout BSN ont recours à ses services, ainsi que les athlètes de l'aviron – qui ont remporté aux jeux Olympiques trois médailles sur quatre épreuves. Le chef du gouvernement l'a réquisitionné pour Matignon. « Il faut que vous m'aidiez à assurer une cohérence entre les membres du cabinet qui n'ont jamais travaillé ensemble. Faites un audit, voyez tout ce qui ne va pas. » Après avoir très vite interrogé, écouté les permanents et les nouveaux venus, Lhabouz rend son verdict : « Vous êtes la seule ici à avoir une vision globale de votre mission, tous les autres sont dans le flou. Par conséquent, vous devez être le canal médiatique absolu, tout doit passer par vous, en interne comme en externe. » Par ce conseil, qui va dans le sens d'une rupture souhaitée avec la communication pingre et molle d'un Michel Rocard en quête éperdue de consensus, Lhabouz déclenche la catastrophe.

Cresson, qui veut se faire connaître, s'affirmer comme pivot de l'équipe gouvernementale, dialoguer avec les Français, décide d'occuper à elle seule tout l'espace médiatique. L'omniprésence verbale devient sa méthode. Du coup, pendant deux mois, un typhon de mots s'abat sur le pays, emportant les conventions, déracinant les traditions, inondant les champs de la réflexion. On quitte le Premier ministre dans le journal de Vingt Heures de TF1 pour la retrouver exposant ses projets ou ses décisions dans un quotidien, dès le lendemain matin. Cinq interventions à la télévision, deux à la radio, une rencontre avec les quotidiens régionaux, une autre avec la presse anglo-saxonne, trois entretiens et trois portraits-interviews dans la presse écrite nationale : cela fait une apparition programmée tous les quatre jours ! Jamais Premier ministre ne s'est autant exprimé, logorrhée qui suscite les moqueries. Au point que *Libération* évoque Matignon comme « le ministère de la parole », formule qui laissera des traces. Mais ce flot n'entraîne pas l'adhésion. Pas seulement parce qu'il charrie des annonces presque

toutes impopulaires. Cresson, qui a un cadre de réfé-
rences internes extrêmement fort, a néanmoins du
mal à se livrer. Son blindage psychique l'empêche
de donner verbe à ses convictions. Dès lors, son propos sonne creux quoiqu'il ne le soit pas. Disgrâce
contre laquelle elle est impuissante.

Les grandes orientations étant fixées, il faut les
appliquer. Or il apparaît tout de suite que l'énorme
cellule communication d'Edith Cresson est « un vrai
bordel », un service fait de bric et de broc, de pièces
rapportées, qui cristallise les défauts de ce jeune
cabinet. Tout fleure l'amateurisme, une légèreté
puisque la perception du chef de gouvernement par
l'opinion est en jeu. Les responsables de cette cellule
ont été recrutés presque au hasard, n'ont pas la car-
rure de l'emploi et, de surcroît, s'entendent mal
entre eux. Guy Schwartz, un ancien du défunt *Matin
de Paris*, archéosocialiste reconverti dans l'entraînement vidéo, avait été amené par Abel Farnoux. Dans
les semaines qui ont précédé la nomination d'Edith
Cresson, il lui a fait faire quelques séances de travail
dans un studio de l'avenue Kléber. Poussée par
« Abel », encore plus ignorant qu'elle en la matière,
elle propose à Schwartz qu'elle connaît à peine de
prendre en mains sa communication. Il accepte :
« Ce qui m'intéressait, c'était qu'Edith et Abel étaient
tous les deux des marginaux par rapport à l'establishment... » Il sera chargé de gérer les prestations
du Premier ministre, de rédiger chaque jour des
notes argumentaires pour les différents ministères
de façon à définir depuis Matignon leurs discours, et
de tenir informés les membres du cabinet de l'ensemble des activités internes. A ses côtés, un sympathique et intelligent fantaisiste, Jean-Philippe Atger,
un ami que Cresson a rappelé pour prendre le service de presse dont il était déjà le titulaire dans deux
des ministères qu'elle a occupés avant 1986. Mais les

attributions se chevauchent : Schwartz et lui ne collaboreront pas dans le meilleur esprit. Chacun des deux est par ailleurs flanqué de plusieurs collaborateurs. Sans compter une nuée de jeunes femmes très « com » dont l'utilité reste mystérieuse mais qu'il est impossible d'éviter lorsqu'on pénètre dans Matignon. Parmi elles, une nièce de François Mitterrand : il avait demandé à Cresson de l'engager aux Affaires européennes et de la garder rue de Varenne. On prépare un Premier ministre, ou on ne le prépare pas... Toute cette équipe, pendant deux mois, ressemble plus à une bande de copains qui se divertissent en débouchant les bouteilles de champagne ou de whisky qu'à un commando de professionnels. Alors on jase, et d'abord ceux qui se rendent aux invitations à déjeuner de la joyeuse troupe. Ainsi Anne-Sylvie Schneider, responsable de la communication de Laurent Fabius, ne contribue pas peu à défaire la réputation de ses confrères en chargeant à grands traits : « Ces gens jouent avec la France ! »

En l'occurrence, ils jouent surtout avec l'image d'Edith Cresson qui s'en remet à eux. Ils multiplient les erreurs. Schwartz invente l'un des concepts les plus novateurs qu'on puisse rêver : « le point-presse sans guillemets » ! Chaque jeudi matin, soixante à quatre-vingts journalistes sont conviés à venir poser leurs questions à Edith Cresson qui leur répondra librement, mais ces propos publics ne devront pas être mis dans sa bouche. L'intention est louable : le chef du gouvernement n'ayant nullement l'intention de travestir son langage imagé et anticonformiste, il s'agit de garder un contrôle sur ses dérapages verbaux – ou ce qui est considéré comme tel, du genre « La Bourse, j'en ai rien à cirer ! » –, tout en lui permettant d'expliquer son action. Deux ou trois séances suffisent pour démontrer que c'est folie médiatique. Cresson n'a pas encore eu le temps d'approfondir les dossiers – « Je ne comprends pas ce que signifie ce mot » –, si bien qu'elle donne l'impression, d'ailleurs justifiée, de ne pas maîtriser la machine complexe qu'elle est censée conduire. Que ne s'est-elle contrainte à un devoir de réserve, le temps de faire son apprentissage ! Obligée de se retourner sans cesse vers ses conseillers pour obtenir des réponses alors que l'observe une foule par nature cruelle, elle apporte elle-même de l'eau au moulin de ceux qui la décrivent incompétente, perdue, dénuée d'autorité. Ces points-presse rendent aussitôt transparents les défauts de son comportement. Sous prétexte qu'elle est chargée d'impulser une nouvelle politique et d'agir vite, elle fait fi de la susceptibilité de ses ministres et les court-circuite. Sans prévenir Lionel Jospin par exemple, elle annonce que le bac sera réformé très vite avec l'instauration d'un contrôle continu dans certaines matières, alors que le ministre de l'Education nationale prévoyait ces changements pour 1995. Elle provoque par là même un tollé chez certains syndicats d'enseignants et les fédérations de parents d'élèves. Agitation vainement suscitée puisque Cresson est contrainte dès le lendemain, après que Jospin, furieux, est intervenu, de rectifier. Rapidement, un terme sera mis à ces réunions, tant il est vrai que communiquer n'est pas bavarder à bâtons rompus.

Et puis, il y a la manière. Encore aujourd'hui, Edith Cresson qui est incapable du moindre *mea culpa* ne parvient toujours pas à comprendre quel piège elle s'est tendu à elle-même : « Je considère qu'un Premier ministre a le droit de parler comme il pense. » Lhabouz : « Elle croit qu'il suffit d'être franche, et que cette franchise sonne juste, pour que les gens soient eux-mêmes convaincus. Tout ça parce qu'elle fonctionne, elle, selon ce modèle. » En huit semaines, le Premier ministre heurte un nombre considérable de sensibilités. Son parler-franc – et non pas cru, car elle ne prononce guère en public de grossièretés contrairement à ce que la presse a affirmé – fait des ravages. Successivement, elle fusille les hauts fonctionnaires, les Japonais, les banquiers (« Je préfère un chef d'entreprise qui se crève à un banquier qui se pavane »), les patrons de nationalisées (« Ce qui roule le mieux dans leurs entreprises, quand elles ne marchent pas, c'est le service de presse »), les parlementaires (« J'ai parfois envie d'éclater de rire quand je vois ces messieurs, après un déjeuner probablement trop copieux, se mettre à hurler, et pour certains, à dormir »), les Anglais et, bien sûr, les socialistes contre lesquels elle a la dent d'autant plus dure qu'ils se montrent de plus en plus insultants. Elle n'interprète pas un rôle de composition, elle n'outre pas le trait à la demande de Mitterrand : elle est nature. Mais le paysage politique, lui, en est sens dessus dessous. Tout cela fait vulgaire, mal élevé, indigne de la France qu'Edith Cresson représente.

De surcroît, elle s'avère piètre orateur et le reconnaît : « Je ne suis pas bonne à l'oral. » Elle ne fait pas exception chez les femmes. Seules Martine Aubry et Ségolène Royal possèdent ce talent. Les autres ne sont pas meilleures qu'elle, question de timbre et de puissance physique sans doute, de pratique peut-être. Simone Veil génère un ennui insurmontable, Elisabeth Guigou métallise l'attention. L'art oratoire est l'apanage des hommes, mais Edith Cresson discerne des traces de misogynie dans la façon dont on accable les femmes. « Quand un homme gueule à l'Assemblée, on dit : " Quel merveilleux tribun ! " Si c'est une femme, ça devient : " Non mais écoutez-moi cette femelle hystérique, cette poissonnière ". » Jusqu'au sourire, arme très féminine, qu'on conteste! Cresson l'utilise, juste ce qu'il faut, ce qu'on lui reproche aussitôt. « Faites attention, vous souriez trop, lui dit Mitterrand. Cela ôte du sérieux à vos propos. » Lorsque tout se retourne contre vous, et que le président de la République lui-même s'en fait l'écho, il y a de quoi désespérer! « C'est difficile pour une femme, dans ce pays, de trouver le ton juste. Les fanfreluches, ce n'est pas mon genre mais j'ai essayé au début de rester plaisante. Je n'ai pas fonctionné sur la séduction par respect pour la République, et j'ai tenu à utiliser des arguments techniques, sérieux. Seulement je suis tombée sur des gens systématiquement malveillants qui dénigraient chacun de mes comportements et qui étaient décidés à ne me laisser aucune chance. »

Elle pêche aussi par la médiocrité de ses discours. Or les textes écrits, destinés aux colloques et aux réunions officielles, façonnent une personnalité médiatique tout autant que les prestations télévisées, même s'ils s'adressent à des publics beaucoup plus restreints. Il est donc très important que, sur le fond comme sur la forme, ils épousent les structures rhétoriques propres de l'orateur et que les mots, choisis par d'autres, coïncident avec sa pensée. Tout décalage, si ténu soit-il, est plus ou moins consciemment perçu, et peut contribuer à décrédibiliser l'homme politique qui, ainsi, paraît s'exprimer faux. Après le ratage du discours d'investiture et les critiques outrancières qu'il a déchaînées, Jean-Marc Lhabouz se charge de faire travailler Edith Cresson pendant l'été. Une gageure! Le chef du gouvernement prend des coups de tous les côtés, doit se garder à gauche et à droite, décider mille fois par jour : elle subit une campagne de presse redoutable, ne se montre pas des plus dociles. L'arrêter en pleine agitation, lui arracher trois quarts d'heure par-ci, par-là pour qu'elle les consacre à des exercices de communication : qui, du professeur ou de l'élève, possède une patience à toute épreuve ? Dans son bureau, entre la visite d'un hôte étranger et un comité inter-ministériel, voilà le Premier ministre qui « apprend à faire résonner sa voix, à l'habiter ». Lhabouz la guide dans cette rééducation verbale : « Elle est trop haut perchée, vous formez vos sons dans votre gorge, au lieu de les faire venir du ventre. Pour changer ça, vous devez d'abord apprendre à respirer. Observez... Vous prononcez certaines voyelles mieux que d'autres. Par exemple, votre *a* est bon. Votre *i* en revanche est très mauvais. Vous devez vous entraîner à le sortir de vous de la même manière que le *a*. » Les murs de Matignon se renvoient de drôles de vocalises, mais certains jours de stress intense, la « patronne » s'énerve, rétive comme un chat à qui on voudrait mettre un collier. Tirant les leçons de son premier discours, Lhabouz prépare avec elle la présentation du second, sur l'environnement, celui qui lui vaudra la pseudo-démission de Bérégovoy. Il lui demande de raconter ce qu'elle souhaite dire à son auditoire, et observe sa stratégie spontanée lorsqu'elle explique quelque chose. « Edith Cresson, c'est simple. Elle commence par un constat bref – l'eau est polluée –, elle poursuit par une croyance assénée – ça ne peut pas durer comme ça –, et elle finit toujours par l'annonce d'une action – on va la dépolluer... Pour éviter qu'elle casse sa voix sur les sommets, et pallier son manque de souffle, il faut en outre lui fabriquer des phrases et des périodes oratoires courtes. » A partir de là, il est aisé de construire une charpente type de discours et de donner des directives en ce sens au jeune agrégé d'histoire, militant socialiste sans états d'âme, François Lafon, qui a été recruté pour cette tâche.

Hélas, Matignon, assailli par les critiques permanentes de l'establishment, éberlué par l'insuccès instantané de « l'opération Cresson », est la proie d'une panique terrible : chacun se convainc alors qu'il détient la solution miracle pour les discours. Les interventions sur les textes se multiplient, chacun veut y mettre sa touche. Abel Farnoux n'est pas en reste qui, dans son secteur, refait ce que les conseillers techniques ont rédigé. En quelques semaines, le socialiste Lafon est remplacé. Un talentueux littérateur de droite, jusque-là conseiller à l'Elysée, Gilbert Comte, est appelé par Edith Cresson pour confectionner des notes sur l'air du temps. Puisqu'à chaque fois qu'elle ouvre la bouche, Cresson reçoit une volée de bois vert, elle finit par croire qu'elle sera meilleure dans l'improvisation, comme à Châtellerault, « ce référent si puissant pour elle ». Bien sûr, il n'en est rien. Quel chef de gouvernement peut se targuer de connaître par cœur toutes les données des dossiers sur lesquels il doit s'exprimer? Ce qui la conduira même, plus tard, à commettre quelques bourdes.

Sa sécheresse dialectique naît d'une pensée très affirmée, sûre d'elle, mais qui ne parvient pas à se jeter dans la mer des mots, tel un fleuve privé d'embouchure. Symptôme d'une certaine incapacité à conceptualiser ce qui est, pourtant, violemment perçu : Cresson ponctue de « hein... » la plupart de ses phrases et laisse nombre d'entre elles en suspens; elle les arrête trop souvent sur un *et cætera* paresseux qui impose à son interlocuteur de reconstituer le puzzle de ses idées, au lieu d'avoir le loisir d'y réfléchir et le plaisir d'une vraie conversation. Les formules dont elle a le secret et qui ont la légèreté de la vie, échappent seules à ce travers. Mais parce qu'elles s'inscrivent dans un discours sommaire – au contraire de celles qui émaillent l'épique parler gaullien –, elles choquent, passent pour du populisme petit-patronal dont Cresson est pourtant aux antipodes. Ce mode d'expression, inhabituel et apparemment intolérable chez un Premier ministre, rompt avec celui de l'establishment universitaire ou technocratique qui est devenu la langue officielle de la République. Le Cresson n'a pas la subtilité prestigieuse et amphigourique du premier, ni la platitude satisfaite et l'infinie vacuité du second. A lui seul, il marque une différence d'univers. L'énarque Jean-Paul Huchon, directeur de cabinet de l'énarque Rocard, ne reconnaît pas autre chose quand, évoquant les énarques Jean-Louis Bianco et Hubert Védrine, il parle caste : « Nous étions du même monde... », tandis qu'il surnomme Edith « Calamity Jane Cresson » [1]. Le procès en bêtise contre le chef de gouvernement – dont les pièces s'élaborent dans les cuisines de Chez Edgar, la popote médiatique de la rue Marbeuf, les clubs très fermés – le Siècle, Saint-Simon et Vauban –, et les bureaux rances de quelques belles institutions – est bientôt ouvert. L'accusation, confondant volontairement et aveuglément la médiocrité du discours et celle de la réflexion, se montre sans pitié. Cruauté d'un tribunal dont les juges, à l'abri de toute sanction, ont depuis longtemps oublié le réel.

Edith Cresson ne sait pas amadouer ses ennemis en se situant sur le même terrain qu'eux. Elle n'argumente ni ne contre-argumente avec suffisamment de subtilité. Elle ne le peut pas, car elle a besoin, pour tenir, de savoir que le monde est en effet manichéen. Certes, elle fait quelques menus progrès, mais les notes que lui attribue Jean-Marc Lhabouz ne témoignent pas d'une métamorphose. Voix et posture : au départ, 0,5 à 3 sur 10 ; à l'arrivée, 5 à 6. Rhétorique : au départ 0,5 ; à l'arrivée, 2 à 3. Mental : une résistance exceptionnelle. « Un tempé-

---

1. Jean-Paul Huchon, *Jours tranquilles à Matignon*, Grasset, 1993.

rament de sainte, tornade qui ne sait pas qu'elle en est une, psychorigide qui joue à chaque instant non pas son identité mais sa vie, une des plus grandes révoltées que j'ai jamais rencontrées, d'une révolte si totale qu'elle transpire de toutes ses interventions télévisées. Son échec à Matignon ne vient de rien d'autre que de la contradiction fondamentale entre le statut institutionnel de Premier ministre et les déferlantes de révolte radicale qu'Edith Cresson développe. » Jusqu'à la mi-juillet, cette contradiction ne cesse d'éclater sur la scène médiatique. Elle se traduit par une imprudence verbale dont le paroxysme est atteint avec l'affaire des homos anglais et des Japonais.

C'est un piège incontestable que le quotidien l'*Observer* tend à la « France's femme fatale ». Dans son édition du dimanche 16 juin, il publie une interview d'elle conduite en 1987, pendant la cohabitation, par l'écrivain Naim Attalah. A l'origine, l'auteur destinait cet entretien à un livre sur les femmes et le pouvoir, mais il n'avait finalement pas cru bon de le retenir pour la parution. Peut-être parce qu'Edith Cresson n'était plus à l'époque qu'un député à l'avenir incertain... Quatre ans plus tard, Attalah voit aussitôt les retombées juteuses que cette nomination à Matignon peut lui valoir : son entretien fera l'effet d'une bombe maintenant qu'Edith Cresson est Premier ministre. Sans aucune précaution, mais avec sa spontanéité coutumière et le sérieux qu'elle met en toute chose lorsqu'elle a passé contrat moral, elle avait répondu en effet à des questions sur la féminité, la misogynie, les hommes, l'amour, le pouvoir et la sexualité. A la fin de l'interview, Attalah lui dit : « Dans les pays anglo-saxons, la plupart des hommes préfèrent la compagnie d'autres hommes. » Une affirmation, pas une interrogation. Sur quoi Cresson a enchaîné : « Oui, mais la plupart de ces hommes sont homosexuels – peut-être pas la majorité, mais aux USA 25 % d'entre eux le sont déjà et, en Angleterre et en Allemagne, c'est à peu près la même chose... Je ne sais si c'est une donnée biologique ou culturelle, mais je me souviens l'avoir constaté à Londres – et toutes les filles font la même observation : les hommes dans la rue ne vous regardent pas [...] Les Anglo-Saxons ne sont pas intéressés par les femmes en tant que femmes [...] C'est un problème d'éducation et je considère ça comme une sorte de maladie. » Elle connaît trop bien l'Angleterre et son histoire familiale est trop imprégnée de mauvais souvenirs – les collèges où ses frères ont usé leur enfance – pour se tromper là-dessus. La presse britannique, dont on ne soulignera jamais assez par ailleurs la virulence, voire la haine antifrançaise, *Financial Times* en tête, frôle le délire, et les deux pays l'incident diplomatique. A Matignon, Cresson est hors d'elle : « Mais qu'est-ce qu'ils ont à me ressortir ce vieux truc ?! » Réflexe de peur devant le scandale prévisible, par la voie de son service de presse elle dément : « Les propos prêtés au Premier ministre au sujet de l'homosexualité sont faux. » C'est une première erreur, classique chez les hommes politiques : les journalistes pâtissent d'une éternelle présomption de mensonge. Dans le même temps, le *Herald Tribune* se fait l'écho d'une autre déclaration du chef du gouvernement qui n'arrange pas sa réputation : « Les Japonais passent leurs nuits à réfléchir aux moyens de baiser les Américains et les Européens. » Déclaration initialement rapportée par *Le Canard Enchaîné* : « Je n'ai jamais prononcé cette phrase. Par contre, chacun sait que le combat acharné que j'ai mené seule pour la défense de l'automobile a dérangé bien des lobbies. » A Tokyo, qui a déjà très mal accueilli l'arrivée de la Croisée

« anti-fourmis », la colère monte. Des manifestants, pour protester contre les propos « racistes » du Premier ministre, brûlent en pleine rue un mannequin à son effigie. Ils appartiennent tous à des partis d'extrême droite et la presse française le note en passant, comme un détail. Elle se garde en revanche de relever que, selon un sondage effectué au Japon à ce moment-là, une confortable majorité de Nippons pensent que l'analyse d'Edith Cresson est exacte. A Paris, l'effet de ses déclarations est évidemment désastreux. Se mêlant à l'image que répercute *Le Bébête show*, ce parler-vert à usage des nations achève de la discréditer. Il ouvre aussi toutes grandes les portes de la calomnie, comme en témoigne Jean-Philippe Atger, qui n'est pourtant pas tendre à l'égard de son ancienne amie. « A partir de là, on a exploité son langage en jouant sur une corde très sensible : le peuple, qui veut toujours être tiré vers le haut par ses élus ou ses représentants. Alors, nous avons vu apparaître presque chaque jour, dans tous les journaux, des phrases, des expressions, des jugements qu'Edith n'a jamais énoncés mais qui correspondaient à l'idée qu'on se faisait d'elle, de sa façon de parler, et qui prenaient leur source dans ses propres imprudences ou dans les premiers ragots. Les socialistes surtout se servaient d'elle pour régler leurs comptes et se balançaient à travers elle, qui ne pouvait rien, des insanités. Impossible de lutter contre ça, c'était un cauchemar. » Entre autres, *Le Nouvel Observateur* publie un écho sans fondement : Cresson aurait traité Elisabeth Guigou de « poupée Barbie ». Elle est contrainte de faire une mise au point épistolaire auprès de son ministre.

Rien n'explique cependant la seconde erreur d'Edith Cresson, dont Atger est à l'origine et qui lui vaudra d'être liquidé : l'interview donnée par le Premier ministre à la chaîne américaine ABC pour son émission hebdomadaire « légère », *Prime Time Live*. Dans un plan média bien conçu, ce genre de prestation ne se refuse pas, surtout lorsqu'elle est proposée par Pierre Salinger : elle permet à un responsable politique français de se faire connaître aux Etats-Unis, atout non négligeable. Atger donne un avis favorable et convainc Cresson. Dans un emploi du temps surchargé, elle débloque donc au début de juillet quarante minutes d'entretien avec l'équipe américaine, en présence de ses deux conseillers, Schwartz et Lhabouz. Elle y aborde avec sa fougue habituelle quelques-uns de ses thèmes de prédilection : la construction européenne, la politique industrielle, bien sûr l'automobile, et les relations bilatérales dont elle souligne qu'elles ne doivent pas être, sur le terrain économique et commercial, de seigneur à vassal. Le script intégral témoigne de la teneur de cette interview. Mais Edith Cresson se laisse entraîner à dire ce qu'il ne faut pas, en quelques minutes. Une formule drôle, comme toujours, « Pour moi, les hommes ne sont nulle part irremplaçables sauf dans la vie privée », et beaucoup d'autres qui le sont nettement moins. Voilà qu'elle revient sur les Japonais : « Leur prochaine proie sera sans aucun doute l'Europe [...] J'ai dit qu'ils travaillaient comme des fourmis [...] Nous ne pouvons pas vivre comme ça dans des appartements minuscules, avec deux heures de trajet pour aller au travail. Et travailler, travailler, travailler... Et faire des enfants qui devront travailler comme des bêtes... Nous, nous voulons conserver nos garanties sociales, nos vacances, vivre comme des êtres humains comme nous avons toujours vécu. » Voilà aussi qu'interrogée sur ses déclarations à l'*Observer*, elle répète sur l'homosexualité : « Un homme qui ne s'intéresse pas à une femme, moi ça me semble bizarre [...] Je pense que [l'hétérosexualité] c'est mieux

[... L'homosexualité] est plus présente dans la tradition anglo-saxonne que dans la tradition latine. » Les producteurs de l'émission se frottent les mains – on n'entend pas tous les jours le Premier ministre d'un grand pays s'exprimer sur ces sujets – et ne retiennent au montage que ces propos à scandale. Tout le reste passe à la trappe. Ils font aussi intervenir à l'antenne la célèbre prêtresse du *New York Times*, Flora Lewis, qui déclare, elle, sans que personne y trouve rien à redire : « Il y a eu beaucoup de rumeurs disant qu'Edith Cresson avait été la maîtresse de Mitterrand. Il n'y a jamais eu de démenti. Tout le monde pense que c'est sérieux. (*sic*) » Le journaliste écrivain Olivier Todd intervient également pour donner des leçons de comportement au Premier ministre, réfutant toute accusation de misogynie de la part de ceux qui la critiquent. Enfin, Chris Wallace, l'interviewer, à la fin de l'entretien s'autorise cette notation : « Quand nous avons dit à des gens, ici à Paris, que nous voulions faire un portrait d'Edith Cresson, on nous a dit : " Il faut vous dépêcher, il se pourrait qu'elle ne reste pas très longtemps. " »

ABC, qui tient son scoop, démarche les chaînes de télévision françaises. C'est ainsi que Jean-Pierre Elkabbach, qui collabore à l'époque à la Cinq, est contacté. Il prévient Abel Farnoux qu'il a invité le matin sur Europe 1 : on lui propose un extrait « croquignolesque » des déclarations du Premier ministre. Farnoux s'inquiète, découvre qu'Atger n'a pas exigé par écrit le visionnage de *Prime Time Live*, et obtient sa tête auprès d'Edith Cresson. Liquidation qui n'empêche pas la bombe d'exploser en plein été et laisse les socialistes à terre. Michel Vauzelle, sur RMC, fait part de son indignation : « Ce serait respecter le peuple que de garder au langage politique une certaine dignité. » En tout cas, Edith Cresson vient de se mettre à dos les homos de France. Peu importe qu'elle ait sincèrement affirmé dans l'interview « Je n'ai pas de jugement moral sur la question », l'Association des gais pour les libertés pousse des cris d'orfraies : « Les homosexuels en France comme ailleurs n'en ont " rien à cirer " des pulsions, des fantasmes et des obsessions sexuelles d'un Premier ministre [...] Dire que l'homosexualité n'est pas une tradition latine est aussi absurde et scandaleux que de dire que la collaboration n'est pas une tradition pétainiste. » Laurent Dispot dans *Le Nouvel Observateur* et François Reynaert dans *Libération* se font les porte-parole de leur colère. Reynaert : « Pour quelqu'un qui est officiellement chargé de la cohésion de la nation, les " dénoncer " ainsi est d'une légèreté coupable... Jusqu'à madame Cresson, chacun, de droite ou de gauche (à part Vichy), s'était conformé à l'impériale tradition (le code pénal de Napoléon). » Et d'invoquer le souvenir « glorieux » – comme si cela ajoutait à leur prestige – de Henri III et de Louis XIII, de Condé et de Lyautey, de Gide, de Proust et de Cocteau ! Encore aujourd'hui, Cresson ne comprend pas pourquoi ses déclarations ont suscité une telle fébrilité : « J'ai donné mon point de vue puisqu'on me le demandait. Ça n'engageait que moi et il fallait vraiment vouloir me matraquer à tout prix pour transformer mes propos en charge anti-homos. Je me suis retrouvée avec un clan de plus contre moi alors qu'il ne s'agit en rien d'un jugement. Pendant que des journalistes exploitaient ces affaires sans intérêt et faisaient de moi un personnage raciste, ils tournaient aussi en dérision ce que je disais sur les grands sujets, le chômage, l'immigration, l'éducation. Du moment que ça venait de moi, tout était idiot. » Le tollé prend une telle ampleur que pour la première fois, François Mitterrand fait une remontrance à son Premier ministre : « Vous n'auriez pas dû donner cette interview. Vous savez bien que ces Américains ne sont pas des amis... Il faut faire attention. » Cresson reçoit un seul soutien, vraiment inattendu. Pierre Daninos lui envoie ses *Carnets du Major Thomson* dans lesquels il a souligné cette phrase : « Les Français contemplent les femmes, les Anglais les croisent. »

Peut-être Abel Farnoux pourrait-il compenser les défaillances de communication du Premier ministre. Après tout, il est le seul à connaître aussi bien qu'elle la philosophie et les trois grands projets de son action gouvernementale – l'emploi, l'industrie, l'éducation – puisqu'ils les ont élaborés ensemble. Sa fonction de conseiller spécial, sa position d'alter ego le vouent naturellement à allumer les contre-feux nécessaires. Il y faut du tact, une extrême discrétion et un sens médiatique. Dans tous les cabinets, à l'Elysée, à Matignon, dans chaque ministère, des éminences grises se chargent ainsi de corriger, de nuancer, d'éclairer ou d'expliquer à des journalistes soigneusement triés, c'est-à-dire directement utiles, les déclarations intempestives ou incomprises de celui qu'elles servent. Les évolutions notables de la presse écrite en particulier sur tel ou tel sujet, sont très souvent le fruit de cette démarche, forme subtile de la propagande moderne. Farnoux ne sera pas à la hauteur de ce rôle-là. Parce qu'il est perçu tout de suite, non pas comme un homme de l'ombre, mais comme un Premier ministre-*bis*, prêtant lui-même le flanc à toutes sortes d'attaques, justifiées ou malveillantes, qui se conjuguent avec celles qu'essuie Edith Cresson et qui, par là même, contribuent à l'affaiblir.

D'abord, il choque par ses comportements qui démontrent, chez lui aussi, un goût excessif pour le naturel. Il se conduit à Matignon comme s'il était à la maison : autoritarisme et familiarités à la fois, avec ce mélange d'arrogance et d'affectivité qui le caractérise. Lorsqu'il organise des petits déjeuners avec des journalistes, il se laisse aller à de surprenantes manières. Catherine Nay, éditorialiste à Europe 1, se souvient encore, amusée, de l'un de ces rendez-vous matinaux : « Abel avait son sempiternel Alcatel sur la table, à côté de lui. Nous étions en train de parler d'une émission politique à la télévision qu'il n'avait pas vue. Il était assez étonné de ce que nous lui racontions. A brûle-pourpoint, il nous a dit : « Je vais appeler maman dans le Vaucluse, elle regarde tout, elle me dira ce qu'elle en pense. » Il a pris son appareil et il a longuement téléphoné à sa mère devant nous ! C'était du jamais vu... » Mais surtout, il ne modifie pas son mode de relations avec Edith Cresson, oubliant qu'elle est devenue Premier ministre. Ce qui avait déjà surpris maints interlocuteurs aux Affaires européennes, alimente dorénavant de préjudiciables et inutiles cancans. Farnoux, avec sans-gêne, entre à tout bout de champ dans le bureau du chef de gouvernement, même si elle s'entretient avec un visiteur. Il la tutoie, interrompt la conversation ou s'en mêle, repart, revient. Il ne faut pas longtemps pour que la chose se répète dans Paris. Dans les déjeuners auxquels il assiste très souvent, il prend la parole, ne la rend plus. Il parle à la place du Premier ministre, qui le laisse faire avec indulgence. C'est lui qui disserte, analyse, annonce, il tire à lui le pouvoir. Un banquier, qui avait demandé à Didier Pineau-Valencienne de lui organiser un déjeuner à Matignon avec Edith Cresson, est sorti de là exaspéré et ne s'est pas privé de le rapporter. Après un moment de conversation avec elle, il a subi pendant une heure Farnoux, qui se comportait en patron. Du coup, les cercles politico-médiatiques, déjà très réservés, s'interrogent : dans ce tandem, lequel dirige vraiment? Et de gloser à l'infini sur la complicité qui les unit, ce que des « couples » gouvernementaux non moins soudés – Fabius-Schweitzer, Rocard-Huchon – n'ont pas suscité. Parce qu'ils étaient plus conformes et qu'il s'agissait d'hommes. La presse, ici, évoque le « gourou », ou l'« image du père », l'influence « mystérieuse » d'Abel sur Edith. Tout renforce l'idée que Cresson, sous ses airs tranchants, est en réalité une femme soumise, dans la plus pure tradition. D'ailleurs, on se gausse en apprenant qu'à l'occasion elle sert le café elle-même à ses collaborateurs, la belle affaire! Seule Amabotte – n'est-ce pas? – peut faire une chose pareille! « C'était scandaleux et j'ai continué à servir le café. Si on commence à céder à ce genre de pressions, c'est fichu. »

Dans son entourage, plus sensible qu'elle aux insinuations extérieures et plus conscient de la dégradation de son image, certains essayent de la mettre en garde contre l'effet produit par Abel Farnoux. D'autant qu'au PS et dans le groupe à l'Assemblée, les commérages vont bon train. Les députés et les militants n'admettent pas qu'un Premier ministre de gauche ait un conseiller gaulliste dont ils voient la main dans chacune des décisions de Matignon. « Ce Farnoux profite d'elle et il ne correspond en rien à ce qu'on attend du personnel politique. D'ailleurs, d'où sort-il, celui-là? » Pour elle, il n'y a pas l'ombre d'un doute qu'elle est, elle et elle seule, le Premier ministre. Le décalage entre ce qu'elle ressent et ce qui est perçu est énorme : il est à l'origine de son refus de prendre des précautions, de modifier l'apparence de cette intimité avec son conseiller spécial. On y verra de l'entêtement et de la superbe; Cresson donne surtout une leçon de vie, une preuve de fidélité alors que tant d'autres, pour se sauver eux-mêmes, n'auraient pas hésité à se débarrasser d'un ami devenu gênant. Bien sûr, cela complique une communication qui est avant tout gestion de symboles et de représentations psychiques, capacité de rendre invisible et simple le visible et le compliqué, de mettre de l'intelligible dans la complexité. Or, le tandem Cresson-Farnoux, une femme mûre et belle, un homme âgé et buriné, fournit une représentation inédite au pouvoir. Aucun apprenti sorcier ne peut maîtriser cette image si les deux protagonistes n'y mettent pas beaucoup du leur, et encore.

Cresson s'explique là-dessus : « Dès le départ, la presse s'en est prise à Abel Farnoux, comme on n'a jamais vu qu'elle l'ait fait avec aucun autre conseiller privé d'aucun autre Premier ministre. Cela a commencé par la mise en cause inadmissible de ses activités de résistant. Puis par l'exploitation du rapport de la Cour des comptes sur la société de lobbying qu'il dirigeait aux Etats-Unis. Or, dans ce rapport, il n'y a rien contre lui. Ensuite, par la mise en cause de ses méthodes de travail, calquées sur celles de l'entreprise et qui ont souvent choqué les fonctionnaires. Enfin, par la dénonciation de ses défauts qui sont aussi voyants en effet que ses qualités. »

Elle poursuit : « Il s'agissait de démontrer que j'avais auprès de moi un individu dangereux pour l'Etat. Et bien sûr, il pensait à ma place. Sur Abel Farnoux, comme sur tous les sujets, ils reprenaient sans les sourcer, en employant tout le temps ce " on " anonyme qui est une insulte à leur métier, les informations que leur fournissaient tous ceux qui voulaient me voir déguerpir parce que je les dérangeais. Nous avions tort, simplement parce que nous existions. C'était un système entièrement fondé sur la rumeur et la délation. Une dérive très grave pour la démocratie. Ça m'a rappelé Vichy. Quand j'ai vu avec quelle virulence la presse s'en prenait à Farnoux, j'ai violemment ressenti l'injustice que c'était

190

à son égard. J'ai eu peur. J'ai su qu'à travers lui, c'était moi d'abord qu'elle voulait abattre et, à travers moi, Mitterrand. Cela m'a durablement tétanisé. Fondamentalement, on jouait sur le fait que je suis une femme, et une femme, dans ce pays dont les élites se croient évoluées, n'a pas le droit d'être choisie par le président de la République, pas le droit d'avoir un conseiller spécial. Qu'on m'explique comment faire. Jamais on ne se serait comporté comme ça avec le conseiller d'un homme chef de gouvernement. Or à Matignon, poste à remous, j'avais besoin de la solidité d'Abel Farnoux car il ne se dérobe jamais devant les coups durs; de sa compétence sur les problèmes militaires et industriels et, sans lui, je n'aurais pas pu traiter la plupart d'entre eux comme ils l'ont été. A chaud, lors de certains événements, les manifestations d'agriculteurs ou de camionneurs, il m'a aidée discrètement par ses capacités de négociateur. Il m'a aussi apporté quelques soutiens journalistiques dont j'avais bien besoin contre la meute : Jean-Pierre Elkabbach, Catherine Nay, Paul Guibert, Christine Clerc, Jean-Michel Quatrepoint et Jean-François Kahn, notamment. Ils ont été corrects, décents avec moi, et c'était déjà beaucoup. Reproche-t-on Balladur ou Esambert à Pompidou, Juillet et Garaud à Chirac, Allègre à Jospin, Huchon à Rocard, Schweitzer à Fabius? Non, comme par hasard. Ces proches avaient-ils moins d'influence auprès de leur patron? Ils en avaient autant et je le sais pour avoir travaillé avec trois Premiers ministres socialistes. Tout ceci est d'une scandaleuse frivolité quand on songe aux enjeux réels, aux réformes que j'engageais par ailleurs sous les quolibets. »

Peu à peu, Edith Cresson s'enfonce dans la douloureuse certitude qu'un complot est ourdi contre elle. Chaque matin, en se levant, elle boit à pleines gorgées des tasses de critiques. Pendant une heure, une heure et demi, d'éditorial en éditorial, sur toutes les radios, elle entend qu'elle ne vaut rien, qu'elle ne sait rien faire, qu'elle est prisonnière, manipulée, incompétente, qu'elle est..., et qu'elle est..., et qu'elle est... Dans les journaux qu'on lui apporte, ce n'est guère mieux. Elle demande donc à son chauffeur de ne plus les lui monter; de les garder dans la voiture où elle les regardera sur le chemin de Matignon. Le Premier ministre finit par avoir honte de les lire devant son mari. Une honte qui ne la quittera plus. Il est vrai, ces journaux ne lui font grâce de rien, jamais. Décide-t-elle d'aller dans le sens de la rigueur? Elle s'incline devant Bercy. Résiste-t-elle à Bercy? Elle s'incline devant le PS. Donne-t-elle le feu vert pour l'accord Nec-Bull, par sagesse et après modifications? Elle recule devant les Japonais. Réussit-elle à diviser la droite à l'Assemblée? Elle singe Michel Rocard. Crée-t-elle les emplois familiaux? Vive Martine Aubry! Lance-t-elle les délocalisations? Elle « déporte » les énarques. Met-elle en place un système d'indemnisation des hémophiles contaminés par le virus du sida? Elle est politiquement complice des assassins. Et ainsi de suite, chaque jour, pendant dix mois. La lecture systématique de la presse sur cette période révèle un dénigrement et une déformation permanente de son action. Parcours sacrificiel d'un être défiguré par l'injure et livré à la foule. Lynchage médiatique, où les mots sont autant de pierres jetées par chacun si bien que personne n'en est plus responsable, de crachats lancés sur la victime expiatoire du socialisme traître à lui-même et, par là, aussi honni des siens que de ses ennemis.

Un des plus cruels exemples de ce procès est fourni par Jacques Julliard, lors de la signature le

1er août de l'accord CEE-Japon sur l'automobile. Au lieu de pénétrer librement en Europe, les véhicules nippons ne pourront dépasser 16 % du marché communautaire d'ici le 31 décembre 1999, 8 % du marché français. Malgré ses lacunes, cet accord est une réussite et l'on sait le rôle qu'Edith Cresson y a joué. Pourtant Julliard se déchaîne contre elle dans *Le Nouvel Observateur*. Il l'accuse d'avoir cédé aux sirènes thatchériennes mais il encense le rocardien Roger Fauroux qui, lui, a « sagement envisagé d'ouvrir nos portes aux investissements nippons »... Et tout en saluant Fauroux, il distribue un satisfecit au protectionnisme forcené de la CGT et du droitier Jacques Calvet, le patron de Peugeot! C'est à n'y plus rien comprendre, sauf la volonté maligne de porter l'estocade. Dans les époques où les idéologies tombent, les têtes pensantes n'ont plus que des têtes de Turc :

« Patatras! Voilà qu'au premier choc, c'est le bide! Le dégonflage intégral. La capitulation en rase campagne. Bon Dieu! quelle chute! Une dame de fer, ça? De fer blanc tout au plus. Ça brille au soleil, et au premier choc, ça plie. Edith Cresson est un clairon, c'est entendu, mais il ne sonne que la retraite... » Le cor de chasse, lui, sonne l'hallali.

Mais Edith Cresson manque de perspicacité : s'il y a bien lynchage, le complot n'existe que dans sa tête. Un complot s'impose lorsqu'il faut prendre le pouvoir contre qui le détient. En l'occurrence, il n'est pas nécessaire. La presse française est aux mains d'hommes phallocrates, quinquagénaires acteurs de mai 68, maquillés en égalitaristes des sexes pour mieux préserver les privilèges de leur caste. Ils sont liés depuis toujours avec les quinquagénaires qui exercent en politique et en technocratie, font et défont la rumeur sur la chose publique sans jamais se mettre en scène ouvertement. Tous ensemble,

193

même lorsqu'ils se combattent entre eux, ils s'arrogent le droit de vie et de mort sur l'étranger aux mains nues qui prétend traverser leurs terres. Sur cette camarilla médiatique particulière, une poignée de seigneurs fait la loi, définit les règles et les mœurs de la politique, chacun renforçant l'influence de l'autre sans qu'ils constituent un réseau. Ces journalistes entretiennent avec le Premier ministre d'étranges relations où la subordination le dispute à la prétention. Puisqu'ils sont propriétaires de leur charge, le locataire transitoire de Matignon doit être un chef de file dont ils reconnaissent la puissance et la classe – un présidentiable –, et l'exécutant zélé des souhaits qu'ils émettent. A la fois miroir flatteur et instrument docile. Cresson n'est ni l'un ni l'autre. Elle ne joue pas le jeu de la combinaison. Ils la veulent petite secrétaire ou « fille »; elle veut faire sa politique – interventionnisme de l'Etat dans les nationalisées, aide aux PME-PMI, apprentissage, immigration, restructurations industrielles, déconcentration, revitalisation du monde rural –, en se passant de leur assentiment d'abord, en négligeant leur désapprobation ensuite. Thierry Bréhier du *Monde*, qui « suit » Matignon depuis longtemps, observateur de la comédie du pouvoir en marge de laquelle il reste obstinément, a vu l'assassinat se préparer. A cause d'eux, à cause d'elle. « Ils ne voulaient pas d'Edith Cresson rue de Varenne; elle leur crachait à la gueule sans arrêt. » Ce dont elle convient : « J'ai mis un terme momentané à la cohabitation entre quelques faiseurs d'opinions et le Premier ministre. » Or, ils ont déjà été bafoués par François Mitterrand. Dès qu'ils ont senti que le président de la République était en mesure de se séparer de Rocard dont ils ne voulaient pas le départ, ils ont écrit, parlé pour l'empêcher. Il a passé outre, ils s'en sont trouvés agacés, humiliés. Il les a renvoyés à ce qu'ils sont, des commentateurs, là où ils se croyaient des décideurs. Pardonne-t-on à qui vous remet à votre place ? Elkabbach : « Ils n'ont eu de cesse de démolir Cresson pour démolir Mitterrand. Il avait commis l'impair en la nommant. Il fallait lui démontrer que lui le grand stratège avait fait l'erreur et pas eux. » Le Premier ministre n'a pas oublié cette anecdote : « Un soir, Delors est allé à une *Heure de vérité* pour dire ce que selon lui il fallait faire. J'ai été un peu choquée parce que cet ami définissait exactement ce que j'essayais de mettre en œuvre. Mais bon... Et qu'est-ce que je lis ensuite sous la plume d'Alain Duhamel qui me descendait jour après jour ? Qu'enfin quelqu'un venait de montrer quelques chemins carrossables ! »

Edith Cresson ne paye pas seulement sa communication mais aussi l'extrême solitude qu'elle révèle. Quel chasseur ne flairerait la proie facile ? Elle est désarmée face à l'artillerie lourde médiatique dont ses adversaires disposent, en particulier les rubriques économiques et la presse spécialisée qui sont l'écho de l'establishment industriel et financier. Si la droite n'a qu'à mener contre elle une classique guérilla d'opposition et ne s'y dépense pas trop, ses « amis » Michel Rocard, Laurent Fabius et Pierre Bérégovoy utilisent en revanche à plein rendement leurs lieutenants pour assaisonner les articles de presse de leurs « informations ».

Trois hommes s'occupent précisément de cette tâche. Jean-Claude Petitdemange pour Rocard, Claude Bartolone pour Fabius et André Gauron pour Bérégovoy. Un métier. Tous les trois définissent la même stratégie et développent les mêmes analyses reproduites ici en substance : « Les journalistes dans leur ensemble sont moins intéressés par l'enquête et le reportage que par les formules bien frappées, les petites phrases assassines dont ils sont sûrs qu'elles seront reprises. Il faut les fournir en temps réel, à la demande, ne pas les décevoir car ils ont besoin d'avoir ce qu'ils appellent des bons contacts. Nous sommes entrés avec eux dans une relation de complicité qui s'est beaucoup approfondie ces dernières années, séduction-répulsion, fâcheries-rabibochages, et sur laquelle repose tout le système. Nous savons que l'écrit peut tuer. Nous l'utilisons au service de notre patron, en fonction du contexte, de ce qu'il veut faire passer, de qui il veut se débarrasser. Notre objectif coïncide toujours avec celui de tel ou tel journaliste. A nous de savoir viser juste, de mêler intelligemment le vrai et le faux, ou de pécher par omission de telle sorte que l'information ait la tonalité voulue. Il est certain qu'une campagne d'intox est plus facile, plus dévastatrice quand elle concerne une femme. »

A l'Elysée, François Mitterrand suit de très près l'évolution de « son » affaire. Il a voulu le style Cresson, comme il croit au style Charasse ou Tapie, pour faire bouger la société française. Le parler-franc de son Premier ministre, d'abord, ne l'inquiète pas. Edith lui apparaît telle qu'en elle-même, telle qu'il l'a toujours connue et voulue à ce poste. Alors que de partout montent des protestations pour son « La Bourse, j'en ai rien à cirer! », il s'en fait publiquement le défenseur. Et pas de n'importe quelle manière. La recevant avec Pierre Bérégovoy, il la félicite devant le ministre des Finances, ulcéré et silencieux : « C'est très bien cette formule, Edith! Très bien! Ne vous occupez de personne, continuez! » Le Président n'a pas, depuis, changé d'avis sur la question : « Dès les premières remarques de ce genre qu'Edith a faites, il y a eu des tentatives d'intimidation. Avouez quand même que ce " La Bourse, j'en ai rien à cirer ! " est autrement plus plaisant que ce que nous proposent les clapets répétitifs des technocrates qui nous entourent. » Néanmoins, il lui faut constater que la communication d'Edith Cresson ne prend pas. C'est un langage que les Français ne tolèrent pas dans la bouche d'une femme. Comme, de surcroît, elle ne parvient pas à concilier dans son discours le « nouvel élan » et les contraintes de la récession, elle ôte de la crédibilité à sa fonction et fait peser sur la suite des événements une hypothèque certaine.

La lecture de la presse, dont Mitterrand flaire les intentions mieux que personne, le fait passer en peu de temps de la bonne à la mauvaise humeur. Avec elle, les ponts seront ouvertement rompus à partir de cette période : le Président sait qu'elle sera un adversaire définitif et d'autant plus violent qu'approchent les échéances électorales. « La presse nous est hostile », répète-t-il. Plus tard, il décidera d'avoir au moins un allié : il fera débloquer les millions nécessaires pour aider le mensuel *Globe* à se reconvertir en hebdomadaire.

Par ailleurs, il constate que nombre de ministres téléphonent à ses collaborateurs – Hubert Védrine qui jette sur Cresson un regard de « critique distanciée » et Anne Lauvergeon notamment – pour réclamer des arbitrages en se plaignant de ceux que rend Matignon. Le jeu n'est pas nouveau mais sous Edith Cresson il prend une tournure nettement plus crue, devient beaucoup plus pressant. Il y a les loyaux comme Aubry, Jospin, Delebarre, Guigou, Le Drian, Poperen, Bredin ; et les autres, Bérégovoy, Charasse, Quilès ou Bianco, agacé par l'un des conseillers de Cresson et qui déclare à qui veut l'entendre : « Les arbitrages de Matignon, je m'assoie dessus. » Nul doute qu'il y ait chez eux des arrière-pensées. Mais enfin, leur démarche traduit un manque de confiance et un refus de reconnaissance de leur chef, qu'il est impossible de ne pas entendre. Ils protestent aussi contre les directives de communication préparées par Guy Schwartz pour chacune de leurs administrations : sommaires et comminatoires, bref insultantes pour des hommes d'envergure et d'expérience. Grâce à ses conseillers, le Président n'ignore rien de la façon dont tourne la machine infernale de la rue de Varenne. Entre autres, car François Mitterrand est sans aucun doute l'homme le mieux informé de France. Le système mitterrandien repose sur un impressionnant maillage. En l'occurrence, le cabinet de l'Elysée double celui de Matignon. Pas un domaine, pas un dossier traité par le Premier ministre et son équipe qui ne soit en même temps suivi par les gens de l'Elysée qui font la navette entre les deux palais, « marquent » leurs homologues, infléchissent ou empêchent leurs décisions. Dérive du fonctionnement gouvernemental tel que l'avait souhaité de Gaulle, et que Mitterrand, en le détournant subtilement de la lettre de la Constitution, a porté à un dangereux degré d'opacité : Matignon dirige beaucoup moins qu'on ne le croit mais l'Elysée n'est jamais responsable des décisions de Matignon. Ainsi, Mitterrand entend que le cabinet d'Edith Cresson n'est pas tenu. Les qualités intellectuelles et diplomatiques du directeur, Gérard Moine, ne remplacent pas l'autorité et la dureté que le poste exige et qui lui font défaut. Il devrait être l'âme et le coordinateur d'une équipe disparate, sa gentillesse facilite l'explosion d'une série d'egos, pas toujours des plus séduisants. Les rapports que son entourage fait au Président ne sont pas tendres sur Abel Farnoux, installé dans un salon-bibliothèque où Edith Cresson a fait monter le bureau de Léon Blum qui traînait au rez-de-chaussée. Cela choque, on ne sait pourquoi. Anne Lauvergeon, qui participe à toutes les réunions importantes de Matignon, prévient le Président : le conseiller spécial se fait haïr. Védrine et elle sont convaincus « qu'avec le bordel qui s'est installé là-bas, on va passer par la fenêtre ». Mission délicate que d'en entretenir Mitterrand. Car si le rôle de ces conseillers est de décrire l'état des lieux, de « tout faire passer », encore faut-il qu'ils y mettent quelques précautions pour ne pas heurter le chef de l'Etat. Lui-même, qui se méfie de la nature humaine, doit faire le tri entre le souci de vérité et la capacité de dénaturation qui cohabitent en chacun.

Mitterrand acquiert très vite la certitude qu'il doit intervenir, sans froisser son Premier ministre débutant, sur les deux fronts, communication et cabinet. La réussite de son coup de poker en dépend. Pour mettre de l'ordre dans la « com », il choisit un homme de confiance qui avait déjà opéré auprès de Laurent Fabius. « Vous aimez coordonner, dit-il à Jean-Louis Chambon, vous devriez vous en occuper. » La suggestion vaut ordre. A partir de la fin juin, Chambon se rend tous les jours à Matignon à 9 heures pour « fabriquer les wimpies », ces argumentaires à usage des ministères afin de donner un peu d'homogénéité à l'action gouvernementale. « Schwartz rédigeait des trucs pour secrétaires de section du PS et encore, avant Metz ! Mais soyons juste, le fait que chaque ministre agissait en franctireur datait déjà de plusieurs années. » Il essaye d'instaurer un minimum de planification dans les interventions télévisées d'Edith Cresson en fonction des autres événements nationaux, de telle sorte par exemple que sa parole ne soit pas dominée par un match de foot retransmis sur la chaîne d'à côté. Bien sûr, il est accueilli à bras fermés. Trois semaines après, Chambon déclare forfait. « Pas la peine d'insister, on rentre dans le mur », assure-t-il à Hubert Védrine. Mais Mitterrand n'est aucunement décidé à ce qu'il abandonne et l'obligera, après l'interview d'ABC et le *Droit de savoir* sur l'immigration, à intégrer définitivement le cabinet du Premier ministre. Le Président encourage Cresson à se montrer plus aimable avec les journalistes et à ne pas les prendre de front. « Il faut être habile... Vous devriez voir Françoise Giroud, elle n'est pas plaisante avec vous mais c'est une femme qui compte. Ce ne serait pas mauvais d'ailleurs d'inviter certains d'entre eux, comme le faisait Rocard, aux réunions de Matignon. Cela les flatterait, ils verraient comment vous gouvernez et cela couperait court au dénigrement... » Elle laisse parler Mitterrand mais n'en fait qu'à sa tête. Giroud la torpille ? Elle ne va quand même pas s'incliner devant elle : Abel Farnoux la recevra, pas le Premier ministre. Et voilà comment on se fait une alliée de plus ! Quant aux journalistes : « La confidentialité est un impératif du gouvernement. La presse ne peut avoir droit à ce genre d'indiscrétion. Je sais que cela s'est beaucoup pratiqué sous Rocard qui dirigeait avec des journalistes à sa table. Un Premier ministre n'est pas là pour amadouer ces messieurs. Ce n'est pas ma conception des choses. » Cohérente avec elle-même, elle n'accorde pas plus cette faveur à ses amis. Françoise Gaspard en est le témoin direct : l'ex-maire de Dreux demande à cette époque à prendre ses quartiers de féministe à Matignon. Son projet : y mettre en place une équipe – une historienne, une politologue, une linguiste, une journaliste et elle-même – qui suivrait pas à pas le Premier ministre, analyserait son discours et son action, sa façon d'être au pouvoir et les réactions qu'elle suscite dans un milieu à la misogynie bien enkystée. Elle veut aussi sélectionner, dans les usines de la ville dont elle reste conseillère municipale, un ou deux groupes témoins d'ouvrières sur lesquelles elle testerait au fil des mois l'effet Cresson. Initiative ori-

ginale qui n'est pas du goût de sa camarade d'antan :
« Edith a accepté du bout des lèvres. Elle n'était pas
enthousiaste à l'idée qu'on l'étudie à la loupe sous
l'axe femme. Elle a carrément refusé que j'assiste
aux réunions interministérielles, excellent lieu
d'observation. » Gaspard repliera très vite bagages,
navrée de constater que la première femme Premier
ministre n'est pas parfaite... Mitterrand se mêle aussi
de la marche du cabinet. Il demande à Edith Cresson
de se débarrasser de deux collaborateurs – l'un
qu'elle a choisi sur les conseils de Martine Aubry,
l'autre que les socialistes lui ont imposé – dont il lui
« revient de partout qu'ils ne sont pas à la hauteur de
leur tâche ». Et puis, il la met en garde à propos
d'Abel Farnoux : « Ses comportements déplaisent. Il
blesse les susceptibilités dans ton cabinet. Ce n'est
pas bon. »

L'urgence est réelle. Car l'impopularité d'Edith
Cresson a éclaté au grand jour et ses faiblesses viendront s'inscrire sur ce rejet. Un mois et demi à peine
après son arrivée à Matignon, les premiers sondages
tombent, tranchants comme la guillotine. L'image
du Premier ministre subit une dégradation sans précédent en si peu de temps. Moins seize points. 27 %
seulement des personnes interrogées entre le 14 et
le 19 juin par BVA pour *Paris-Match* ont une bonne
opinion d'elle, contre 43 % en mai. *Libération* titre
avec une justesse meurtrière : « Edith Cresson descend tout schuss. » Elle paye là beaucoup de choses :
la conjoncture économique, les troubles des banlieues, la hausse des cotisations, la réforme de la
taxe d'habitation. Mais, sur fond de *Bébête show*, de
ragots dans les dîners en ville, de décomposition
socialiste, d'erreurs personnelles, elle est rendue
seule responsable de cette déconfiture dans laquelle
elle entraîne François Mitterrand. Le soir de la

publication du sondage, il lui téléphone chez elle, rue Clément-Marot :

« Ça ne fait que prolonger la courbe plongeante de Rocard. L'usure du pouvoir... La guerre du Golfe a été une sorte de parenthèse pour les socialistes. Depuis, les sondages traduisent un effritement continu. La presse vous a mal accueillie et elle fait l'opinion.

– Il y a encore beaucoup d'indécis...

– C'est vrai, mais je crois que ce sera difficile de remonter.

– Je suis sûre qu'il est encore possible de changer ça. Jusqu'ici je n'ai pas pu faire ce que nous étions convenus, j'ai dû assurer. Mais j'ai lancé des réformes et les gens s'en rendront compte dans quelques mois.

– La seule chose qui pourrait inverser les sondages, c'est un succès immédiat en terme d'emploi. Je vous l'ai toujours dit : tout repose là-dessus. »

Les experts en communication ne leur accordent plus aucune chance. Pascal Perrineau, professeur de sciences politiques, déclare au *Figaro* : « Edith Cresson est un Premier ministre pour lequel il n'y aura eu aucun état de grâce. Elle a perdu plus particulièrement chez les ouvriers et les sympathisants du PC qui lui faisaient crédit, chez certains sympathisants de la droite et les personnes âgées qui font traditionnellement confiance à tout nouvel occupant de Matignon et chez les femmes. Après avoir été séduites par la nomination d'une femme, elles sanctionnent celle-ci en tant qu'homme politique. » Dans le même quotidien, Olivier Duhamel, lui aussi professeur de sciences politiques : « En choisissant Edith Cresson, François Mitterrand tenta un " coup " pas seulement pour se débarrasser de Rocard mais aussi pour faire remonter la gauche. Pour éviter donc une nouvelle cohabitation, bien pire que la première car sans perspective de vengeance par la réélection. Aujourd'hui ce " coup " paraît voué à l'échec. »

Chapitre 8

LE PROCÈS DES CHARTERS

La colère, une colère énorme, la prend. Assez de « toute cette nomenklatura » qui n'a de cesse de la discréditer depuis des semaines, quoi qu'elle fasse ! Assez de ces chefs socialistes qui, paraît-il, ne se sentent pas dignement représentés par leur Premier ministre ; qui se canardent entre eux et lui tirent dessus de tous côtés, alors qu'ils sont même devenus incapables d'aligner deux idées ! Qu'est-ce qu'ils veulent à la fin ? Ils critiquent, ils critiquent, ils empêchent pour empêcher ; par crainte de regarder leur échec, et les difficultés, en face. Ou plutôt par peur d'envisager d'autres réponses que celles, invariables, auxquelles ils s'accrochent depuis dix ans. Ils redoutent ce qu'ils appellent, la bouche en cœur, la moue hautaine : reniement. Impuissance, oui... C'est tout ce qu'ils savent. « Et se battre entre eux pour obtenir le Parti, sans se soucier des militants, de cette base qu'ils ont fini par oublier. Mais quel projet ont-ils de toute façon pour l'entraîner ? » Aucun. Ah, ils prétendent maintenant qu'ils préféraient Rocard et sa gestion modeste et digne... Qu'est-ce que ces « couards qui vivent le nez sur les sondages » au lieu de réfléchir au moins à la « nouvelle politique » qu'elle leur propose ? D'ailleurs, elle ne le leur envoie pas dire. Edith Cresson, qui voit Pierre Mauroy tous les mardis à 11 heures 30 dans son bureau de Matignon, consacre une bonne partie de ses conversations avec le Premier secrétaire à se plaindre des responsables socialistes. Mauroy, qui sera l'un de ses meilleurs ennemis : « Elle fouettait devant moi l'attelage gouvernement-Parti-Bercy, et j'en sortais en pensant, bonsoir de bonsoir, qu'il faut être Catherine de Russie pour se permettre ça ! Surtout qu'elle ne le faisait pas qu'avec moi mais aussi dans l'exercice de sa fonction. » En effet, elle se rend devant le bureau exécutif du PS le mercredi 26 juin, décidée à en découdre : « Que vaut-il mieux ? Un Premier ministre avec de bons sondages mais qui pousse les problèmes avec un balai, si bien qu'on se retrouve un jour avec un gros tas contre le mur ?... » Elle, elle gouverne. C'est-à-dire qu'elle impulse des actions, en force certes, contre des ministres souvent réticents devant ses projets et que la déliquescence générale de l'autorité pousse à la fronde. Elle impulse avec une boulimie rarement constatée, sauf du temps de Chaban-Delmas, et de Mauroy précisément, en femme pressée qui se veut à la fois décisionnaire et attributaire de tout ce qui est entrepris. Malgré les entraves budgétaires, la nécessaire précipitation des premières mesures d'urgence et la cacophonie médiatique qu'elle a suscitée ou entretenue, elle a déjà ouvert sans qu'on y prenne garde quelques-uns des grands chantiers de la réforme. Et pas des moindres : une remise en ordre du secteur public industriel pour l'échéance européenne de 1993 ; la formation des jeunes, avec la mise en route d'une politique de l'apprentissage et des filières d'ingénieurs ; la recherche d'emplois nouveaux dans les services et les PME-PMI, et la révision du fonctionnement de l'ANPE. D'autres suivront bientôt. Travail sur des fondations qu'elle met en œuvre dans la plus grande agitation, au pas de charge, bruyante comme un marteau-piqueur. Elle sait ce qu'elle souhaite et n'a nullement l'intention de se laisser distraire ou dévier de sa route par les socialistes. Sa fureur contre eux est si aiguë que, sur un thème particulièrement sensible et sur lequel elle veut laisser sa marque, elle va les prendre frontalement. Entre elle et eux, elle pose l'immigration. Elle a décidé de briser le tabou, de pulvériser le dogme.

Sur ce terrain, elle est totalement sûre d'elle. Elle a l'appui sans réserve de François Mitterrand. Déjà dans son discours d'investiture, elle avait choqué le PS en liant les problèmes de la drogue et de la délinquance à l'immigration. Propos iconoclastes qui dans la bouche du nouveau Premier ministre constituaient une rupture capitale avec son milieu. Puis, recevant une lettre de Charles Pasqua, elle a prêté intérêt à sa suggestion d'instaurer des quotas par nationalité et par profession pour canaliser les entrées d'étrangers. Les banlieues qui explosent les unes après les autres sont en effet l'occasion pour l'opposition de droite et l'extrême droite d'enfoncer le clou sur le problème de l'immigration. De rappeler que l'intégration des étrangers, et surtout de leurs enfants français par le droit du sol, est un relatif échec. On entendra même Jacques Chirac évoquer leurs « odeurs » intolérables. La tension dans les cités, où les jeunes mènent une « révolte positive » selon l'expression de Michel Delebarre, ministre de la Ville, atteint une intensité sans précédent depuis celle des Minguettes en 1982. Il faut impérativement éteindre l'incendie, réclame le président de la République, inquiet de l'exploitation politique et raciste que l'embrasement des banlieues provoque. Mais aussi s'attaquer aux immigrés irréguliers, tâche différée par la guerre du Golfe dont il craignait les répercussions sur les banlieues. Cresson va donc mener l'une et l'autre missions parallèlement. Dans le contexte d'impopularité que l'on connaît, avec des députés de droite qui ont lancé la bagarre et les injures contre elle, comme l'UDF André Rossi qui clame à l'Assemblée qu'elle a « un encéphalogramme plat ».

Sous les sarcasmes de l'opposition et de la presse, l'incrédulité des leurs, le Premier ministre et Delebarre annoncent un énorme dispositif anti-« été chaud », élaboré en un rien de temps et qui, dans des conditions extrêmement difficiles, fonctionnera parfaitement. Il correspond au tempérament pragmatique de ces deux politiques qui s'entendent bien. Cresson : « Nous avons permis à près de trois cent mille jeunes désœuvrés de faire du sport, des voyages, d'aller dans des camps de vacances ou de travailler dans les champs et des chantiers de restauration ; nous leur avons proposé dans leurs banlieues des concerts, des ateliers d'art, nous avons financé certains de leurs projets, nous avons installé au pied des tours des paniers de basket. Ah que n'a-t-on entendu sur tout ça ! Evidemment, ceux qui déblatéraient vivent confortablement dans leurs beaux appartements et savent quoi faire de leurs enfants pendant les vacances ! » Mais la prévention et la sécurité ne sont pas oubliées : on renoue avec l'îlotage qui sera étendu à quarante-deux quartiers sensibles, un millier de policiers en formation sont affectés durant l'été dans les cités dures, et dans les commissariats les tâches administratives sont davantage confiées aux soldats du contingent pour libérer les professionnels.

Dans cette atmosphère survoltée, Edith Cresson accélère le mouvement sur la maîtrise de l'immigration. Le travail a déjà été préparé par Michel Rocard, elle va le reprendre en durcissant les directives et, à Matignon, les réunions préparatoires s'engagent très

vite après son arrivée. Elle attaque sur sa droite –
« J'avais le sentiment de ne pas entendre Jacques
Chirac mais Jean-Marie Le Pen », lance-t-elle au
maire de Paris, en pleine Assemblée ; elle écoute le
peuple, dégoûté par le refus maladif de la gauche de
combattre les clandestins, pourvoyeurs de drogue et
de troupes pour toutes les délinquances, alors que
l'Etat vient de distribuer 36,5 milliards pour les
cités ; elle se prépare à donner un sérieux tour de vis.
Pas n'importe comment, loin de là. Mais sans états
d'âme : elle est le seul des Premiers ministres de la
gauche à refuser par tempérament de laisser pourrir
la situation, et à le dire. L'honneur de gouverner
passe aussi par le courage de démasquer les déro-
bades déguisées en vertu. Elle est convaincue que
ces hypocrisies engraissent l'extrême droite dont la
force montante l'obsède : son enfance lui a appris
comment les « braves gens » en viennent à se jeter
dans ses bras. Elle est bien décidée à ne pas reculer
devant les réponses à apporter : toute réponse démocratique est une bonne réponse, toute absence de
réponse, une atteinte à la démocratie. Une politique
de l'immigration, ferme et respectueuse des droits
de l'homme, prend à ses yeux valeur de symbole : il
vaut mieux pour la République qu'elle soit enfin
conduite par un gouvernement de gauche soucieux
des principes, que par une droite donnant des gages
à l'extrême droite. Elle voudrait réussir ce pari,
sans savoir alors à quel point l'Histoire lui donnera
raison.

L'agir-réaliste de Cresson ne s'accompagne
d'aucune mauvaise conscience. Ses engagements
« tripaux » ne datent pas d'aujourd'hui. Elle n'a
jamais oublié Malik Oussekine. A la mémoire de ce
gamin assassiné en 1986 par les gardes-mobiles, elle
était allée déposer incognito une fleur à l'endroit où
il était tombé ; elle avait aussi pris à Châtellerault

une initiative fort controversée en mettant en berne le drapeau de la mairie. Dans sa ville, où les harkis et leurs enfants sont nombreux, elle fait énormément pour améliorer leur vie, HLM entièrement refaites, cantines gratuites dans les écoles, cours de rattrapage et formation, petits boulots et activités multiples pendant toutes les vacances pour trois mille cinq cents jeunes. Au point que certains, dans les quartiers populaires où Le Pen rafle des voix, trouvent qu'« elle en fait trop pour les arabes ». Comme si elle ne traitait pas tous ses administrés de la même manière ! Quant aux méthodes expéditives de Pasqua et de Pandraud, elle les a condamnées sans appel.

A peine arrivée à Matignon, elle a montré aussi vers où ses engagements la portent. Au moment de l'embrasement des cités. Dans un commissariat de police de Mantes-la-Jolie, un jeune beur, Aïssa Ihich, est mort à l'issue de sa garde à vue le lundi 27 mai. Spontanément, elle avait eu envie de se rendre dans sa famille. Mais elle avait hésité : les gens n'apprécient pas les visites surprises à la Giscard, et Delebarre l'avait mise en garde contre l'exploitation médiatique de son éventuel déplacement. Mitterrand, obsédé par les banlieues qui « ne votent pas ou votent maintenant contre nous », l'a convaincue lors d'un déjeuner avec Jacques Pilhan : « Ce ne serait pas mal que vous manifestiez un geste de solidarité vis-à-vis de cette famille endeuillée. D'une femme on attend des gestes différents, plus humains que ceux d'un homme. On vous sentirait proche des problèmes de la vie quotidienne et, de surcroît, vous l'êtes. » Sur place, la mère lui a expliqué qu'Aïssa était asthmatique, qu'elle avait porté au commissariat les médicaments dont son fils avait besoin : les policiers ont refusé de les lui donner malgré son insistance. Alors, Edith Cresson a laissé parler sa conscience sans même attendre les résultats de l'enquête. Passant outre l'autorité judiciaire, elle a répondu à une question orale à l'Assemblée nationale et fait part de sa conviction intime sur la mort d'Aïssa. Elle a ainsi publiquement désavoué Philippe Marchand, le ministre de l'Intérieur qui, quelques instants auparavant, avait prétendu à la tribune « qu'en l'état actuel des connaissances, rien ne permet d'accuser qui que ce soit d'une erreur, d'un manquement ou d'une faute ». Marchand craignait que l'attitude du chef de gouvernement n'incitât la presse à fouiner. Ce qu'elle n'a pas fait. Or non seulement la police urbaine a refusé de donner les médicaments, mais un CRS, lors de l'arrestation du jeune homme particulièrement chétif, s'est violemment acharné sur lui, le rouant de coups dont l'un, porté à la nuque, aurait eu des conséquences fatales. Après une deuxième autopsie, ce serait la conclusion de l'enquête de l'IGPN. Les policiers le savaient. En coulisses, ils se sont faits menaçants. François Roussely, directeur général de la Police nationale, ami de Pierre Joxe, militant socialiste, a soudain oublié ses convictions. Pour ne pas avoir à ouvrir publiquement le dossier, il a décidé qu'il n'y aurait de sanctions contre personne. Ce qui ne l'a pas empêché, lors d'un comité directeur du PS, de contester le comportement « irresponsable » d'Edith Cresson !

Cresson : « C'était mon devoir de dire la vérité. Quitte à mécontenter les flics dont une partie est au Front national. Marchand les couvrait parce que la droite grognait. Je n'étais pas d'accord. Je ne le lui ai pas dit, parce qu'on ne change pas la nature des gens et que Mitterrand avait voulu le maintenir à ce poste, alors... Mais ce qui m'a surtout frappée, c'est l'absence de réactions des socialistes : on ne les a pas entendus ! Et des journalistes de la gauche caviar. Eux tous, qui défendent systématiquement ce qui est arabe, n'ont pas dit ou écrit une seule fois que j'avais eu raison de me déplacer et de ne pas laisser enterrer une histoire comme ça. Ils n'ont pas cherché à faire toute la lumière sur ce meurtre. Pourtant c'était dans le droit fil de tout ce qu'ils prétendent défendre. La gauche a crevé de ce décalage entre les beaux discours et les actes. Les socialistes ne réagissaient plus à ce qui aurait dû les choquer vraiment et se sont indignés de ce qui ne le méritait pas. Je ne suis pas de gauche, moi, pour fermer les yeux devant une telle affaire. »

Le week-end suivant, à Mantes-la-Jolie toujours, un rodéo tragique s'est achevé par la mort d'une jeune policière. Edith Cresson n'a pas d'autre choix que d'aller s'incliner sur sa dépouille « pour témoigner du soutien de tout le gouvernement », au milieu de policiers raides : « Ce n'était pas de la démagogie. Je sais que le travail des flics dans ces cités est extrêmement difficile. Qu'ils ne puissent pas pénétrer dans certaines d'entre elles est aussi anormal que de les voir matraquer ou tirer sur un gosse. Mais on ne résoudra pas ces problèmes en donnant raison aveuglément aux uns ou aux autres. » Peu lui importe de s'être mis à dos une autre catégorie de fonctionnaires que les berciens. Elle n'a pas cédé. Le 17 juin, devant tous les préfets réunis pour qu'elle définisse leur mission, elle a eu le cran de marteler à propos de sa démarche dans la famille d'Aïssa : « Je l'ai effectuée [...] Je le dis avec une conviction qu'aucune considération de banale opportunité n'aurait pu entamer... »

En s'engageant sur l'immigration, Edith Cresson se croit donc à l'abri de toute suspicion. Les maires de gauche – elle en a souvent parlé avec eux – savent que l'angélisme en la matière est dévastateur et qu'il y a de l'irresponsabilité à s'y abandonner. L'intégration passe par une politique d'urbanisme – détruire les tours... –, par une formation adaptée et par des emplois dans les quartiers défavorisés : elle s'y attelle sur le long terme. Cependant, il faut débarrasser ces ghettos des masses de clandestins sans travail qui y trouvent refuge et y font leurs trafics sur l'illettrisme, l'ennui et l'absence d'avenir. Puisqu'il y a un problème à résoudre, elle le résoudra : le cœur de la réussite se situe là, dans la capacité à gagner contre ces irréguliers. Encore faut-il, permanent casse-tête, pouvoir les reconduire lorsqu'ils ont été condamnés. Elle a été très frappée par un *Droit de savoir* qui vient de diffuser un reportage choc sur le transport de l'un d'entre eux. Au point qu'elle a réclamé une cassette et l'a donnée à Philippe Marchand : « Il faut que nous fassions quelque chose, c'est horrible la façon dont ça se passe. » Elle a consulté le président de la République et son directeur de cabinet, Gilles Ménage, qui est chargé du dossier pour l'Elysée, en liaison avec Matignon. Le constat est simple : la loi Joxe de 1989 n'est pas appliquée. Et pourtant les expulsions relèvent depuis cette date d'une décision de justice et non plus d'une décision administrative comme sous Pasqua. 18 238 reconduites aux frontières en 1990 alors que le chiffre approximatif de clandestins dépasserait trois cent mille : impossible de continuer ainsi. Mitterrand : « C'est cela qui entretient les sentiments racistes de la population. Il faut trouver le moyen d'y remédier, le droit républicain doit être respecté. Nous devons montrer notre fermeté. » Oui, mais quelle solution ? Cresson évoque le transport de ces hommes sur des avions de ligne et rappelle qu'il ne va pas sans drames. D'abord, on ne peut pas en mettre plus de deux ou trois par vol, il faut les faire partir au compte-gouttes ; ensuite les conditions sont « inhumaines » :

les clandestins profitent des circonstances pour se débattre, hurler, provoquer le scandale devant les passagers. Souvent, on doit les attacher à leur fauteuil et leur faire des piqûres anesthésiantes. Le directeur général de la Police nationale, révèle-t-elle à Mitterrand, lui a raconté que l'un d'entre eux était mort ainsi pendant le voyage, tout dernièrement. Quant aux pilotes, ils râlent de plus en plus : ces pratiques sont contraires au droit international et au règlement des compagnies. Alors ? Mitterrand propose : « Pourquoi ne pas réquisitionner les avions militaires pour ces reconduites, cela permettrait d'en évacuer de gros contingents. » Edith Cresson approuve l'idée et en parle à Gérard Moine qui dirige les réunions interministérielles sur l'immigration : « Il faudra la mettre sur la table au prochain rendez-vous... »

Inquiétée par tout ce qu'elle subit, le Premier ministre prend alors une décision lourde de conséquences : elle demande à modifier le programme d'un *Droit de savoir* qu'elle doit enregistrer. L'émission de TF1 devait être ciblée sur « la femme Edith Cresson ». Guy Schwartz, recherchant un nouvel angle de communication, l'avait convaincue de jouer l'intimisme malgré sa répugnance, et il a obtenu l'accord des coproducteurs, Franz-Olivier Giesbert et Gérard Carreyrou. « Bon, on fera ça au Tertre, lui a dit le Premier ministre, comme ça il y aura ma famille. Et puis, j'ai une spécialité, c'est la tarte Tatin. Ils pourront me filmer en train de la préparer comme on a vu Margaret Thatcher en cuisine ! » Seulement voilà : elle n'essuie que des tirs de bazooka, plus nourris encore depuis le sondage du 27 juin. « Puisque c'est comme ça, je n'accepterai que des interviews politiques. » Les journalistes sont prévenus par Schwartz : « On voudrait mettre l'accent sur la méthode Cresson. Edith a des problèmes avec quelques-uns de ses ministres et ce serait bien qu'elle puisse affirmer dans l'entretien que l'autorité, c'est elle. Elle pourrait aussi parler pour la première fois de l'immigration. Pour montrer sa détermination. »

Le dimanche 30 juin, l'équipe du *Droit de savoir* arrive de bonne heure au Tertre où la famille Cresson est réunie. Les journalistes ont été conviés à rester déjeuner, une fois l'interview faite. Le Premier ministre les prévient que l'idée de faire transporter les clandestins par des avions militaires est à l'étude, qu'elle voudrait y faire allusion mais sans dévoiler exactement ses projets puisque rien n'est encore décidé. Ils s'installent pour les prises de vues autour d'une table posée dans un coin du parc, sur l'herbe folle – pourquoi ne l'a-t-on fauchée? Le Premier ministre porte un jogging clair, et non pas blanc, double erreur pour son image auprès des téléspectateurs : la tenue paraît négligée et ne convient pas à un chef de gouvernement qui doit aborder des sujets sérieux. Son frère Harold Campion et Guy Schwartz assistent au tournage. Edith Cresson n'est pas bonne. Mais elle confesse elle-même au micro : « Je ne suis pas très portée sur le verbe, les grands discours, les grandes théories, les projets de société, etc., et tout et le reste qu'on entend dans les congrès, dans les discours, etc., moi ce sont les actions qui m'intéressent. » Aussi a-t-elle demandé au ministre de l'Intérieur, précise-t-elle d'elle-même, de prendre des dispositions pour que tous les clandestins jugés soient désormais reconduits dans leur pays : « Alors s'il y en a dix qui doivent être reconduits, ce n'est pas 3,5 comme aujourd'hui qui seront reconduits, c'est dix... » Carreyrou : « Est-ce que vous allez faire, comme le préconise Robert Pandraud, ou comme l'avaient fait Charles Pasqua et Robert Pandraud autrefois, c'est-à-dire des charters ? » Cresson ne veut pas tomber dans le piège sémantique. En même temps, il faut qu'elle manifeste sa détermination et signifie que les expulsions, désormais, seront massives. Au lieu de rebondir sur la question pour marquer la vraie différence avec les Maliens raflés de Pasqua, et de structurer son raisonnement sur la politique d'ensemble qu'elle prépare, elle s'embourbe : « Il ne faut pas prendre les lignes régulières, il faut prendre un autre système, mais ce sera fait très régulièrement. » Carreyrou, qui tient à la ferrer : « Des charters ? » Cresson tombe dans le piège. Elle veut répondre avec sérieux pour se faire comprendre des téléspectateurs : « Vous appelez cela des charters, ce n'est pas des charters. Les charters vous savez ce que c'est, c'est des gens qui partent en vacances avec des prix inférieurs ; là ce sera totalement gratuit, et ce ne sera pas pour des vacances, ce sera pour reconduire les gens dans leur pays lorsque la justice française aura établi qu'ils n'ont pas le droit d'être chez nous. » Carreyrou : « En parlant de l'immigration clandestine vous avez tenu un langage qui, semble-t-il, marque un durcissement du langage gouvernemental sur ce problème de l'immigration... » Cresson tente enfin de définir sa politique : « Je vais vous dire, il n'y a pas un durcissement, il y a simplement le fait que la loi doit être respectée, ou alors on change la loi. La loi, c'est que, dans un certain nombre de cas, les immigrés illégaux clandestins doivent être expulsés. Moi, je veux le respect de la loi, il n'y a pas de dérive ou de dérapage vers la droite, etc. On ne peut pas dire une chose, et ne pas la faire, ou faire le contraire. On ne se fait pas respecter de la police, de ceux qui ont à exécuter, qui ont un travail très difficile, on ne peut pas se faire respecter des citoyens si, lorsqu'on a une loi qui est l'émanation de la démocratie, qui a été votée, si cette loi n'est pas appliquée. Or moi, cette loi, je la trouve bonne et je l'appliquerai. »

L'entretien terminé, on passe à table tandis que les caméras filment la grande poêle que l'on apporte directement : sympathique, mais cela fait camping. Le vin de Loire, dont se délecte Gérard Carreyrou, n'empêche pas Harold Campion, homme au visage très pur, à la distinction très britannique, d'interpeller de sa voix douce Franz-Olivier Giesbert. Il a été choqué par les questions assez peu respectueuses que les deux interviewers ont posées à sa sœur. Giesbert lui répond que l'honneur d'un journaliste est d'avoir le droit de formuler n'importe quelle question et que l'estime de soi passe par ce professionnalisme. Quand l'équipe s'en va, Harold Campion avoue son inquiétude, d'autant qu'il a été surpris par les propos du Premier ministre sur l'immigration. « Ne t'inquiète pas. Je les ai invités, alors ils ne pourront pas dire du mal de moi ! »

Les jours qui suivent sont exemplaires de la vie politico-médiatique en période de décomposition. Exemplaires de ces moments indignes où le « microcosme » s'excite en jouant du téléphone, de la rumeur, de la comparaison historique et du superlatif, où il s'égare, saisi par l'ivresse des fantasmes qu'il s'offre. Entre l'enregistrement du *Droit de savoir* et sa diffusion, une semaine s'écoule : comment le cabinet du Premier ministre peut-il commettre une telle erreur ? La teneur de l'interview qui aurait dû rester confidentielle jusqu'au soir de l'émission est divulguée, utilisée pour « faire monter la mayonnaise ». D'ailleurs Carreyrou téléphone à Schwartz :

« Ça vous dérange si on fait une page spéciale du *Droit de savoir* dans le Vingt Heures de Poivre, lundi, avant l'heure de la programmation ?

– Non, c'est OK. »

Déjà dans Paris, on prête à Cresson ce qu'elle n'a jamais prêché : des charters à la mode Pasqua! On se saisit de son insuffisance rhétorique pour détourner ses propos : « Faire de moi un monstre anti-droit de l'hommiste! Je n'en suis jamais revenue! » Rien de tel pour enfoncer le clou entre les socialistes et elle, entre eux et ce gouvernement dont toute la philosophie les heurte. A Matignon, Gérard Moine a un avant-goût de ce qui va suivre, dès le jeudi matin 4 juillet, lors de la réunion interministérielle qu'il préside pour fixer les nouvelles modalités d'application de la loi Joxe. Sur ordre du Premier ministre, il intervient pour demander : « Afin d'expulser les clandestins, pourrions-nous avoir recours aux avions de l'armée? » La question jette un froid autour de la grande table. François Nicoullaud, le directeur de cabinet de Pierre Joxe, ministre de la Défense, déclare :

« L'armée n'est pas faite pour ça!

– Pourquoi? répond Moine. L'armée n'est-elle pas la République? N'a t-on pas périodiquement recours à elle pour des tâches civiles, dans les grèves de centres postaux ou d'éboueurs par exemple, quelle différence? »

La perspective de faire voler les Transall pour pareille mission semble inacceptable. Que craignent-ils les uns et les autres? Que les militaires tabassent les immigrés à l'abri des carlingues? En tout cas, il est clair que la suggestion ne passera pas. Question de symbole sans doute, fameuse hypocrisie aussi. Si les présents acceptent la loi Joxe et la reconduite des déboutés du droit d'asile par voie aérienne – peut-être préfèreraient-ils les soutes des bateaux –, pourquoi s'offusquent-ils? Par crainte de l'image finale, des expulsions collectives, aboutissement de la logique judiciaire? Quoi qu'il en soit, Edith Cresson n'a nullement l'intention de faire marche arrière. Elle en a pourtant la possibilité puisqu'elle a exigé un droit de regard sur l'émission montée et mixée.

Le samedi matin 6 juillet, une journée chaude et ensoleillée s'annonce; un ciel de rêve pour le déjeuner qu'elle doit offrir, dans les jardins de Matignon, aux dirigeants socialistes qui viendront après la réunion du comité directeur. Elle est en train de préparer le discours furieux qu'elle leur réserve lorsque la cassette du *Droit de savoir* lui parvient. Elle s'interrompt pour la visionner et demande simplement : « Supprimez-moi ce passage sur Rocard, il est trop dur. J'en ai assez de tout ça, je ne veux plus revenir sur son héritage. » Elle laisse seulement passer ce qu'elle estime être un banal coup de griffe. Ce n'est pas l'heure en effet d'attiser les haines : au troisième sous-sol de l'Assemblée nationale, Pierre Mauroy s'emploie au même moment à sauver les meubles d'un PS déchiré, en faisant voter un « contrat pour une unité active et vivante » qui prévoit un congrès extraordinaire pour décembre prochain. Les chefs de clan acceptent la trêve – ou le feignent – et les orateurs qui se succèdent dressent le constat du naufrage socialiste avec une lucidité rageuse et impuissante. Plus que la litanie désormais classique sur les différentes « conversions » imposées par le réalisme et les regrets sur la loi d'amnistie ou les « affaires », frappe l'aveu d'un vide intellectuel et d'une incapacité à recréer un projet pour l'exécutif. Moyennant quoi, renvoyés à leurs propres déficiences, ces notables en perdition préfèrent torpiller l'action gouvernementale plutôt que de la soutenir, sous prétexte qu'ils ne participent pas à son élaboration. Ils évoquent de façon incantatoire les valeurs de la gauche parce qu'ils ne savent pas théoriser sa nécessaire évolution : c'était déjà le cas sous Rocard, ce l'est encore plus sous Cresson, dont les méthodes et la personnalité perturbantes mettent de surcroît violemment à nu leur agonie. Le deuxième septennat leur a ôté toute possibilité d'identification : la culture du pouvoir est apprentissage de l'autonomie. A la tribune, Mauroy en donne lui-même un exemple à propos de l'immigration. Prévenu des intentions d'Edith Cresson par Hubert Védrine quarante-huit heures plus tôt, choqué, inquiet du désarroi qu'il prévoit, il a décidé de s'entremettre et s'adresse par-dessus la tête de ses camarades à Edith Cresson. « Il est vrai qu'il y a un climat d'inquiétude et que les immigrés, étrangers ou français, servent de boucs émissaires commodes... Mais de grâce, évitons tout acte qui évoquerait, à tort ou à raison, des agissements coupables que nous avons, et que j'ai moi-même, condamnés à la tribune de l'Assemblée nationale. » De quoi parle-t-il exactement concernant le Premier ministre ? Dans quelle confusion tombe-t-il ?

Le spectre du « charter » hante le déjeuner de Matignon que Rocard a ignoré. Cresson, prenant le micro devant ses camarades sur la pelouse vigoureusement taillée, balaie la mise en garde de Mauroy et les états d'âme à venir. « Ou la loi doit être appliquée, ou elle doit être modifiée... Nous devons avoir une vision plus précise et une action plus déterminée. » Pour le reste, audacieuse, elle sermonne ses invités : les divisions qu'ils étalent « empêchent le gouvernement de donner sa pleine capacité ». Elle ne sera pas l'Iphigénie du socialisme, pas la coupable de tous les échecs dont ils tiennent la liste à jour avec autant de scrupules que l'opposition. « La victoire ne dépend pas que de moi et du gouvernement mais de l'ensemble du Parti, de sa capacité à rassembler et à attirer vers lui. Sinon nous échouerons. » La solidarité ou la mort : dans l'assemblée, autour des pâtisseries, on se cabre. Henri Emmanuelli et Jean Le Garrec lancent à son adresse des injures, et devant des journalistes. Après avoir vidé son sac, le Premier ministre s'éclipse : elle va regarder la cassette modifiée de son interview. « Il n'y avait rien à changer dans mes propos sur l'immigration, je disais les choses telle qu'elles sont. » Puis elle accorde un entretien au *Journal du Dimanche* dans lequel elle explique qu'avant la remise en ordre unitaire au comité directeur du matin, sa « tâche était impossible [...] J'ai été très fière d'appartenir au PS et j'espère le redevenir... » Bien sûr, la publication de ces paroles ne plonge pas les socialistes dans les meilleures dispositions pour le *Droit de savoir* du lendemain.

La « mayonnaise » a en effet été très bien montée. Comment penser qu'elle est dénuée d'arrière-pensées politiques, étrangère à toute manipulation, à toute volonté d'abattre un chef de gouvernement qui déplaît, une femme qui excite la misogynie ? Les élites qui lisent *Le Monde* pour rester éveillées sont vigoureusement secouées ce lundi après-midi 8 juillet. La page 7 leur apprend que « Mme Cresson évoque les " charters " pour les clandestins » et cite des passages de l'émission qui sera diffusée le soir même. Les coproducteurs en ont donné la primeur à leurs confrères du quotidien pour qu'ils s'en fassent l'écho et préparent le terrain. Auprès du public cette fois-ci, la pensée du Premier ministre est sciemment dévoyée. Cresson : « Ceux qui voulaient me démolir ont fabriqué un scandale avant même que quiconque ait vu l'interview. » Les élites s'en tiendront d'autant plus facilement à cette « lecture » que Cresson dans cet entretien les prend bille en tête, ulcérée à juste titre par une question sur ce que « l'on dit d'elle dans Paris » : « Les bavardages de la classe politique n'ont aucune importance. Ça continuera un certain temps et puis ça se calmera parce qu'il y aura une autre mode et la classe intellectualomédiatique a l'habitude de suivre les modes. En ce moment, la mode c'est ça ; dans trois mois ce sera autre chose... qui les amusera et qui n'intéressera peut-être pas plus le pays. » Naïve !... Les « charters » explosent et le lendemain tout le monde emboîte le pas. Le piège se referme sur Edith Cresson. Les journaux de droite triomphent sur le thème du reniement. Philippe Tesson dans *Le Quotidien de Paris* : « Sur le fond, on ne donnera pas tort à Edith Cresson [... Mais] tout y est, qui révèle une nouvelle fois l'imposture à laquelle s'abandonne depuis dix ans la clique au pouvoir dont elle, recours ultime, prend aujourd'hui en charge les intérêts pour mener sans scrupules le dernier combat du quitte ou double [...] Elle est sans loi et n'a de foi que dans le triomphe de son clan. » Dans les journaux de gauche, on l'assassine pour populisme, racisme, brouillage idéologique, dérive, pêche aux voix du Front national – quelques mois plus tard, lorsqu'elle fera un procès à Le Pen, les mêmes l'accuseront de le diaboliser –, braderie de la tradition socialiste et de l'âme républicaine. Bruno Mégret ayant utilisé tactiquement les paroles du Premier ministre, *Le Monde*, à la une, titre : « Madame Cresson approuvée par le Front national » – fasciste, alors ? En regard, un article : « Un groupe japonais dans le capital de Bull », où le journal démontre que le Premier ministre est bien incapable, malgré ses cris de guerre, d'endiguer la marée japonaise – tigresse de papier, donc ? Chez les socialistes, c'est la cacophonie. Les « réalistes » du gouvernement sont exaspérés par la « sortie » de Cresson qui met en lumière une évolution stratégique qu'ils auraient préférée plus discrète. Mais ils emboîtent le pas. Jean-Louis Bianco, ministre de l'Intégration, n'avait-il pas écrit à Edith Cresson : « On aura de toute manière quelques grèves de la faim auxquelles, évidemment, il ne faut pas céder » ?

Les autres hurlent, les dissensions sont étalées au grand jour. Claude Bartolone, qui avait besoin d'un prétexte officiel : « Pour moi, la cassure s'est faite là-dessus. Je l'ai pris comme un uppercut. Fabius n'en pensait pas moins mais quand j'évoquais une protestation publique, il me répondait : " On ne peut pas faire ça à Mitterrand ". » Même Denise Cacheux qui la soutient envers et contre tous « les mecs » : « J'ai été profondément choquée. On ne peut pas dire ce qu'elle a dit, malgré sa maladresse évidente, sans le penser un peu. » Max Gallo, membre du comité directeur du PS, écrit : « A-t-on oublié que pas une seule fois dans l'Histoire la gauche et les républicains n'ont gagné quand ils ont choisi le terrain qui n'était pas le leur ? On se renie pour gagner parce qu'on reçoit des tomates et que la foule crie " Algérie française " et on est cependant battu, renvoyé. On a tout perdu, le pouvoir et la dignité. » La référence au grand écart de Guy Mollet – que l'on a déjà lue dans *Libération* – est de celles qui font le plus mal à Edith Cresson. Elle a trop méprisé la SFIO dans sa jeunesse pour ne pas se sentir atteinte. Elle n'ose s'en prendre à l'éternel complexe de la gauche à l'égard de la colonisation, à cette mauvaise conscience qui la conduit à faire l'autruche sur l'immigration. Les organisations anti-racistes avec Harlem Désir pour SOS-racisme et Arezki Dahmani pour France-plus voient « la démocratie en danger ». Cresson : « J'ai eu droit aussi à une visite des représentants de la Ligue des droits de l'homme qui sont venus protester. Je leur ai dit : " Vous protestez contre quoi ? J'applique la loi, et je l'applique avec humanité. " »

Personne en revanche pour dénoncer l'infamant procès qu'instruisent à l'égard d'Edith Cresson dans leur interview Carreyrou et Giesbert. Aucune volonté d'informer sur les projets du Premier ministre, de lui permettre de s'exprimer là-dessus.

La rumeur, le « on » indéfini des meilleurs procureurs sert de fil conducteur. Ils la mitraillent : « On vous reproche quand même souvent un côté brouillon... Vous savez comment les Français ont interprété ça, Edith Cresson n'a pas d'autorité, il y a un Premier ministre-*bis*, Pierre Bérégovoy... Au sein du PS, on parle de vous comme un Premier ministre de transition, on entend même évoquer ici ou là votre succession, après quelques semaines à Matignon... Vous savez ce que l'on dit dans Paris... Donc vous ne vous sentez pas découragée devant la situation actuelle... Vous n'êtes pas là pour chauffer la place à Jacques Delors, c'est un peu ça qu'on dit au parti socialiste ?... On dit que vous êtes là pour montrer qu'il n'y a pas de solution de gauche viable et pour préparer le terrain... Vous seriez là pour prendre les mesures difficiles et pour laisser la place à quelqu'un qui, après, hériterait des résultats, c'est ça qu'on dit... Vous considérez que c'est un signe de machisme de la société française ?... Si vous échouez, est-ce que ça n'aura pas été finalement une très mauvaise affaire pour les femmes, Edith Cresson, une sorte de régression pour les femmes ?... Est-ce que ce n'est pas le procès un peu du président de la République, de François Mitterrand, que vous alimentez en disant cela ?... Est-ce que vous êtes en mesure de vous faire obéir par les ministres, y compris les ministres les plus importants, les plus déterminés, les plus chevronnés ?... Est-ce que vous pensez comme Jean-Pierre Chevènement que l'après-Mitterrand a commencé ?... » Les réponses défensives de la femme outragée n'intéressent pas. Seul Michel Rocard, égratigné, prête attention aux propos lassants que son successeur tient sur lui : c'en est trop, il faut bâillonner Calamity Jane Cresson ! Le 12 juillet il lui envoie une lettre vigoureuse :

« Chère Edith,

Quoique trouvant le procédé discutable, j'ai en politique assez d'expérience et de longanimité pour avoir seulement souri de la mise en cause dans tel ou tel lieu de l'exécutif de mon " héritage ", dont chacun sait au demeurant que je l'aurais volontiers assuré moi-même. Mais nous approchons des deux mois et je trouve que ce thème a fait long feu. Je ne voudrais le voir ni durer ni ressurgir. Il m'est même arrivé de souhaiter que tu te souviennes mieux de notre conversation de passation de pouvoirs. En tout cas mon souhait d'aujourd'hui est de pouvoir ne dire cela qu'à toi. Je ne doute pas que ce soit suffisant.

Bien cordialement et bon courage. »

Edith Cresson montrera cette lettre à Mitterrand qui lui reprochera : « Vous dites trop de mal des socialistes, ce n'est pas bon pour la suite. »

Le Président n'en pense pourtant pas moins. Alors que la capitale est en ébullition, il effectue, lui, un déplacement en province et ne visionne l'émission qu'à son retour. Cresson : « Quand nous en avons parlé ensemble, il m'a fait part de son étonnement : " Je n'arrive pas à comprendre comment à partir de ce que vous avez dit, ils ont pu en tirer les conclusions qu'ils en ont tirées. " » Néanmoins le scandale, sur le côté gauche, doit être désamorcé : les avions militaires disparaissent donc de l'horizon. Tandis que la presse s'interroge sur l'embarras profond dans lequel Mitterrand serait plongé, suppute sur le refus qu'il pourrait opposer à son Premier ministre de la laisser mener une politique trop dure sur l'immigration, condamne Cresson parce qu'elle a joué l'éclat médiatique et symbolique au lieu d'avoir un projet sérieux et architecturé, s'indigne qu'elle ne s'attaque pas aux passeurs et aux négriers, le calendrier d'annonces prévu est, sur ordre du chef de l'Etat, totalement respecté. Même si Hubert Védrine, décidément très actif, laisse volontairement croire le contraire depuis l'Elysée. Mitterrand est certes embarrassé par cet éclat et la précipitation de Cresson : elle aurait pu s'en dispenser. Mais il ne peut sur cette affaire se désolidariser de son Premier ministre. Entraînés ensemble dans la même spirale d'impopularité, il leur faut ensemble remonter la pente. Toute faille dans leur cohésion serait immédiatement exploitée, tout désaveu de sa part serait aveu de sa propre erreur en l'ayant nommée. Il remplit donc son contrat : après tout, c'est lui aussi qui l'a incitée dès son arrivée à la rapidité d'exécution, lui qui a suggéré le recours à l'armée. Quant aux réticences ou aux fureurs des hiérarques socialistes, il en est agacé : il n'a pas voulu un gouvernement à sa main pour s'incliner devant leurs émois. La colère de Pierre Mauroy, qui s'est « sérieusement engueulé » avec Edith Cresson le lendemain de l'émission, n'est pas faite pour arranger les choses. Le Premier secrétaire n'a pas caché qu'il n'a rien à faire du sondage effectué à la demande de Matignon selon lequel 66 % de téléspectateurs se déclarent d'accord avec le Premier ministre. Il se montre d'une belle mauvaise foi en faisant diffuser par le PS un texte rappelant que « seuls les tribunaux judiciaires ont compétence pour prononcer des reconduites à la frontière » : comme si Cresson avait prétendu revenir là-dessus !

L'arbitrage que rend Mitterrand en décidant de respecter le programme sur l'immigration marque sa distance avec les socialistes. Si l'on y regarde bien, son intervention au Conseil des ministres du mercredi 11 juillet est un recadrage de la communication sulfureuse d'Edith Cresson, une façon d'enrober de chocolat la pilule amère d'un incontestable et nécessaire durcissement – fausses sont les accusations de changement de cap... – mais sur le fond, il ne conteste pas un mot du plan que présente le Premier ministre, plan arrêté la veille en conseil interministériel et qui a son aval. Pour mettre fin aux cris et tiraillements, pour asseoir l'autorité malmenée du chef de gouvernement, un show sera offert le jeudi aux journalistes : entourée des quatre ministres concernés, Edith Cresson présente son dispositif afin de juguler les « flux migratoires ». Le tout est parfaitement cohérent, allie fermeté et modération et devrait, s'il était rigoureusement appliqué, être porté au crédit de la gauche, de ce gouvernement et de son Premier ministre. Il s'articule autour de trois axes principaux et prévoit tout ce que les commentateurs reprochaient à Cresson de ne pas envisager.

1. Le contrôle des arrivées à partir des pays d'origine : la délivrance des visas sera plus stricte ; un fichier permettra de prévenir la récidive de ceux qui auraient déjà commis des infractions ; un décret autorisera les maires à faire procéder sous contrôle du préfet à une visite, par un agent de l'Office des migrations internationales, du logement de tout étranger demandant un droit de visite familial, ceci pour rationaliser les certificats d'hébergement.

2. Le contrôle à l'entrée et à l'intérieur du territoire : la procédure de demande d'asile à la frontière sera améliorée dans les grands aéroports par la création d'antennes de l'OFPRA. L'accès automatique au marché du travail pour les demandeurs d'asile sera supprimé mais ils bénéficieront d'une allocation de subsistance temporaire. Un projet de loi sera présenté à l'automne pour renforcer les sanctions contre les employeurs français ou étrangers de clandestins. Lesquels, s'ils sont inscrits à la Sécurité sociale, seront radiés définitivement.

3. Le retour au pays d'origine : le rapatriement volontaire, expérimenté dans dix départements, sera généralisé à l'ensemble du territoire et systématiquement proposé. Des attachés humanitaires auprès des ambassades de France veilleront dans les pays d'origine à ce que le retour s'effectue dans de bonnes conditions. Deux mesures, en revanche, rendent plus équilibrées ces dispositions, c'est d'abord : la suppression de la « double peine », sauf dans le cas du trafic de drogue – jusqu'ici, l'interdiction de territoire prononcée contre un délinquant par un tribunal ne pouvait être rapportée. Sur ce point Edith Cresson s'entretient longuement avec Henri Nallet. Ensuite c'est le maintien en France des déboutés du droit d'asile entrés avant le 1er janvier 1989. La droite martèle sur ces deux points, c'est de bonne guerre. A l'exception de quelques irréductibles, le dispositif n'attire pas les foudres des socialistes. Est-ce la « révolution culturelle sur cette question essentielle » que Jean Poperen, ministre chargé des relations avec le Parlement, appelait de ses vœux? Ou la duplicité d'élus qui troquent leur casquette de maire responsable contre leur béret de militant inconséquent au gré de leurs allers-retours en TGV? Le battage en tout cas a été tel qu'un événement passe inaperçu : selon un sondage Louis Harris - *L'Express*, la cote du Premier ministre se retourne : 41 % des Français se prononcent en sa faveur, l'indice d'adhésion à sa politique s'améliore de dix points.

Comme plus tard sur d'autres sujets, Edith Cresson demande à Gérard Moine de tenir chaque semaine un « comité de suivi » pour vérifier l'application des mesures prises. Avec Jean-Louis Bianco, elle poursuit cette tâche pendant les mois qui suivent. Elle a plus de difficulté avec Philippe Marchand à qui sa sensibilité et sa culture rendent cette politique assez pénible. On le voit par exemple rester jusqu'à une heure avancée de la nuit, place Beauvau, pour trancher des cas particuliers. Pourtant, Cresson ne revient jamais sur le droit du sol – le Premier ministre s'en prend à l'ancien président de la République qui prêche le droit du sang : « M. Giscard d'Estaing, c'est M. Le Pen dans un bas de soie. » « Excellent ! Qui vous a soufflé cette formule ? » lui demande Mitterrand. Elle n'instaure pas d'Etat policier où le contrôle d'identité à la tête du client devient la règle ; elle ne contrevient pas aux droits de l'homme. Mais Cresson n'en démordra pas : « Une intégration généreuse passe par une politique de l'immigration maîtrisée... On ne peut pas être ouvert à toute la pauvreté qui existe dans le monde. » L'échéance électorale de mars 1992 approchant, elle proposera en vain à l'opposition des discussions communes sur le sujet. Seul le RPR Philippe Séguin se rend à son invitation et lui expose ses préoccupations sur les méthodes de l'intégrisme musulman. Et elle continuera à marcher dans le sens des « intérêts supérieurs de l'Etat ». En se prononçant ouvertement, comme la Commission de la nationalité présidée par Marceau Long pendant la première cohabitation, pour qu'« il y ait une inscription à la mairie [des étrangers nés en France] afin d'indiquer qu'on désire être Français à dix-huit ans ». Au pas de charge, on vous le dit, le chemin qu'Edith Cresson fait parcourir à la gauche... A l'automne et jusqu'à la fin janvier 1992, le débat sur l'immigration occupera une large place au Parlement et la droite se prononcera contre le projet de loi proposé alors qu'il correspond à une partie de ses souhaits. La majorité votera l'ensemble du dispositif présenté à l'été et retravaillé, malgré un article litigieux qui y a été introduit. Car voilà qu'après les prétendus « charters », ce sont les zones de transit pour les étrangers non admis sur le territoire ou en attente du droit d'asile qui soulèvent l'indignation, puisqu'il en faut toujours une. Là encore, le symbole et la mémoire entrent en conflit avec le réalisme. Or ces zones existent depuis longtemps dans les aéroports – l'hôtel Arcade de Roissy par exemple –, mais ce sont des lieux sous vide juridique. La démarche gouvernementale consiste précisément à leur donner le cadre qui leur manque. Encore faut-il l'expliquer. Cette fois-ci c'est l'avocat sourcilleux, ministre de l'Intérieur, Philippe Marchand qui s'en chargera, le Premier ministre ayant entre-temps modifié sa politique de communication. « Je ne proposerai ça que si les socialistes ne s'y opposent pas ! Va devant le groupe et explique leur », suggère-t-elle à Marchand. « Ils ne sont pas emballés, mais c'est d'accord à condition que les associations humanitaires puissent pénétrer dans ces zones », lui répond-il en revenant de sa prestation. Seuls, en effet, huit députés du PS ne prendront pas part au vote lors de l'adoption du texte à l'Assemblée nationale le 21 janvier. L'affaire pourtant n'en reste pas là. A l'Elysée, Danielle Mitterrand a fait savoir à François qu'elle est terriblement choquée par ces zones. Le Président se charge de la commission auprès du Premier ministre. Comme par hasard, le sénateur socialiste Michel Dreyfus-Schmidt – la minorité PS du Sénat s'est prononcée contre le texte – vient entretenir Edith Cresson de l'intérêt qu'il y aurait pour apaiser les consciences à saisir le Conseil constitutionnel. Ce qu'elle fera, « pour être tout à fait tranquille ». Car cette saisine n'est ni habituelle ni nécessaire à ce stade de la procédure. Les « sages » censureront certaines modalités, pas le fond. La presse parlera d'une nouvelle gifle pour le Premier ministre, les associations anti-racistes descendront dans la rue mais une poignée de socialistes seulement les rejoindra et se feront siffler. Un an et demi plus tard, le parti socialiste présidé par Michel Rocard ne s'associera pas à la manifestation de ces mêmes organisations contre le texte de Charles Pasqua, devenu ministre de l'Intérieur, qui, lui, modifie la loi Joxe.

Chapitre 9

SILENCE À MATIGNON

« Madame Cresson dérange, mais moi je suis pour. » Peu après que François Mitterrand eut rendu un hommage appuyé à son Premier ministre dans la traditionnelle interview du 14 juillet, un silence presque aussi sonore que le tapage antérieur tombe sur Matignon. Pendant un mois et demi, on n'entend plus le chef du gouvernement. Au fracas succède le tracas. Comment se sortir du traquenard dans lequel le Président s'est mis, a mis Edith Cresson, les a mis tous les deux ? En surestimant son propre pouvoir et la capacité purement politique de son joker – ces deux faiblesses se nourrissent l'une de l'autre –, il s'est trompé sur tout : l'effet femme n'a pas duré, le style n'est pas passé, les éléphants – ministres ou pas – ne reconnaissent pas l'autorité de celle qui les conduit, les socialistes ne s'inclinent plus devant la volonté de Dieu, les médias ne font grâce de rien, la contradiction entre une politique monétaire et économique entièrement déterminée par la construction européenne et la nécessité sociale a éclaté trop soudainement pour ne pas créer un traumatisme. Cela à neuf mois à peine des prochaines élections ! Le couple de l'exécutif, isolé, malmené, est pris dans le tourbillon du chômage et des sondages. Mitterrand est inquiet, Edith Cresson angoissée. Comment

« l'Auguste bruyant et prodigue égaré au milieu des clowns blancs de la politique » que décrit Jean-Louis Bourlanges ne se poserait-il pas sur lui-même quelques questions? Le portrait que lui renvoient mille miroirs est si cruel. Chaque soir, dans son appartement refuge où elle refuse d'en discuter avec son mari, les mêmes doutes l'assaillent tandis qu'elle tire sur les cigarettes qu'elle s'est remise à fumer. « Et si j'étais en train de faillir à la mission que le Président m'a confiée?... Que faire pour tenir ce que j'avais annoncé, et sans les moyens pour ça, je m'en rends compte maintenant?... Peut-être ai-je surestimé mes forces?... Si au moins j'arrivais à me faire comprendre. Je vois bien que Mitterrand lui aussi change, subtilement, à des petites réflexions qu'il me fait. On le monte contre moi, et que puis-je contre ça? » Seul le Président pourrait apporter une réponse à ses interrogations secrètes qu'il devine. Mais elle n'en parle pas et il ne dit rien. Il n'a pour l'heure qu'un impératif, profitant de la léthargie estivale : récupérer un second souffle après l'échec du nouvel élan. Il faut, sur tous les fronts – gouvernement, cabinet –, remettre les troupes en ordre de bataille, et dans le calme retrouvé, préparer les projets qui feront de la rentrée de septembre une deuxième entrée en scène pour Cresson. Réussie celle-là. Il en est convaincu : le brouillage du message gouvernemental tient à la faute de la communication. Beaucoup de travail en perspective, auquel il n'est pas envisageable un instant qu'Edith Cresson se dérobe. C'est au moment où d'aucuns la croient à terre, évoquent de façon de plus en plus insistante son départ et son remplacement par Delors, où elle est elle-même rongée, qu'elle puise la force de repartir. Ce qui la fait tenir? La rude expérience du militantisme, l'orgueil, le patriotisme, la certitude que ses réformes et sa méthode conviennent à un pays moderne. Elle est d'une autre trempe qu'une Michèle Barzach, elle n'étale pas, elle, ses larmes lorsqu'elle se fait assassiner par les siens ; la résistance, le combat jusqu'au bout sont dans sa nature : « Je préférais mourir d'un coup en ayant tenté quelque chose plutôt que vivre en ayant baissé les bras. »

Elle va donc réorganiser Matignon. Signe du changement : elle délaisse son « grand bureau doré » pour le petit fumoir qu'elle a transformé en coquille blanche, moderne. Parce qu'elle n'avait pas d'équipe, parce qu'elle croyait que sa volonté suffisait pour que les barons et leurs administrations habitués à l'autonomie suivent ses directives, parce qu'elle n'avait pris la mesure ni de cette machine vers laquelle remontent tous les dossiers de France, ni de ses codes et de ses rites, la rue de Varenne s'était installée, elle en convient, dans « un bordel noir ». Où chaque énarque de cabinet faisait ce que bon lui semblait. Dans la loyauté parfois, la trahison plus souvent, selon qu'il obéissait à son administration d'origine ou à son chef de courant : question de carrière évidemment. Sous prétexte de remaniement, et quoiqu'elle soit affaiblie, Cresson n'a nullement l'intention de laisser ces technocrates reprendre droit de cité. Elle ne cède pas : son cabinet rapproché sera un commando au service exclusif du Premier ministre, lui seul aura accès à son bureau, en parfaite osmose avec elle : les autres collaborateurs, à l'écart ! Douze chefs de file, vite baptisés dans Paris « les douze salopards », animeront ses services, auront chacun autorité sur un secteur sensible – apprentissage, industrie, aménagement du territoire, agriculture, éducation... –, donneront des orientations et leurs ordres aux ministres récalcitrants et à leurs fonctionnaires. C'est à Matignon que les projets et les textes seront étudiés, là que sera élaboré, envers et contre tous s'il le faut, le programme qu'Edith Cresson présentera en septembre. Le « programme Matignon » précisément, titre qui en dit long sur ses intentions, ses ambitions et sa manière. L'Hôtel doit devenir usine à gouverner et il le deviendra. Peu lui importe l'étiquette politique de ses nouvelles recrues : « Je voulais de la compétence, de la solidité, du républicanisme. Il me fallait des conseillers capables d'encaisser tous les chocs à venir, d'agir vite. De tenir la route. Sans eux, j'aurais été pulvérisée beaucoup plus rapidement. Parce qu'on est loin du compte dans ce pays pour qu'une femme soit acceptée par la classe dominante. Certains conseillers n'étaient pas socialistes ? Tant pis ! Le sectarisme aujourd'hui est un empêchement à l'action... De toute façon, je n'avais pas le choix d'un autre mode de commandement. Les Finances me faisaient la guerre. Certains ministres étaient depuis si longtemps à leur poste qu'ils étaient devenus les otages de leurs administrations, on ne savait plus qui commandait d'eux ou d'elles. Il fallait que les décisions soient suivies d'effet et pour cela je ne pouvais pas compter sur grand-monde. C'est difficile de bousculer des comportements d'inertie, des administrations qui s'arrogent le droit d'enterrer une politique alors qu'ils sont là pour exécuter. Je m'en prenais à ce qui constitue leur vie : le jacobinisme, le centralisme, l'excès de pouvoir en même temps que la dilution de la responsabilité. C'était beaucoup. J'avais peu de temps aussi. »

Quand Edith Cresson a une idée, elle l'abandonne rarement. Elle se situe à la lisière de l'opiniâtreté et de l'entêtement. Si elle accepte volontiers que Jean-Louis Chambon prenne en mains sa communication – en liaison directe avec l'Elysée où Jean Musitelli remplace Védrine comme porte-parole, afin de coordonner le discours de l'exécutif –, pour le reste, elle impose ses choix. Ainsi, elle appelle à ses côtés deux collaborateurs qui vont changer la face de son cabinet. Le premier, François Lamoureux, quarante-cinq ans, nommé directeur-adjoint, arrive de Bruxelles. Elle le voulait depuis toujours mais Jacques Delors avait refusé de se séparer de ce bras droit qui suit les discussions sur l'Union économique et monétaire et l'Union politique. François Mitterrand a dû intervenir pour que le président de la Commission se résigne enfin. Avec ce docteur en droit originaire de la Charente, socialiste européen, c'est une poigne d'acier qui s'abat sur le cabinet, un tempérament noble et violent qui pénètre dans les lieux. Surnommé « Pol Pot » tant il fait régner la terreur, Lamoureux, qui a de remarquables qualités intellectuelles, affiche aussi quelques désaccords avec la dictature du franc fort et la désinflation compétitive. L'Europe sociale le préoccupe autant que celle des financiers et la vision d'une France industriellement modernisée, revitalisée par la décentralisation, la levée des blocages qui l'étouffent, par une utilisation différente de l'argent public, le séduit plus que la recherche aveugle des grands équilibres. Il adhère « totalement au projet réformiste cressonnien ». Il le mettra en musique avec brutalité et rigueur, regrettant de ne pas avoir pu le faire dès le départ. Ses larges attributions sont bien définies par rapport à celles d'Abel Farnoux. Il se fera honnir de certains ministres, surtout de Martine Aubry, des hauts fonctionnaires, en particulier ceux de Bercy car il donnera une riposte implacable à Bérégovoy.

Le second, Yvan Barbot, cinquante-quatre ans, sera celui de toutes les suspicions car il n'est pas précisément de la famille d'Edith Cresson. Il s'occupera pourtant du poste le plus délicat, les affaires de police et de sécurité. Le maire de Châtellerault l'a connu préfet de région en Poitou-

Charente et n'a eu qu'à se louer de ses capacités d'organisateur et de négociateur. « Je voulais aussi à mes côtés quelqu'un de compétent dans le domaine de la criminalité interne et internationale. Je savais que les trafics divers, notamment la drogue, et la menace terroriste peuvent toujours donner lieu à des événements graves face auxquels un Premier ministre doit être autant que possible armé. » Barbot était ainsi présent dès le mois de mai dans ses fonctions. Mais les socialistes avaient hurlé au loup gaulliste dans la bergerie rose! Claude Bartolone l'avait « eu » en Seine-saint-Denis sous Poniatowski, François Roussely s'était vu remplacé par lui comme directeur de la Police nationale pendant la première cohabitation, Michel Charasse et Hubert Védrine à l'Elysée ne le portaient pas dans leur cœur; Philippe Marchand avait tout de suite flairé qu'il aurait une sérieuse doublure et, à Matignon, l'inamovible Louis Joinet, conseiller pour la Justice et les Droits de l'homme, s'indignait. Barbot, de surcroît, est président d'Interpol, organisation internationale de police judiciaire : comment un Premier ministre de gauche pouvait-il même songer à prendre dans son équipe un flic si marqué! Tout le monde s'était donc ligué contre lui – malgré le feu vert initial de Mitterrand –, et Cresson avait dû y renoncer pour un préfet bon teint, Gérard Cureau, qui de l'avis unanime n'avait pas donné satisfaction.

Revoilà donc Barbot. C'est Farnoux qui règle les modalités de son retour et veille à ce que ses conditions soient satisfaites. Il obtient le titre de chargé de mission auprès du Premier ministre – « un directeur de cabinet ne pouvait pas me donner d'orientations », explique-t-il –, un superbe appartement de fonction qu'Edith Cresson demande à Philippe Marchand de régler sur les fonds de l'Intérieur. Il reste à la présidence d'Interpol et vient avec un adjoint,

Jean-Louis Ottavi, ex-numéro deux de l'UCLAT, l'Unité de coordination de la lutte antiterroriste : ses relations notamment avec la Police de l'air et des frontières seront utiles. Avec Abel Farnoux, qui s'est lui-même adjoint pour ses négociations industrielles Bernard Gonzalez, une recrue de la DGSE, Barbot définit les territoires respectifs, en bonne intelligence : « Nous avons le même respect pour la préfectorale et le renseignement. » Si l'on ajoute qu'il connaît bien Gilles Ménage à l'Elysée avec lequel il a collaboré, on comprend que sa présence fasse grincer des dents, entre autres, le patron de la DST, Jacques Fournet. De fait, c'est la première fois que l'on voit à Matignon une cellule policière de ce niveau, aussi imposante, et surtout d'une tonalité opposée à celle du gouvernement en place. Barbot : « J'étais comme le canard noir dans un troupeau de cygnes. En fait, je suis venu parce que cette tentative de gouverner autrement, loin de tout dogmatisme, m'intéressait. Je savais que sur les problèmes de l'emploi, de la sécurité et de l'immigration, je pouvais jouer un rôle car la politique d'Edith Cresson n'était pas forcément admise par ses amis et elle n'avait pas de relais. Elle a une façon réaliste d'appréhender le pouvoir qui correspond à la mienne. Je savais aussi que j'aurais une grande marge d'initiative puisque le Premier ministre n'a pas de culture de la police et du renseignement. Elle me faisait totalement confiance. Je n'allais pas la trahir. » Cresson passe outre les critiques qu'elle entend à nouveau : « Barbot a le sens de l'Etat avant tout et j'ai pu le vérifier à chaque occasion. Il m'a beaucoup aidée, par exemple pour le suivi de l'action gouvernementale contre les clandestins et leurs employeurs. Mais aussi dans des périodes tendues comme l'affaire Habache. » L'impérialisme d'Yvan Barbot donnera très vite l'impression que

Matignon abrite un ministre-*bis*, un manipulateur dans l'ombre de réseaux parallèles : « Je reconnais qu'il y a eu de ma part une forme de gestion directe, personnelle. C'était à la fois le fruit d'un tempérament et des circonstances particulières. » Mais tous ceux qui ont travaillé avec lui, y compris les conseillers les plus militants du cabinet, conviendront après une période d'observation hostile qu'il a été « absolument loyal ».

Parallèlement à la restructuration musclée du cabinet, Edith Cresson et Abel Farnoux réactivent les Gem qu'ils avaient déjà utilisés aux Affaires européennes et qu'Elisabeth Guigou avait ensuite pris en charge. Ils ont installé ces groupes d'études et de mobilisation, en arrivant, juste en face de Matignon au 58 de la rue de Varenne. Ils n'étaient alors que nationaux, ils sont maintenant renforcés, « pour coller aux réalités locales », par des Gem régionaux. Sous la houlette de Bernard Esambert, président de la Compagnie financière Edmond de Rothschild, ex-conseiller économique de Pompidou, trente-cinq comités doivent tisser un maillage efficace sur l'ensemble du territoire, à la disposition du Premier ministre. Ils ont été conçus comme des *think tanks* à l'américaine pour proposer au chef de gouvernement, en tous domaines, des expertises de professionnels – surtout des ingénieurs et des chefs d'entreprise –, et suggérer des projets de modernisation. L'objectif, très pompidolien mais en l'absence cette fois du général en chef de l'Elysée, est de recréer un PC de la guerre économique. C'est la première fois qu'existe un tel corps de bataille. Mais les Gem n'ont aucun pouvoir décisionnel, aucun rôle politique direct. Chaque comité est dirigé par un responsable de la nation. Un représentant du ministère concerné par les travaux y est obligatoirement associé : la puissance publique, ainsi, n'est pas tenue à l'écart. Sur treize présidents nationaux, onze sont barristes ou RPR, deux socialistes. Tous ont une compétence incontestable : René Carron, président de la chambre d'Agriculture de Savoie, pour l'Espace rural; Jean-Louis Touraine, professeur à l'hôpital Edouard-Herriot de Lyon, pour la Santé; Didier Pineau-Valencienne, président de Schneider, pour l'Identité de l'Europe industrielle; René Ricol, président de France-Défi-Management, pour les PME-PMI; Roselyne Pierre, première femme agent de change – qui se souvient encore de son entrée au palais Brogniart sous les sifflets et les injures –, pour l'Epargne privée; Jean-Paul Bachy, député des Ardennes, pour les Collectivités territoriales et marchés publics... Dans le passé, Martine Aubry a dirigé le Gem-Europe sociale, Gérard Moine, alors directeur de cabinet de Paul Quilès, a mené grâce au Gem-Télécommunications la réforme de son ministre. En ce mois d'août, Farnoux et Cresson viennent de convaincre Simone Veil de prendre en charge le Gem-Mieux vivre ensemble, autrement dit les Affaires sociales, la ville et la banlieue. Pour elle, un défrichage sérieux qui ne sera pas étranger au poste ministériel qu'elle exigera d'Edouard Balladur. Quant aux Gem régionaux, ils vont permettre d'étudier les mesures de la décentralisation ou de traiter des actions ciblées de mise à niveau. Ainsi, Hubert Raoul-Duval, président du port autonome du Havre, sera un relais indispensable pour Edith Cresson lorsqu'elle s'attaquera au monopole des dockers, pour faire sauter l'un de ces verrous qui ont entravé le développement des ports français face à la concurrence européenne. La réussite de ces Gem régionaux repose sur la bonne volonté des préfets qu'il faut sensibiliser à cette structure inédite et iconoclaste. Ce sera le rôle d'Yvan Barbot qui y trouve aussi l'occasion de cultiver ses propres relations pour ses activités policières. Il a tout de suite entrepris Edith Cresson : « Ces fonctionnaires souffrent d'un immense déficit affectif depuis que vous êtes là. Il y a dans votre langage à leur égard quelque chose à combler. S'ils conservent la forme de détachement qu'ils ont en ce moment, la machine se grippera et vous ne pourrez pas réussir. Vous devez les rencontrer vous-même. » Des déjeuners de préfets où le Premier ministre vient prendre le café sont organisés. L'innovation heurte car il s'agit incontestablement, vis-à-vis de la place Beauvau, d'un déplacement de pouvoir qui n'est pas seulement géographique. Tout à sa passion de mettre à la disposition d'« Edith » ses réseaux personnels, Farnoux ne veut pas s'arrêter en si bon chemin : il suggère de créer des Gem départementaux ! Esambert s'y oppose farouchement : la confusion des genres serait préjudiciable. Le succès remporté dans les régions, il est vrai, a de quoi faire tourner les têtes. Esambert : « J'étais troublé. Je voulais savoir pourquoi cinq cents personnes prenaient sur leur temps, se dépensaient sans compter pour un Premier ministre de gauche. Je suis allé les rencontrer. La réponse était quasi unanime : « C'est la première fois qu'on nous demande de nous mobiliser pour défendre l'économie française. Au lieu des oukazes habituels de Paris, nous avons la certitude que nos travaux vont remonter à Matignon, être épluchés, que nous allons être entendus. Même si nous ne sommes pas de son bord, le jeu que nous propose le Premier ministre en vaut la chandelle. » Seulement, ce jeu perturbe les règles de tous les establishments. François Périgot, le patron des patrons, fait discrètement savoir à Esambert que les Gem sont ressentis comme une machine contre le CNPF : un face à face entre les présidents de comités et les présidents des grandes sections du patronat a lieu. Du côté socialiste, les députés râlent ferme. Qu'est-ce que ce « cabinet noir » où pullulent des gens de droite? Là encore, la rumeur se donne libre cours. On évoque « la franc-maçonnerie » qui entoure le Premier ministre, on parle de « lobbies » qui ont investi Matignon, de « puissances occultes » qui dictent la politique. Les énarques des ministères ont eux les cheveux qui se dressent sur la tête : on sort de la tradition! Cresson : « Ils étaient tous déboussolés par la nouveauté. Il faut faire comme sous Clovis pour être bien vu! Moi, je n'avais pas de parti derrière moi, pas de programme venant de ce parti : je n'ai jamais fait qu'inventer un comité d'experts nouvelle manière, comme nous en avions au parti socialiste au temps où François Mitterrand était Premier secrétaire et où l'on réfléchissait. » Quoique les Gem représentent l'une des tentatives les plus intéressantes de gouvernement, eux non plus ne sont pas acceptés. Ils impliquent une méthode directe, voire brutale, fondée sur les relations personnelles, des circuits courts, une technicité que le système politico-administratif n'est pas prêt à supporter. Cresson ne se laisse pas impressionner par les cris : « ses » Gem inspireront largement son programme Matignon et le plan PME-PMI, malgré les entraves. Et, beaucoup plus tard, le gouvernement Balladur, notamment en matière d'Aménagement du territoire.

Cependant, sa principale difficulté est ailleurs. Les empoignades qui se sont déroulées lors des arbitrages budgétaires l'ont démontré : l'argent manque cruellement, la rigueur imposée par Bérégovoy suscite de plus en plus de mécontentement au sein même du gouvernement. Lors des déjeuners d'août à Matignon, certains ministres n'ont pas caché leur mauvaise humeur. Bianco, l'oreille toujours tendue vers l'Elysée, a parlé de « desserrer la contrainte en sachant quand et sur quel secteur », et Jospin, en chef de courant oppositionnel, a réclamé « qu'on ne se contente pas d'un budget surcontraint ». La bataille pour les sous a été d'autant plus rude que Bercy en a clairement profité pour malmener les choix d'Edith Cresson par l'intermédiaire des deux « budgétaires » du cabinet chargés de préparer les « lettres-plafond ». L'un, Olivier Malet, était déjà dans la place ; l'autre, Alain Prestat, directeur de cabinet adjoint de... Michel Rocard, avait été rappelé d'urgence de son sentier de grande randonnée par Cresson, trois jours à peine après son départ de Matignon. Elle avait eu aux Affaires européennes de bonnes relations avec lui sur le dossier automobile et souhaitait qu'il continue à préparer le budget. Rocard avait donné son accord, et Prestat de réintégrer son bureau, de retrouver sa secrétaire, médusée : « Mais... vous êtes encore là ? » Cresson commet une erreur. Indispensable dans toutes les réunions interministérielles, œil de son patron dans la place, Prestat a alimenté Paris en anecdotes sur les débuts difficiles de Matignon et du Premier ministre : « Elle se passionne pour un petit sujet pendant des heures, comme si c'était ça Matignon !... Elle ne sait pas arbitrer entre les ministres... Elle ne bosse pas... Elle ne travaille pas les dossiers, elle trouve ça trop épais, trop techno... L'administration ne la respecte pas... Il y a une bande de types dont on se demande ce qu'ils foutent là... Elle ne comprend rien, elle regarde passer les trains... Joxe, Lang, Dumas, Béré, Jospin, tous les barons sont en face d'elle et se demandent s'ils rêvent... » Mais surtout il a tenté avec Malet, et sans innocence, d'asphyxier Martine Aubry, figure de proue de l'équipe Cresson dont la mission est pourtant de juguler le chômage. Aubry : « Ces deux-là en particulier jouaient plus la défense de Bercy que la politique d'Edith. Comme elle n'y connaissait pas grand-chose au début, elle a laissé faire. Je lui ai dit : " C'est sur un budget que tu marques ta position. Tel qu'il ressort, aucun commentateur, aucun Français, ne pourra penser que tes priorités sont la justice, l'égalité et l'éducation. Ils se foutent de ta gueule ! " Non seulement ils avaient diminué mon budget 1992 de 2,5 milliards par rapport à 1991 mais ils m'avaient aussi supprimé les crédits pour la formation en alternance et l'apprentissage ! Ils étaient même allés jusqu'à rayer des cadres le crédit formation individualisé pour les salariés adultes que Mitterrand, lors d'un Conseil des ministres, avait formellement annoncé ! Et ils avaient éliminé les stages offerts aux femmes isolées sans emploi ainsi que la moitié des crédits affectés au recyclage des cadres salariés, alors que le chômage s'accroît le plus rapidement dans cette catégorie. Toutes les priorités étaient sacrifiées ! » Lors de l'arbitrage, Cresson tranche en faveur de son ministre du Travail. Son budget a été réévalué, contribuant ainsi à creuser légèrement le déficit pour 1992. Mais le problème demeure : l'argent, l'argent, l'argent !

Ce n'est pas le dîner qu'Edith Cresson fait un soir d'août à Matignon qui va lui apporter la réponse. Il y a là Esambert, Farnoux et l'un des hommes les plus puissants de France, celui qui décide vraiment de la politique économique, officie au G7 : Jean-Claude Trichet, le directeur du Trésor. Cresson : « J'ai pour lui la plus grande admiration. Il fait plus que servir l'État, il l'incarne. Je savais qu'il me donnerait un avis impartial. » Dans un des petits salons du premier étage de Matignon, Farnoux a installé un *paper board*. Trichet, qui a prévenu Bérégovoy de ce rendez-vous, se livre devant le Premier ministre à un numéro très technique sur les mérites de la vertu budgétaire et le danger mortel d'une bouffée d'infla-tion. Le standing de la France dans le monde est en jeu, que diable ! Il est courtois, déférent et passionné. Cresson pose beaucoup de questions, écoute avec attention et s'impatiente : « Et les chômeurs dans tout ça ? Il y en aura deux cent mille de plus à la fin de l'année, on ne peut pas continuer ainsi. Le commerce extérieur a un déficit de plus en plus important. Quand pourrai-je faire un plan de relance, depuis le temps qu'on annonce le retour de la croissance ? » Pas de relance en vue, justement. A la fin de la soirée, quand ils se quittent, elle les remercie : « Je tiendrai compte de tout ce que vous m'avez expliqué, mais je constate qu'il n'y a pas grand espoir. » Esambert : « Si elle a pu donner le sentiment de ne pas avoir un corps de doctrine suffi-sant, c'est uniquement parce qu'elle était partagée entre ce qui lui était imposé et ce qu'elle souhaitait. Ça la mettait mal dans sa peau. Elle ne pouvait pas non plus faire ses synthèses parce qu'elle devait en permanence établir un compromis entre différentes contraintes qu'elle ne dominait pas et que personne d'ailleurs n'aurait dominées. »

Cresson : « J'étais coincée et c'était très angois-sant. Je sentais la grogne monter violemment au PS contre la rigueur, je savais qu'à la rentrée m'atten-daient des grèves et une agitation sociale lourde, dif-fuse, qu'il faudrait lâcher du lest pour certaines caté-gories. En même temps, il n'était pas question non plus à quatorze mois de l'entrée de la France dans le Marché unique d'affaiblir le franc. Mitterrand ne "voulait pas en entendre parler ; après tant d'années d'efforts, c'était normal, mais il me houspillait sans cesse à propos du chômage : " Il faut résoudre ça, il faut résoudre ça ", alors que j'en étais obsédée. Pour trouver de l'argent, il me parlait relance du bâti-ment, plan autoroutier. Ce sont effectivement des recettes éprouvées mais bien entendu limitées. J'ai fait faire une simulation pour un programme de relance par les travaux publics : c'est la construction et la rénovation de logements qui créent le plus d'emplois. Ce plan, je l'ai lancé un peu plus tard avec beaucoup de difficultés. Il a suscité des discussions orageuses entre Quilès et Bérégovoy qui y était opposé. Au même moment, Bartolone, le lieutenant de Fabius, proclamait la nécessité d'un choc idéologique qu'incarnait, à ses yeux, Bérégovoy. Cette anecdote illustre bien la situation absurde dans laquelle je me débattais. Je me souviens d'avoir dit à Quilès : " Pour obtenir les crédits nécessaires à ton plan, adresse-toi au choc idéologique. " » Situation paradoxale et ingérable : il faudrait que le chef de l'Etat soit le chef de la guerre économique, il ne le veut pas ; et le vrai chef de la guerre économique ne le peut pas. Ni financièrement, ni politiquement. Cresson : « Pour gérer un Etat moderne, complexe, il faut prendre quelques décisions bien expliquées et assumer ses responsabilités. Cela ne peut se faire qu'avec des ministres ayant l'obligation de rendre compte en fonction des objectifs. Il faut que le président de la République se mouille. Comme de Gaulle. » Or Mitterrand ne l'a jamais fait. Comment alors concilier les réformes et la nécessité de plus en plus impérieuse d'assurer un traitement homéopathique du chômage ? S'en tenir à une conception cohérente de lutte industrielle et de développement économique, et pratiquer une politique d'annonces à effet immédiat ? Par l'offensive ! Edith Cresson décide, comme pour l'immigration, que réalisme ne peut se conjuguer avec tabou. Il faut faire sauter le « ni-ni » de la « Lettre aux Français », obtenir de Mitterrand qu'il renonce à son credo, entre nationalisations et privatisations. Personne jusqu'ici n'y est parvenu. Déjà, durant leurs rendez-vous confidentiels de la préparation, son cahier marron en témoigne, elle lui avait posé la question. Comme souvent, il avait laissé tomber un : « Pourquoi pas, il faut voir, je n'y suis pas hostile. » C'est favorable, qu'il doit être! Elle entreprend donc le Président avec détermination, lui met le marché en mains : « Pour faire des choses, il faut de l'argent, et pour avoir de l'argent il n'y a plus qu'une solution, je vous le redis : privatiser à hauteur de 49 %. Si nous ne le faisons pas, tout est fichu. Vous me demanderiez alors ce que je ne peux pas accomplir. » Mitterrand consulte, et accepte. Il enterre ainsi un dogme de vingt ans, un de ceux qui l'avaient porté vers la victoire. Une nouvelle étape dans la conversion de la gauche est franchie.

Mais un nouveau bras de fer oppose là-dessus le Premier ministre à son ministre des Finances, qui n'est pas un chaud partisan de ces privatisations. Divergence de doctrine : Cresson veut que la cagnotte finance les mesures pour l'emploi et les dotations en capital des entreprises publiques pour accroître leur compétitivité. Auprès de Mitterrand, elle se fait l'écho d'une orthodoxie tranchante à laquelle Farnoux n'est pas étranger : « Le patrimoine industriel de la nation doit le rester. » Bérégovoy entend, lui, tout utiliser, ou presque, pour réduire la dette publique, ne voulant céder ni sur le déficit ni sur les taux d'intérêt.

Sa mauvaise humeur va s'amplifiant depuis qu'il s'est fait battre d'odieuse manière sur le budget de la Défense. Les fins d'époque sont ainsi, désertées par la morale, vides d'autorité, pleines d'égoïsmes libérés. Pierre Joxe, sous la pression du lobby militaro-industriel, n'a pas hésité à se livrer à la manipulation et au chantage pour qu'on revienne sur l'arbitrage budgétaire rendu – à la baisse –, en invoquant une erreur d'interprétation dans la discussion lors du conseil de Défense. Farnoux, chargé du dossier militaire, le soutient sous cape. Des empoignades monstres ont lieu afin de savoir ce que chacun a voulu dire. Pour arriver à leurs fins, le ministre et la délégation générale à l'Armement ont organisé des fuites dans la presse annonçant que la fabrication de l'hélicoptère franco-allemand serait suspendue, que les effectifs seraient réduits à Tarbes, à Roanne, chez les camarades maires. Honteuse intimidation sur l'emploi, mais la menace porte puisque Mitterrand, qui avait avalisé la lettre de cadrage, majore le budget de 4,6 milliards de francs après arbitrage de Cresson. Bérégovoy envoie au Premier ministre une lettre courroucée : « Ainsi que je vous l'ai dit de vive voix, je suis en désaccord avec votre décision pour des raisons de forme et de fond [...] Il me paraît, en tout état de cause, inacceptable que le complexe militaro-industriel intervienne de cette façon dans le débat politique et il m'est impossible de cautionner de telles pratiques car l'autorité de l'Etat risque d'en être atteinte [...] Je vous demande avec insistance de reconsidérer votre décision qui présenterait l'inconvénient, si elle était maintenue, de nous priver de toute marge de manœuvre à un moment où l'emploi requiert toute notre attention. » André Gauron témoigne : « Béré s'est fait démentir par Joxe, ça l'a mis en fureur et il s'est juré que ça n'arriverait plus jamais. Quand Mitterrand, de plus, a changé d'avis sur les privatisations, il s'est dit : " Je ne peux pas me faire déborder et battre deux fois en une semaine. " Selon lui, quand on ne peut pas imposer ses vues, il faut faire semblant d'être l'initiateur de celles qui sont adoptées. »

Puisque les gains des privatisations que souhaite Cresson pourraient s'élever à sept milliards, eh bien, prétend Bérégovoy, on compensera ainsi la hausse du budget de la Défense. Profitant d'une invitation matinale de Jean-Pierre Elkabbach, le ministre des Finances se venge à sa façon. Il s'accapare la paternité du projet : « Il ne me choquerait pas que, dans les entreprises aujourd'hui publiques, à condition que le capital public reste majoritaire, une ouverture soit faite aux capitaux privés. » Edith Cresson se trouve dans la salle de bains du trois pièces qu'elle occupe à Châtellerault dans un immeuble modeste, et elle écoute les informations, lorsqu'elle l'entend : « Il osait prétendre que c'était lui qui avait réussi ça ! Alors qu'on lui avait dit de se taire ! Il m'a soufflé l'annonce pour se mettre en avant et montrer qu'il était le patron. Mitterrand était très mécontent. Quand nous nous sommes vus le vendredi suivant avec Bérégovoy, j'ai manifesté ma surprise, il a fait comme s'il ne comprenait pas. Pour lui, c'était empoché ! »

Mais le feuilleton de la politique décomposée connaît par la suite d'autres rebondissements. Pour être sûrs que les fonds seront utilisés comme ils l'entendent, Cresson et Farnoux imaginent de déposer les sept milliards des privatisations à la Caisse des dépôts et consignations. La gifle atteint Bérégovoy. Il s'en entretient avec Mitterrand confidentiellement. Alors que le Premier ministre croit avoir emporté le morceau, au cent cinquantième anniversaire de la Caisse, le chef de l'Etat annonce que c'est bien le Trésor qui se chargera de la gestion de l'argent. Mais Cresson obtient de Trichet qu'il bloque ces sommes sur une ligne spéciale. Ces cessions d'actifs vont d'ailleurs traîner et la loi de Finances adoptée à l'automne ne prévoira que 5,6 milliards de recettes au lieu des dix à douze prévus. Cresson s'impatiente : « J'avais besoin que l'argent rentre ! Si Bérégovoy n'a pas mis en vente assez vite, il y a deux explications. Ou bien il estimait que la Bourse n'était pas assez bonne et ce n'était pas le cas. Ou bien il avait l'espoir que je sauterais, qu'il serait Premier ministre et qu'il le ferait à ce moment-là pour prendre très rapidement des mesures sociales. » Ainsi va l'Elysée en cette fin de règne : chaque fois que le Premier ministre s'inquiète des privatisations auprès de Mitterrand, il répond qu'il a vu le ministre des Finances ; chaque fois qu'elle interroge Bérégovoy, il affirme que le Président ne lui a rien ordonné. Abel Farnoux : « Chaque fois qu'Edith a demandé à Mitterrand d'avoir les mains libres du côté de Bercy, il ne s'est rien passé. Jamais. Pas une seule fois le Président n'a dit à Béré qu'il devait lâcher les baskets d'Edith. Et moi, quand je discutais avec Béré, il répétait : " Tu ne te rends pas compte, je ne peux rien faire ! " » Avec les privatisations, Edith Cresson a néanmoins la perspective de voir se desserrer un peu l'étau financier. Dans le silence de l'été, elle peut préparer le programme de sa rentrée. « Car jusque-là, il ne s'est rien passé ! »

Chapitre 10

PATRONS ET APPRENTIS

L'industrie, c'est sa chasse gardée, sa folie. Abel Farnoux se réveille chaque matin, se couche chaque soir en rêvant restructurations, *cash flow* et puces comme d'autres repassent dans leur tête les batailles napoléoniennes. Depuis un trimestre qu'il est installé à Matignon, il a entre les mains l'instrument de ses ambitions stratégiques pour l'entreprise France. Cet atypique, tenu en lisière du sérail industriel, a enfin croisé sa chance. Il arrive au bout de sa longue marche après vingt ans : il va pouvoir modeler à son goût les entreprises du pays, les petites, les moyennes, les grandes, les privées et les publiques, pour les préparer au combat européen. Il mobilise sa jeunesse d'esprit, son extrême vivacité, son opiniâtreté imaginative pour faire aboutir ses projets, au service d'« Edith » qu'il n'appelle plus devant des tiers que « Madame le Premier ministre », comme elle le lui a demandé pour couper court aux critiques. « Je suis son bras séculier », reconnaît-il volontiers. Cela et un peu plus, en vérité : l'inspirateur, le metteur en forme d'une politique entièrement régie par la guerre économique internationale, soutenue par une vision patriotique qui exclut le repliement nationaliste, contraire à son histoire et à son tempérament. Il lui faut aller vite car « il y a une contradiction à peu près insurmontable entre ces foutues élections qui imposent de faire la charité et les réformes à long terme qui sont indispensables pour le pays. C'est toute la difficulté de la tâche d'Edith ». Pour un peu, d'ailleurs, il conseillerait au Premier ministre de ne pas s'occuper du tout de politique et de ne se consacrer qu'à cette mission. Cresson tente un autre pari, téméraire : assurer avec ces changements de fond le redressement de la gauche. En ce mois d'août, où tous les ministres sont réquisitionnés, ils travaillent donc à deux chantiers, « travaux d'Hercule dans lesquels l'Histoire reconnaîtra ce qui fait la marque des " hommes d'Etat " », écrira Michel Albert à Edith Cresson : le plan PME-PMI et l'apprentissage, les clous du programme Matignon.

François Mitterrand a foi aussi dans ces travaux-là : voici longtemps que son Premier ministre a su le convaincre. A chacun de ceux qui émettent des doutes sur sa réussite à Matignon, il répond : « Attendez, attendez, laissez-lui sa chance, elle n'a pas encore mis en œuvre ce qu'elle voulait. Vous verrez, elle vous surprendra ! » Il est sans aucun doute sincère. Cresson a un regard au scalpel sur les insuffisances et les ratages connus du système français. Mais contrairement à tant d'autres, elle place les structures de l'emploi au cœur de sa problématique politique. Sa démarche se résume tout entière dans cette interrogation dont elle fait le pivot exclusif de sa réflexion : « Pourquoi y a-t-il tant de chômeurs, indépendamment de la crise internationale dont les répercussions n'expliquent pas tout ? » Posant cette question, elle tire sur un fil et dévide toute la pelote qui la mène de la faiblesse compétitive des entreprises à l'inadéquation de la formation des jeunes, de la rigidité administrative à l'absence de mobilité des travailleurs. Comme toujours, Châtellerault lui sert de laboratoire : ce qu'elle y constate vaut pour la France : « C'est mieux que de s'occuper de la France en oubliant ce qui se passe sur le terrain. » Elle n'a pas de réponse « y a qu'à ». Elle reprend la pelote, s'arrête à chaque nœud, et tente de le défaire. Elle couvre ainsi un champ d'action énorme, économique, social, éducatif, qui a le mérite de la cohérence. Elle l'aborde sans préjugés, en refusant ceux des autres. Parce qu'elle croit avant tout – c'est en cela qu'elle est profondément de gauche – à l'intégration de chaque citoyen dans la société qui est la sienne, par le travail et le revenu du travail. A cinquante-sept ans, elle est parvenue à la conclusion que l'idéologie est aujourd'hui synonyme d'exclusion, mais sans croire pour autant à la vertu du consensus.

Et c'est ainsi qu'un Premier ministre socialiste vole au secours des patrons du privé. Cresson et Farnoux partent d'un constat en trois points. D'abord, les entreprises de moins de cinq cents salariés représentent la grosse majorité des entreprises françaises, emploient 8,6 millions de salariés et sont les principales créatrices d'emplois : plus de 60 % des sept cent quarante mille postes nouveaux depuis 1988, mais cette vitalité diminue. Ensuite – ils s'en sont rendu compte aux Affaires européennes où la fréquentation des industriels étrangers les a alertés –, nos PME-PMI sont très faibles par rapport à celles de nos concurrents allemands et américains, exportatrices brillantes. La fragilité française sur ce terrain tient en quelques chiffres : huit mille entreprises sur trois cent cinquante mille ayant tâté de l'exportation ont réalisé 90 % de nos ventes à l'étranger, et deux cent cinquante, sur ces huit mille, 50 % à elles seules. Les sociétés de taille moyenne surtout font défaut alors que les « boîtes familiales » pullulent. La plupart du temps, de surcroît, les transactions se font avec des pays insolvables. Enfin, ces PME-PMI jouent un rôle capital dans le développement régional et local, la revitalisation à entreprendre de l'espace rural. Au moment où le chômage s'amplifie dramatiquement, à l'heure où le Marché unique va introduire une concurrence implacable, à l'instant où il faut réaménager le territoire, il serait criminel de ne pas se pencher sur leur sort. On ne peut pas se contenter de favoriser les entreprises nationales. Farnoux : « Je retrouvais là ce qui fait mon différend avec Jean-Claude Trichet à qui je dis toujours : la macro-économie, c'est indispensable mais cela permet seulement de labourer le terrain pour le rendre fertile. Seule la micro-économie permet de faire pousser des choses dans la terre. On ne peut pas regarder les pays en fonction de leur potentialité sans y ajouter la puissance industrielle réelle. »

Depuis dix ans, Cresson prête une oreille attentive aux lamentations de ces délaissées du dynamisme. Au Commerce extérieur, elle avait très vite compris que toutes les mesures prises jusque-là n'étaient que des pis-aller. Pendant la cohabitation, alors qu'elle était chargée au PS du secrétariat à l'Industrie, elle avait commencé à réfléchir à des solutions générales dans un groupe de travail monté par Farnoux, où se retrouvaient Dominique Strauss-Kahn, Jean Peyrelevade, Philippe Lagayette et quelques autres. Dès novembre 1988, elle avait pris date : le ministre s'était rendu à un colloque de la CGPME (Confédération générale des petites et moyennes entreprises) sur le thème : « Quelle Europe pour les PME ? » Après avoir démissionné du gouvernement, elle avait obtenu de Rocard et de Roger Fauroux qu'une mission d'exploration soit confiée à un Gem dont elle a donné la présidence à une tête chercheuse barriste, René Ricol. Puis, elle avait cosigné avec Strauss-Kahn une lettre ouverte à Michel Rocard pour réclamer un plan global. Les socialistes la laissaient à sa marotte : pas de danger puisqu'elle n'avait aucun pouvoir. Ses origines bourgeoises reprenaient le dessus ? Aucune importance, elle était à l'écart. Seulement maintenant, elle mène la danse des « petits pères », et le cavalier qu'elle a choisi ne leur convient pas. Lucien Rebuffel, le patron de la CGPME, n'est-il pas un homme de droite-droite et sa centrale composée presque exclusivement de RPR et de lepénistes ? Pourquoi irait-elle donner l'argent, qui fait si cruellement défaut, à des ennemis politiques qui n'auront pas la reconnaissance du vote ? Qui n'embaucheront pas pour autant ? De plus, qu'un tel projet échappe au contrôle du Parti et qu'un Gem où trônent des chefs d'entreprise en ait la responsabilité, c'est inadmissible. Les patrons gouvernent à Matignon. Cresson : « Avec Rebuffel, on peut parler et je m'entendais très bien avec lui car le dialogue était clair et efficace. De toute façon, le problème n'est pas l'étiquette politique mais la productivité. Pour calmer le jeu, j'ai été obligée de confier une mission parallèle à Christian Pierret, ex-CERES reconverti fabiusien, dont j'ai découvert ensuite qu'il était totalement de mèche avec Bercy. » Bien sûr Farnoux ne cache pas sa fureur de voir Pierret se mêler de cette affaire : bâtons dans les roues à prévoir. Car l'ambition du Premier ministre et de son conseiller n'est pas mince. Ils veulent établir une doctrine pour les PME-PMI, exactement comme la gauche en a élaboré une pour les nationalisations. Pour la première fois depuis qu'au XIXe siècle le capitalisme français a entériné le divorce entre le monde des affaires relevant d'un esprit aristocratique et les petites entreprises plébéiennes, les PME seraient dotées d'un arsenal financier et juridique qui rétablirait l'équilibre. Le plan s'inscrirait dans la logique du capitalisme populaire de Chevènement, des lois Auroux, et du sommet de Versailles qui a rompu avec la lutte des classes. Rebuffel ne s'y trompe pas : « Cresson, c'était déjà le seul homme du gouvernement précédent. Quand elle est arrivée à Matignon, on a tout de suite su qu'elle allait s'occuper de nos affaires. Ça faisait cinquante ans qu'on prêchait dans le désert! Cette bonne femme, elle a vu clair, elle avait de la lucidité dans le diagnostic, du courage dans la décision. Simplement, il fallait activer pour que ça se traduise par des mesures concrètes dans le prochain budget. Farnoux a tout pris en mains, il nous a épuisés mais il a fait avancer à une vitesse incroyable un dossier qui avec un cabinet classique aurait pris six mois. » L'équipe patronale est confrontée au même problème que l'équipe gouvernementale : « Nos troupes n'y croyaient pas et étaient politiquement réticentes à l'égard d'un Premier ministre de gauche. Il a fallu les préparer. » Sur le diagnostic, les uns et les autres sont d'accord. Si les PME n'investissent pas plus, c'est qu'elles ont moins de fonds propres que les grandes. Elles pâtissent souvent d'un statut de sous-traitant qui les empêche de se faire rembourser rapidement : les délais de paiement en France sont de quatre-vingts à cent jours contre quarante à soixante jours en Allemagne et dans tous les pays nordiques de la Communauté. Cette absence de trésorerie les condamne à emprunter auprès des banques, avec des taux d'intérêts asphyxiants imposés par la politique du franc fort, à vivre dans l'obsession des échéances et à se montrer frileuses devant l'embauche. Ainsi leur taux d'endettement est de 48 % en 1990 au lieu de 39,1 % pour les grandes entreprises. Les pénalisent encore leur statut fiscal quand elles ne sont pas en nom propre – le même que celui des grosses sociétés –, et le statut juridique de la transmission individuelle. Le nombre vertigineux de faillites témoigne de leur difficulté à se maintenir à flot.

Le principal remède réside évidemment dans l'aide fiscale mais Pierre Bérégovoy prévient : « Ce plan qui sera le gros morceau du prochain budget ne doit pas coûter un sou à l'Etat. Question de déficit mais aussi de climat politique chez les nôtres. » C'est alors que Farnoux évoque à nouveau la possibilité d'un emprunt « de mobilisation industrielle » qui permettrait de financer le projet global. L'idée, à peine effleurée, est abandonnée : les Français n'y souscriraient que dans un climat de confiance qui n'existe pas, celui-là même dont jouira Edouard Balladur, deux ans plus tard, grâce aux retombées de la politique monétaire de Bérégovoy. On fera donc en sorte de réaliser une équation nulle en créant des recettes compensatoires. Ce n'est pas sur cette astuce que les opinions divergent. Le nouvel affrontement entre Matignon et Bercy porte sur la philosophie même du plan. Cresson, qui est soutenue par ses ministres, Aubry, Strauss-Kahn et Doubin : « Moi, je voulais des mesures ciblées pour favoriser l'argent privé qui rentre dans les entreprises. Je voulais qu'on fortifie les entreprises individuelles qui représentent 69 % des PME : on ne pouvait pas les laisser sur le bord de la route. J'étais dans la démarche des fonds propres qui était celle du Gem, outil inventif. » En face, Bérégovoy et les énarques du service de Législation fiscale, l'instrument administratif : pour eux tout ce qu'il était possible de faire l'a été. « Béré était même partisan de la suppression pure et simple de toutes les aides déjà accordées. Il pensait que les PME devaient s'adapter toutes seules à l'Europe ou disparaître. Je lui répétais qu'en Allemagne ou aux

Etats-Unis, elles recevaient des aides déguisées par l'intermédiaire des *Länder* ou des Etats et qu'il fallait continuer notre effort. Il ne voulait pas reconnaître la spécificité des PME-PMI. »

Bérégovoy suit sa voie : puisqu'il est obligé d'obtempérer, Mitterrand ayant donné son feu vert, il souhaite profiter de ce plan PME-PMI pour diminuer l'impôt sur toutes les sociétés, car c'est une des conditions de la compétitivité des entreprises françaises dans l'Europe qui s'organise. Cresson s'obstine : il faut accorder une diminution d'impôt aux entreprises à caractère familial, même si cette logique perturbe la justice fiscale. Les discussions tournent aux engueulades, Gem contre SLF. Le premier, il est vrai, veut faire la part trop belle aux entreprises qui font les demandes d'exonération les plus folles. Devant l'opposition de Bercy, le Premier ministre s'énerve : « La loi, ça se change, non ? Ce que je veux, c'est inciter les gens à investir. » Elle tient à une mesure symbolique : exonérer des plus-values un chef d'entreprise qui réinvestit dans son affaire la vente d'un bien personnel. « Quoi ? Comment vérifier qu'il réinvestit en effet ? Pas question de toucher aux impôts personnels ! » hurlent les berciens affolés. Les exemptions fiscales ne sont pas expertisées, du coup le plan baigne dans un flou dangereux. Publiquement, Christian Pierret mène la fronde contre Cresson dans *Le Figaro*, soutient Bérégovoy et, après un sérieux accrochage qui oppose Farnoux à Hannoun, on en arrive enfin à un accord : cet avantage sera plafonné à cinq cent mille francs. Au total, dix-neuf mesures sont préparées et adoptées pour une valeur de douze milliards dont huit d'allègements fiscaux. Le critère retenu pour l'allègement fiscal est celui du chiffre d'affaires : de zéro à cinq cents millions pour les sociétés industrielles, de zéro à cent millions pour les autres. Les filiales des grandes entreprises en sont exclues : « Je voulais aider celles qui se battent seules. » D'ailleurs les grandes entreprises paieront pour les petites : l'impôt sur les plus-values financières passe de 25 à 34 %, et ce sont les sociétés d'assurances qui souffriront le plus car elles font beaucoup de placements. De cela, Cresson se montre satisfaite : « C'est moral. La gauche avait plus favorisé jusqu'ici la spéculation que l'activité productive et c'est un de ses grands échecs. L'Etat n'a pas fait évoluer la mentalité essentiellement rentière de ce pays. On n'investit pas dans le risque. Aujourd'hui, être un industriel de PME, c'est vraiment héroïque. Et quand on parle d'ingénieurs ça ne fait pas chic, ça ne tient pas le haut du pavé. Les socialistes se sont inclinés devant cette conception des choses. » En revanche, elle doit céder sur la diminution de l'impôt sur les sociétés : il passe de 42 à 34 % mais pour toutes. Afin de satisfaire Lucien Rebuffel qui s'accroche à la progressivité de l'impôt pour les PME, Bérégovoy fait une concession : elles paieront en 1992 des acomptes moins importants que les grandes. Enfin Edith Cresson lance une négociation entre le CNPF et la CGPME, les frères ennemis, sur la réduction des délais de paiements. Mais le Premier ministre, à moins qu'il ne faille y voir la patte de Farnoux que les « bonnes œuvres » agacent, n'exige rien sur le plan social en contrepartie de ses largesses : ni d'engagement sur l'embauche, ni l'annulation de l'autorisation de licenciement, ni le contrôle de l'argent public. Elle renonce de surcroît, devant le veto de Bercy, à soutenir les plus petites PME : comme elles ne payent pas l'impôt sur les sociétés, elles sont exclues de ces mesures, notamment des crédits d'impôts en cas d'augmentation du capital. Ce sont les « grosses petites » qui sont les principales bénéficiaires, ce qui vaudra ce dialogue dans le *Bébête show* :

259

« *Kermitt* : En quelque sorte, tu veux expliquer qu'il vaut mieux en avoir une grosse petite qu'une petite grosse.

Amabotte : C'est ça chéri, chéri. »

Edith Cresson a obtenu l'essentiel : le secours spectaculaire qu'elle apportera aux petits patrons du privé le 16 septembre à Bordeaux devant l'assemblée générale de la CGPME devrait sensibiliser l'opinion à sa croisade pour l'industrie et l'emploi. Si Bérégovoy entérine discrètement en 1992 le deuxième volet du plan PME, Balladur en 1993 à Toulouse lui donnera des prolongements spectaculaires.

Le deuxième chantier de la réforme, la formation, doit progresser lui aussi très vite. Il ne saurait être dissocié du premier, ni dans la conception ni dans le temps. Ils ont d'ailleurs été entrepris au même moment, dès l'arrivée à Matignon, signe qu'aucun obstacle ne pourrait empêcher le Premier ministre de semer quelques graines révolutionnaires dans le pauvre terreau du socialisme. Apprentissage ! Le mot lui vient aux lèvres comme un sésame. Un mot noble pour dire que l'on apprend un métier plutôt que de connaître le déshonneur de la vacuité, si par malheur Voltaire ennuie et les migrations de population aux Etats-Unis indiffèrent. Un mot qu'elle trouve glorieux parce qu'il exprime, comme le travail des « petits pères », la subsistance d'une cohésion sociale. Pour elle, l'apprentissage est un de ces enjeux sans lequel il n'y a pas de politique. Avant même d'être nommée, Edith Cresson savait qu'elle irait jusqu'au bout : elle était décidée à briser le mythe égalitaire de l'école. Mais personne ne pouvait imaginer que l'iconoclaste ferait sauter l'un des tabous constitutifs de la République. Il fallait oser ces questions qu'elle lance dès les premières heures de son arrivée à Matignon : chaque enfant est-il fait pour suivre des études générales jusqu'à seize ans? Ne faut-il pas admettre qu'il puisse être doué pour l'exercice de terrain plus que pour l'exercice intellectuel? Est-il juste d'ignorer que le moule unique n'est plus adapté à l'évolution culturelle de la société française où se côtoient maintenant, dans les villes et les banlieues, tant de races, de langues, de religions, de modes de vie? A force de s'aveugler sur des slogans grandioses mais utopiques – 80 % d'une classe d'âge au bac –, l'Etat n'est-il pas devenu lui-même une fabrique de chômeurs? Et dans la foulée, oser cette réponse : le système scolaire doit contribuer à une politique de l'emploi, s'adapter aux besoins de l'économie, et l'entreprise prendre en charge une partie de la formation professionnelle. Il faut réhabiliter l'apprentissage, non pas comme voie de garage mais comme accès à la compétence technicienne, et jusqu'au plus haut niveau. « Puisque Polytechnique et l'Ena y réussissent pour l'élite, pourquoi n'y réussirait-on pas avec la masse? Tous les itinéraires qui conduisent de façon différente à une qualification donnée doivent être envisagés. Il faut que chaque jeune puisse réussir quelque chose pour avoir confiance en lui, et tous ne peuvent réussir la même. » Pour en finir avec cette préjudiciable fracture entre la noblesse de cours et le tiers état.

Cresson : « Tant pis si je contestais l'Education nationale! Ses dépenses exponentielles amènent le système au bord de l'explosion. A quoi servent les milliards investis si l'on obéit encore et toujours au même raisonnement : il y a tant d'élèves en plus, je crée tant de postes de professeurs en plus et j'ai rempli ma mission! On ne s'attaque pas au problème de fond : le débouché. 25 % des chômeurs ont moins de vingt-cinq ans : c'est ce que j'appelle un échec. Or je vois que les filières techniques de l'enseignement se vident complètement, il y a deux cent mille places vacantes. Et que cent vingt mille jeunes quittent les établissements scolaires avant la première sans aucune qualification ni perspective. Les vertus de la marginalité n'ont qu'un temps. D'autre part, j'entends sans arrêt des patrons m'expliquer qu'ils voudraient embaucher mais qu'ils ne trouvent pas dans leur région des jeunes formés pour les emplois qu'ils proposent. Par exemple, à Châtellerault, un lycée technique prépare des jeunes filles au CAP de couture et un atelier qui travaille pour Chanel cherchait à recruter du personnel qualifié. J'ai appris que les diplômées du lycée ne lui convenaient pas. J'ai réuni tout le monde, les cadres de l'entreprise et les enseignants, pour comprendre et leur suggérer de travailler ensemble. Impossible! Le CAP de couture ne comporte pas la technique dont l'atelier d'à côté a besoin! Il est évident qu'il faut décentraliser une partie de la formation, adapter son contenu et ses modalités au contexte économique régional. Et puis l'apprentissage, les chiffres sont là, assure deux fois plus de contrats de travail que toutes les autres formations professionnelles. »

Aussitôt, à gauche, c'est le tollé. Lionel Jospin et Pierre Mauroy sont indignés : ils réaffirment leur attachement à la scolarité obligatoire jusqu'à seize ans, au principe d'égalité devant l'école. Dans les rangs des enseignants à la fois électeurs et militants du PS, on ne surmontera pas le choc : les gardiens du temple se dressent sur la route d'Edith Cresson. Quand elle se présente devant eux au grand colloque sur l'éducation de Saint-Ouen-l'Aumône, le 26 mai, la rocardienne Sylvie François dénonce son adulation du modèle allemand qui ne correspond pas à la tradition française. Elle l'accuse indirectement de choix droitiers et met en garde contre « le voile idéologique qui masque la mise en place par certaines entreprises de la précarité de l'exploitation de jeunes travailleurs et de la division sociale ». Le Premier ministre – dont le discours a été « adouci » par le cabinet du ministre de l'Education nationale qui a déjà affaire à de multiples protestations, et ne s'est pas privé de taper du poing sur la table – s'incline à regret devant le principe de l'école jusqu'à seize ans. Mais pour le reste, elle n'en démord pas. Son chapitre central sur l'emploi provoque, et la suite est une déclaration de guerre civile : « L'Education nationale et les entreprises ne se reconnaissent pas assez en tant que partenaires dans la formation. J'entends que leurs liens s'inscrivent dans cette perspective et il s'agit peut-être bien d'un nouveau contrat social. » Elle va d'ailleurs marquer des points, avec le soutien de Mitterrand qui souscrit officiellement à son projet lors d'un Conseil des ministres. Jospin freine ? Elle adopte toujours la même démarche, celle des commandos parallèles. Elle nomme une délégation à l'apprentissage qu'elle confie à Xavier Greffe, recteur de l'académie de Poitiers, avec qui elle avait en 1975 manifesté contre Franco. Sa mission : faire un audit de l'enseignement professionnel, des propositions de premières mesures pour la rentrée de septembre, élaborer un ambitieux plan de cinq ans qui permettra de passer de deux cent dix mille apprentis à cinq cent mille. Un objectif qui passe par la modification des comportements et du fonctionnement du système éducatif : les filières d'apprentissage et la formation en alternance à tous les niveaux – moitié école ou université, moitié entreprise – nécessitent l'aménagement de passerelles et l'équivalence entre diplômes et savoir-faire. Rien moins ! A point nommé pour Edith Cresson, une grande entreprise publique qu'elle félicite (« Elle contribue à valoriser l'image injustement négative que l'opinion a de l'apprentissage ») opte pour le partenariat avec l'Education nationale : EDF-GDF formera ainsi le tiers de ses effectifs en emplois de maîtrise et d'exécution.

Les syndicats se déchaînent et la FEN monte progressivement en première ligne contre l'hérétique. L'enjeu est d'abord idéologique : laisser pénétrer l'entreprise dans les établissements scolaires, c'est accepter de soumettre l'éducation au capital. Un bouleversement mental auquel ils se refusent, eux les dépositaires de la lutte des classes. Il ne saurait être question, comme le souhaitent Cresson et son conseiller pour l'Education, Jean-Louis Reiffers, doyen honoraire de la faculté d'économie d'Aix-en-Provence, de créer dans les lycées d'enseignement professionnel des classes d'apprentis. Pierre Bérégovoy pour sa part ne débloquera pas les milliards nécessaires. A Matignon, jamais à court d'idées, on envisage alors de faire rémunérer les professeurs de cette filière par les chambres de commerce et d'industrie locales. Scandale! Les enseignants parlent de « marché noir », le groupe socialiste à l'Assemblée est en ébullition. « Vos conceptions ne passent pas! » prévient Jean-Louis Reiffers : « On s'est mis à dos les profs de ces LEP qui sont syndiqués au SNETA et forment un des gros bastions du PC. Ce qui les choquait, dans ces conditions, c'est que l'apprentissage instaurait un système parallèle qui leur échappait et qui remettait en cause leur monopole. » Car c'est là le second enjeu : celui du pouvoir et de la survie des syndicats d'enseignants, qui repose sur leur homogénéité et leur capacité de négociation avec le ministre. Avec l'apprentissage, Cresson, exactement comme elle contribue à dévaloriser les jeux internes du PS, met en évidence la réalité incontournable de la cogestion imposée à l'Education nationale et la faiblesse d'organisations crispées sur leurs acquis, qui ne savent pas s'adapter. La FEN éclatera d'ailleurs bientôt. Mais le Premier ministre n'a que faire de cogérer avec ceux qui bloquent la machine française.

C'est un de ses différends avec Lionel Jospin qui, par conviction et par nécessité, préfère le dialogue et la durée tandis qu'elle privilégie les effets d'annonces et l'urgence. Il leur faudra un mois et demi pour surmonter leurs antagonismes. Jospin ne partage pas du tout sa vision totalement décentralisatrice, son adhésion au transfert des compétences. Il est, lui, un adepte du seul partenariat : « Je ne suis pas prêt à céder à ceux qui voudraient sommer l'école de s'adapter passivement à des exigences extérieures et en particulier aux impératifs économiques. Les spécialisations ouvrant à des emplois et des métiers seront de plus en plus pointues tandis que la culture de base, celle qui apprend à apprendre, celle qui forme un homme ou une femme et pas seulement un agent économique, sera de plus en plus indispensable. Autrement dit, une éducation qui se voudrait trop exclusivement " rentable " du point de vue du marché du travail présent raterait précisément son but. [1] » A quoi Cresson répond : « Je suis d'accord sur le fond. Mais j'ai vu tant de jeunes arriver dévourages à seize ans sans avoir la moindre culture de base qu'il nous faut trouver d'autres voies. » Jospin néanmoins se montre loyal. Lors d'un dîner privé à Matignon, il convainc Cresson de lui faire confiance : « Tu veux donner une certaine coloration à ton projet, il est normal que j'en tienne compte. Mais laisse-moi le mettre en musique en respectant les sensibilités et les forces en présence. Il faut faire attention à ne pas révulser nos militants. » Le PS et la gauche sont en effet dans un trop piètre état pour supporter encore la déser-

---

1. Lionel Jospin, *L'Invention du possible*, Flammarion, 1991.

tion de leurs troupes. L'appui qu'Edith Cresson attendait des siens est venu de la droite, mauvais point pour elle, signe également que l'impérieux réalisme brouille les repères. Dans *Le Point*, Jean-François Revel écrit que le chef du gouvernement « a jeté par dessus bord toute la philosophie de l'Education de la gauche telle qu'elle s'exprime depuis soixante-dix ans [...] C'est donc une authentique révolution qu'annonce le Premier ministre et une pierre supplémentaire qu'elle arrache à l'édifice de la pensée socialiste. » A l'Assemblée nationale, Charles Millon et Pierre Méhaignerie la soutiennent contre Jospin et déclarent qu'ils voteraient pour elle si « des mesures courageuses étaient prises ».

Ces premières mesures, elle y travaille en ce mois d'août et elles sont annoncées au Conseil des ministres du 25 septembre. Peu de choses encore, mais une décision capitale est prise : Jospin, Aubry et Guyard, le secrétaire d'Etat à l'enseignement technique, vont réunir tous les partenaires, entreprises, syndicats et régions, pour élaborer « sans aucun tabou » le projet de développement de l'apprentissage. Ce qui débouchera trois mois plus tard à peine sur un accord interprofessionnel qui marquera le début de la revalorisation d'une formation pour laquelle Cresson se sera dépensée sans compter. Elle en verra triompher la vraie symbolique en juillet 1993 : quand une de ces grandes écoles, dont elle combat le corporatisme, l'ESSEC, annoncera qu'elle forme désormais ses étudiants qui le désirent sous le statut de l'apprentissage. Parmi les mesures abouties : la filière Decomps qui permet aux techniciens de devenir ingénieurs grâce à une formation en entreprises ; l'introduction de 30 % de contenu local dans le programme des CAP. La nouveauté de ces orientations séduit des personnalités comme Michel Serres ou Michel Albert qui acceptent volontiers, le premier, une étude que Cresson lui confie sur le télé-enseignement, le second sur le télé-travail. Cresson : « Je regrette de ne pas avoir obtenu gain de cause dans les lycées professionnels. Seul un pouvoir de gauche pouvait le faire sans pour autant laisser la voie libre au patronat. Nous aurions été en mesure de mettre en place cette organisation nouvelle dans le cadre du droit du travail. Avec l'apprentissage, les socialistes m'ont accusée de dilapider l'héritage et de renoncer au " devoir de culture ". Mais faut-il attendre indéfiniment que l'Education nationale réalise le rêve impossible? Car pendant ce temps, ce sont toujours les mêmes qui pâtissent, et ce n'est pas être de gauche que de s'y résigner, au nom d'un principe qui a mené dans une impasse. »

Chapitre 11

QUAND L'HISTOIRE NE VEUT PLUS, L'ÊTRE EST INUTILE

A Paris, en cette fin d'été, les infirmières sont dans la rue et les agriculteurs de toute la France, dans quelques jours, y tiendront le pavé. Les résultats des élections partielles, même dans les plus solides bastions socialistes, sanctionnent indifféremment tous les courants, répétition générale de la catastrophe programmée par la grâce de la Constitution, secousses avant-coureuses du cataclysme si redouté qu'il en est déjà intégré. Le chiffre maléfique de trois millions de chômeurs épouvante autant les cartésiens de la justice sociale que la fin du millénaire suscite d'angoisse chez les esprits irrationnels. L'intransigeance budgétaire apparaît comme un fondamentalisme contre lequel se rebelle une partie du clergé. La faute de Mitterrand s'inclinant en août devant les putschistes incertains qui ont enlevé Gorbatchev laisse dans sa tribu une trace d'amertume rageuse, tandis que le crime d'Etat contre des hémophiles sciemment contaminés par le virus du sida l'entraîne, malgré elle, dans les tourments du péché. La persécution à laquelle s'adonne une poignée de juges pour enterrer la gauche en déterrant les « affaires » trouve dans la publicité de l'instruction l'instrument d'une vengeance politique. Le sondage nouveau de septembre se boit jusqu'à la lie : le Premier ministre et le président de la République baissent encore. Les socialistes, sentant la fin venir, n'ont plus guère le choix qu'entre la dignité ou l'affolement : ils préfèrent définitivement le second, toupies impuissantes à rester plus longtemps sur leur axe.

Déjà, ils ont décidé de liquider Edith Cresson, avant même qu'elle ait fait devant eux sa rentrée avec son programme Matignon dont, pour une grande part, elle ne leur réserve d'ailleurs pas la primeur. Comme aux beaux jours du congrès de Rennes, les chefs de clan relancent les hostilités et s'adonnent à ce jeu qu'ils affectionnent, moitié billard à quatre bandes, moitié roulette russe. Jospin et les siens se réunissent pour dénoncer la politique de Pierre Bérégovoy, à travers lui, malmener le chef de gouvernement dont ils ne veulent plus, au delà encore, le chef de l'Etat qui leur impose une existence de martyrs, avec ses caprices et son ardeur européenne. C'est Henri Emmanuelli, décidément d'une hargne inlassable, qui se charge d'ouvrir la crise politique. Lorsque le Premier ministre a présenté avec succès son plan aux PME, le 16 septembre, il s'est précipité à la sortie avec Christian Pierret sur Catherine Nay et Paul Guilbert, interloqués : « Elle est complètement nulle, nulle, nulle ! » Devant les siens, cette fois-ci, il s'attaque au ministre des Finances, l'ami de Laurent Fabius : « Oui ou non, doit-on se donner une marge de manœuvre vis-à-vis du gouvernement ? Le budget 1992 m'interroge très profondément. Je ne sais pas aujourd'hui quelle attitude nous pouvons adopter pour respecter notre engagement à gauche. Est-ce qu'on doit s'enfermer dans la solidarité gouvernementale ou se battre pour obtenir une modification des orientations ? Est-ce qu'en me taisant, je sers les intérêts de la gauche ? » Dilemne que connaissent aussi Strauss-Kahn et Jospin : mais ils sont partisans d'assumer leur présence au gouvernement – un fauteuil ministériel vaut mieux que le seul banc de l'Assemblée –, tout en gardant « le droit de s'exprimer ». Quelques jours plus tard, les voilà tous en conclave avec les mauroyistes et les « conventionnels » de Louis Mermaz, à Alfortville, pour vitupérer encore la politique économique; Mauroy répète – et devant un parterre de ministres, Delebarre, Nallet, Laignel, Mexandeau, Jospin, qui opinent! – que le PS « garde son droit de proposition et de critique [...] et qu'il appartiendra au bureau exécutif et au comité directeur de trancher ». Il ajoute qu'au congrès extraordinaire de décembre on devra aussi s'accorder sur « des orientations pour la période qui vient », comme si ce n'était pas précisément le but du programme Matignon qu'Edith Cresson doit leur présenter. Dans son bureau de l'Elysée, Mitterrand le rappelle sévèrement à l'ordre : comment le Premier secrétaire du PS qui fut aussi Premier ministre peut-il prendre la responsabilité de déstabiliser ainsi Edith? Il faut au contraire tenir les troupes et les faire marcher au pas derrière elle. « Il mouillera sa chemise pour elle! » lance Mauroy en rentrant rue de Solférino. Cresson n'a plus en effet d'autre soutien. « Il ne me restait que l'appui du Président. Il me disait que j'étais un très bon Premier ministre. Je le sentais à mes côtés, il remplissait encore notre contrat tacite. » Néanmoins, la confiance inentamée qu'elle a dans ses projets et dans le chef de l'Etat ne suffit pas à l'apaiser. Devant les parlementaires socialistes hostiles et ricanants qui l'ont réduite au rôle de créature de Dieu – sois belle et tais-toi –, elle va, ce 25 septembre 1991, crânement tenir tête en présentant son programme. Comme toujours en retard. Pourquoi s'éloigne-t-elle du discours pourtant soigneusement préparé, au point de reconnaître en répondant à une question : « Je m'exprime mal » ? Il n'y a plus de doute, ce n'est pas un leader. Le trébuchement sur les mots signe son incapacité à entraîner les hommes, traduit la peur qu'elle commence à éprouver. Une armée qu'on ne sait pas exalter dans le désastre, redonnant courage, espoir et pugnacité, se métamorphose en horde dangereuse, traversée par la double tentation du meurtre et du suicide. Son instinct la prévient que cette foule en déroute qui attendait un discours à la Jaurès s'apprête à la mettre en pièces. Pour l'abattre, ils vont pousser jusqu'à la déchirure l'intensité de la sono médiatique, cette arme totale de la démocratie. La parole, faiblesse fatale d'Edith Cresson, est leur force vitale. Alors, ils parlent, ils parlent, ils parlent. Sans retenue, ils étalent leur « morosité » et leur « malaise », excellents états pour les manchettes qui s'en repaissent.

En lisant la revue de presse et en écoutant les radios, Edith Cresson apprend ainsi qu'elle est morte le 25 septembre 1991, rue de l'Université, en traversant un passage hérissé de camarades. *Le Figaro* relate que, dans une salle à manger de l'Assemblée qui ressemble au *Titanic*, « le seul nom d'Edith Cresson a pour effet de plonger les invités dans la contemplation de leurs chaussures ». *Le Monde*, toujours prêt à l'autoglorification, raconte qu'il « suffisait d'entendre certains ministres s'amuser du titre du *Monde* de la veille – " Madame Cresson voudrait affirmer son autorité sur le gouvernement... " – pour prendre la mesure du problème. Les socialistes ont le sentiment d'avoir affaire à un Premier ministre en sursis, la seule question qu'ils se posent étant la durée de celui-ci ». *Le Parisien* la devine « épuisée et comme éteinte, lasse physiquement et sans doute ébranlée psychologiquement [...] On croit percevoir dans ses absences – absence du débat politique, absence dans l'opinion publique – les premières fissures du doute. Disons les choses simplement : Edith Cresson a disparu de notre paysage quotidien [...] Edith Cresson est perdue corps et biens, prématurément usée, à bout de souffle, et comme abandonnée à elle-même ».

Comment vivre quand on vous dit que vous n'existez plus? Plus que tout, elle cherche les raisons de cet acharnement : « Je ne comprenais pas. Je n'avais pas mis deux millions de Français dans la rue comme Mauroy en 1983. Je n'avais ni de près ni de loin une quelconque reponsabilité dans l'affaire des hémophiles contaminés. Je ne m'étais rendue coupable d'aucun délit d'initiés, je n'avais aucune " affaire " sur le dos, je n'avais rien renié de mes engagements. Je tombais de haut. » Tombant, elle se blesse. Jusqu'ici elle avait le visage lisse et plein. Ses paupières s'alourdissent, les cernes assombrissent son regard, son corps est entravé par une fatigue chaque soir victorieuse, chaque matin mal dominée. Elle prend soin de manger aussi souvent qu'elle le peut des yaourts et des fruits, elle bannit le vin, elle s'offre chaque mardi soir un massage rude et pratique des exercices ardus pour fortifier son dos. Mais ses traits commencent à porter les stigmates de la victime expiatoire. Insensiblement, alors que l'automne arrive, que les attaques redoublent et qu'Amabotte la persécute, elle se sent de moins en moins le droit d'être femme telle qu'en elle-même. Elle range la grosse et belle bague qu'elle porte à la main gauche et qui la protège. Elle supprime les boucles d'oreilles fantaisie dont elle raffole. Elle couvre ses jambes de collants noirs pour ne plus entendre parler de sa cicatrice que les journalistes travestissent toujours en bas filé. Elle troque ses vêtements gais pour des tailleurs foncés. Sur le mannequin d'osier à ses mesures, Torrente lui prépare des vestes bleu marine ou gris anthracite sans col, « conçues pour la fonction de Premier ministre », mais qui lui font un linceul plutôt qu'un uniforme. Souffrance silencieuse d'un être vilipendé comme s'il était porteur de tous les crimes – « femme holocauste », écrit superbement Paul Guilbert dans *Le Figaro* –, alors que Cresson est d'abord le symptôme de l'affaiblissement de Mitterrand dont elle endosse, malgré elle, le bilan. Mais elle est ainsi faite : elle analyse autrement la situation. Elle y voit la preuve de la débandade des socialistes, et d'eux seuls. La candeur, tragique en politique, l'empêche de comprendre qu'elle a aussi partie liée avec un homme dont le génie est de se maintenir constitutionnellement au pouvoir tandis qu'il lui échappe inexorablement.

Entre eux, Mitterrand et Cresson ne parlent pratiquement pas de tout cela. Elle par orgueil, lui pour ne pas aviver ses plaies. Chaque fois qu'il lui fait une remarque, elle se crispe. Lui dit-il que les formulaires pour les emplois familiaux qu'elle est en train de créer sont trop compliqués, Cresson tombe des nues : il lui a fallu un nombre incalculable de réunions houleuses avec des fonctionnaires récalcitrants pour parvenir à un texte simple et compréhensible. Elle revient donc à l'Elysée avec un exemplaire imprimé et démontre la calomnie. « Après cette histoire, Mitterrand ne m'a plus rien objecté mais je savais que le travail de sape continuait. Il était très gentil, très agréable, rien ne pouvait me donner l'impression qu'il me lâchait. Mais même avec lui, quand j'entrais dans son bureau, j'essayais de deviner à travers ses propos ce qu'on avait encore bien pu lui raconter sur moi. L'unanimité dans l'abjection est toujours quelque chose de très choquant. J'étais Premier ministre, aux prises avec une lourde tâche, et la moitié de mon énergie, oui la moitié, était consacrée à prévoir, à déceler les signaux de ce qui se fomentait, à me faufiler entre les balles. » Publiquement, l'aide que lui apporte le Président ne présente aucune faille et personne ne peut prétendre l'avoir entendu douter d'elle ouvertement. Lorsqu'elle est prise dans la tourmente de sa mort proclamée, il monte au créneau pour elle. En ouvrant le Conseil des ministres du 2 octobre, il défend celle qui est « injustement attaquée » et les réformes de la société française qu'elle entreprend. Il réclame aux ministres de la soutenir dans sa tâche, de cesser de parler chacun dans son coin et de se contredire. Le moins qu'il lui doit, après lui avoir imposé la quasi-totalité de cette équipe. Ce n'est pas un hasard : les plus loyaux, Martine Aubry en tête malgré ses exaspérations, sont ceux que Cresson a choisis elle-même. Que Mitterrand ne puisse pas se déjuger trop vite n'explique pas tout. Dès ce moment, il sait que son coup ne marchera plus et qu'il lui faudra se séparer d'Edith, bien qu'il affirme : « J'ai pris cette décision tout à la fin, juste avant les élections régionales ». Mais il n'y a pas que le refus de reconnaître sa propre erreur d'appréciation sur l'état psychologique et politique des lieux socialistes, et sur lui-même. Il croit toujours qu'il faut hâter la modernisation de la France, vaincre les blocages pour être à l'heure en 1993, et qu'Edith Cresson, malgré l'impopularité, ses défaillances et l'hostilité de tout l'establishment, peut encore y contribuer. L'Europe a remplacé le socialisme dans sa trajectoire personnelle, et il invente en cet automne un deuxième et utopique « ni-ni », ni chômage ni inflation, précisément pour indiquer sa route. Il adhère aux délocalisations qui se préparent; il encourage son Premier ministre à faire les restructurations industrielles nécessaires; il accédera même à sa demande d'organiser un conseil restreint sur Maastricht. De surcroît, Mitterrand n'est pas homme à se laisser forcer la main, à céder avant longtemps aux pressions. Les attaques que subit Cresson l'indignent profondément. Quiconque lui fait une réflexion sur l'échec du Premier ministre essuie une réplique cinglante. Conscient de sa responsabilité, il ne tolèrerait pas de l'humilier en la renvoyant déjà. Il prend ainsi le risque de gouverner contre les ministres frondeurs, les parlementaires socialistes aux abois et les chefs de clan du PS déchaînés ; contre l'opinion aussi, avec les conséquences électorales que cette attitude implique.

Les troupes renâclent de plus en plus. La révolte atteint même Pierre Mauroy avec lequel le Président s'entretient toutes les semaines, le changement de mode de scrutin occupant une large part de leurs discussions depuis la mi-juillet. Le Premier secrétaire, accusateur : « Tout ça, ce n'était pas la faute du parti socialiste ! Il a gardé jusqu'à très tard une excellente image auprès des Français. En revanche, je voyais les sondages mensuels de la Sofrès à cette époque et boom ! Ça chutait, ça chutait !... C'était la conséquence d'une érosion naturelle certes, mais surtout de l'impopularité de ce gouvernement. Je me disais : bonsoir, c'est sérieux ! » Il s'ouvre de ces difficultés à Mitterrand qui défend « à bloc » le Premier ministre : « Edith est forte, courageuse, elle a de bonnes idées. » Mauroy, s'il lève les bras au ciel, ne s'étonne pas outre mesure : « Chaque chef de gouvernement est un cas pour le Président et lorsqu'il donne sa confiance, j'en ai su quelque chose, il manifeste une vraie fidélité. Surtout quand il y a des problèmes. » Pour sauver les socialistes, Mauroy a son plan de bataille : « Je voulais l'instauration de la proportionnelle et une alliance avec les écologistes. J'étais convaincu que si le Parti voulait bien me suivre, on allait s'en sortir. » Il souhaite aussi un changement immédiat de Premier ministre. Puisqu'il ne peut rien tirer sur ce point de Mitterrand, il entreprend de se débarrasser autrement du chef de gouvernement au moment même où, dans son propre dos, se nouent des liens contre nature au PS entre Rocard et Fabius pour le renverser! Mais comment renvoyer Edith Cresson? S'il est vrai, comme l'a écrit Laurent Joffrin à la mort de Pierre Bérégovoy dans un remarquable éditorial [1], que la démocratie est un système d'autant plus cruel que « le coup d'Etat y est remplacé par le coup bas », ce qui se trame là en est une parfaite illustration. Une fois de plus – tandis que Cresson se contraint au silence par une nouvelle stratégie médiatique aux effets pervers –, tout passe par les mots pour l'abattre. A elle, plus personne ne prête l'oreille, mais on écoute tous les autres. Et les autres réclament : Delors! Delors! Delors! Si l'hypothèse n'est pas neuve, puisqu'en plein été elle avait déjà surgi, elle prend tout à coup, sous l'impulsion des mauroyistes, une vigueur considérable dans le Paris des rédactions, des partis et des cabinets. La rumeur court, portée ensuite par tous les courants, s'amplifie, insistante comme une suggestion autoritaire, presque comme une menace. Le président de la Commission se retrouve ainsi plébiscité par ceux-là mêmes qui ne l'ont jamais adopté et sur lesquels il ne se fait guère d'illusions. « C'est un bruit sans fondement, affirme-t-il à Edith Cresson avec qui il déjeune à Matignon une fois par mois. Le Président ne m'a rien demandé. Quant aux socialistes, leur affection soudaine m'amuse : ils m'ont jusqu'ici considéré comme un homme inutile puisque je ne suis pas nuisible. »

Les socialistes se chargeant de faire son travail, la

---

1. *Le Nouvel Observateur*, 6-12 mai 1993.

droite vit en extase. Elle en profite pour enfoncer le clou sur tous les thèmes que le mécontentement vrai et ses actions en sous-main font éclater à la une de l'actualité : immigration, agriculteurs, infirmières, fonctionnaires, transporteurs routiers. Bien sûr, elle malmène le Premier ministre dont les prestations à l'Assemblée tournent au cirque méchant bien qu'elle fasse front – voix beaucoup plus posée, micros enfin adaptés, maintien raide – sans se démonter : « Ça ne sert à rien de crier comme ça ! » Dans les couloirs, les petites phrases se multiplient. Gérard Longuet s'amuse : « On vient d'inventer le coma institutionnel. C'est-à-dire qu'elle [Cresson] est encore alimentée mais l'électro-encéphalogramme reste plat, à la limite de la survie. » De toutes parts, on espère tant sa chute que lors de l'ouverture de la session d'automne, *Le Monde* titre, étonné : « La curée n'a pas eu lieu... » La messe est dite et, quelque temps plus tard, *Le Figaro* peut écrire, en analysant un énième sondage : « Dès lors, et même si une telle situation peut sembler à bien des égards injuste ou imméritée, l'analyse attentive des structures de l'opinion publique ne permet pas de distinguer les ressources politiques qui, à terme, permettraient de renverser le destin de l'impopulaire madame Cresson. »

A Matignon, Edith Cresson se retranche dans son petit bureau blanc où seul un Matisse rappelle que la République est aussi un art. Le Premier ministre qui tient à un fil choisit l'électro-choc. « Ou je démissionnais de fait en m'inclinant ou je gouvernais quand même. » Avec les hommes de sa garde rapprochée, elle va essayer de passer en force pour imposer le programme qu'elle s'est fixé. Forteresse assiégée, la rue de Varenne riposte aux assauts en se métamorphosant progressivement en PC d'urgence.

A l'intérieur du quartier général, les chefs de file parent au plus pressé, ce flot d'événements quotidiens qu'il faut traiter dans la seconde, et mènent à la baguette les réunions internes ou interministérielles dont le nombre s'accroît au fur et à mesure que gagne l'urgence. Cresson participe elle-même à nombre de ces séances de travail où l'on n'a guère l'habitude de voir un Premier ministre, suit de très près les dossiers, exige d'être tenue au courant des suites de chaque décision importante, lit tous les comptes rendus, supervise les « bleus », annote, corrige, relance. La machine Matignon – rituellement animée par le cabinet et le secrétariat général du gouvernement – devient davantage l'affaire du Premier. Les manières de l'équipe Cresson heurtent les mœurs huilées de ce lieu et font souffrir le gardien de l'institution, grand serviteur de l'Etat qu'est Renaud Denoix de Saint Marc. Pour un peu, il jugerait, comme Hubert Védrine, que Matignon « n'est pas dirigé de façon démocratique ». Le Premier ministre ne le voit ni ne le reçoit. La quasi-totalité des conseillers sont également laissés à la périphérie de l'action. Ils n'ont pas accès à Edith Cresson, comprennent mal les ressorts de sa politique et sont d'autant plus sensibles à l'audimat taraudant des sondages, au laminage des conversations de la ville. Avec bien des ministres et les administrations, les relations ne sont pas meilleures. Puisqu'ils traînent les pieds, Edith Cresson fait contre eux s'il le faut. Les « salopards » ne sont pas en symbiose avec leurs homologues, ils donnent des ordres, se placent sur le terrain de la confrontation. « Pas moyen de faire autrement, reconnaît Jean-Louis Chambon. D'abord parce qu'il fallait faire tourner la machine, ensuite parce qu'on est forcément solidaire dans une situation pareille. Je me suis fâché ainsi avec la plupart de mes potes. » Curieusement, c'est au moment où l'on prétend que Matignon n'est pas gouverné qu'il l'est, avec un extrême autoritarisme auquel chacun, dans son domaine, Farnoux, Lamoureux et Barbot, apporte sa touche. Après une scène violente entre Bérégovoy et le directeur-adjoint de cabinet – qui a arbitré au nom du Premier ministre pour un déficit budgétaire de quatre-vingt-dix-huit milliards pour 1992 –, le ministre des Finances, exaspéré, lance à Cresson : « Je n'ai plus qu'à m'en aller! Je voudrais savoir si c'est Lamoureux ou moi, le ministre! » Elle ne veut plus rien laisser au hasard, ni aux autres. Elle se convainc qu'elle seule a encore le sens de la mission, échappe à la sclérose environnante. Elle n'a, il est vrai, aucun autre moyen pour tenir.

Et elle abat la besogne. Avec Martine Aubry dont elle apprécie la poigne, la compétence et la subtilité – une des rares qu'elle écoute parce qu'elle se sent en confiance –, elle sort le deuxième volet de mesures sur l'emploi. Ces deux pragmatiques exonèrent de charges sociales pendant un an toute PME qui embauche un jeune non qualifié de dix-huit à vingt-cinq ans. « Cadeau aux patrons! » « On renonce à l'aménagement et à la réduction du temps de travail! » hurlent les socialistes. Cresson ne leur avait-elle pas expliqué quelques mois auparavant qu'elle ne croyait pas, en période de crise, à ce qu'ils préconisent, eux? Et puis, Aubry et elle créent les emplois familiaux. Une trouvaille astucieuse qui va connaître un succès foudroyant. Et pour cause : une réduction fiscale très importante est accordée aux foyers qui utilisent les services d'une personne à leur domicile. Il y a là un gisement non exploité. Car les riches ne sont plus aujourd'hui les principaux employeurs pour ce type d'activité, mais les personnes âgées, les handicapés, et tous ceux qui ont besoin de faire garder leurs enfants ou de les seconder dans leurs études. Au total des centaines de milliers de Français qui fuient souvent la déclaration à l'URSSAF. Il ne s'agit donc pas seulement de légaliser le travail au noir ou de ressusciter les « petits boulots » si honnis par la gauche, mais d'apporter des réponses pratiques à un problème de vie quotidienne. Cresson regrettera toujours de ne pas avoir eu le temps de défricher ainsi tous les terrains d'emplois possible, persuadée que l'absence d'imagination est un des facteurs de la rigidité du marché.

Sur l'emploi précisément, Mitterrand ne lui laisse aucun répit, d'autant que dans les entreprises publiques des vagues de licenciement s'apprêtent à déferler. A l'Assemblée nationale, le Premier ministre, répondant à une question d'actualité, met en garde leurs dirigeants. L'avertissement vise surtout Bernard Attali, le patron d'Air France, qui vient d'annoncer sans prévenir trois mille suppressions d'emplois. La presse ne prête pas suffisamment attention aux propos peu convenus d'Edith Cresson : « Lorsqu'il y a licenciement, il me semble normal que chacun porte sa part du fardeau : les dirigeants des entreprises publiques concernées devraient accepter une diminution de leur rémunération. Si des licenciements se révèlent nécessaires, les entreprises publiques doivent négocier avec les partenaires sociaux et l'Etat actionnaire. » Attali, lui, n'a pas du tout entendu. Alors, Cresson le convoque et, lors d'une scène mémorable où tous deux se font face debout, de part et d'autre du bureau ovale, elle se permet de le traiter odieusement. Elle parle de le révoquer, forte de l'appui présidentiel, Mitterrand lui ayant affirmé : « Je ne vois aucun inconvénient à ce que vous licenciez un patron qui licencie. » L'affaire s'ébruite évidemment et contribue à rendre encore plus hostiles les responsables de ces entreprises. Farnoux, de son côté, n'est pas en reste. Il ne cache pas son opinion : « Un président de nationalisée est un monsieur nommé par le président de la République pour trois ans dans des conditions beaucoup plus sûres qu'un Premier ministre au-dessus duquel il se croit, sans que jamais ses pouvoirs soient délimités. Normalement, il doit faire marcher sa boîte, être responsable devant son actionnaire. Mais il ne se tourne vers lui que pour lui demander des subventions quand il est en difficulté, avec force paires de claques et coups de pied au cul. Cette habitude a été prise ces dix dernières années et Edith a voulu restaurer l'autorité de l'Etat en obligeant ces messieurs à rendre compte. Après une décennie du système de droit divin, et alors que ces patrons étaient à un an du renouvellement de leur mandat, ils n'ont pas supporté. »

C'est dans ce contexte de grande tension entre l'establishment industriel du secteur public et le Premier ministre qu'éclate, à Renault-Cléon, un conflit dont tout le monde se serait bien passé, en ce moment d'agitation sociale spectaculaire. Le P-DG, Raymond Lévy, devant un mouvement de grève, réclame immédiatement l'intervention des CRS. Méthode brutale que refuse Edith Cresson par principe. Elle fait venir Lévy à Matignon et s'oppose à lui très fermement : « Dans un conflit, on négocie d'abord. Pas question d'envoyer les CRS ! » Malgré plusieurs semaines de discussions avec l'aide d'un conciliateur nommé par Martine Aubry, c'est l'impasse. Le Premier ministre est obligé de décider l'évacuation en douceur par les CRS. Mais elle la supervise elle-même, redoutant terriblement un incident, et demande qu'on multiplie les précautions. Elle s'installe chez Gérard Moine, sur le bureau duquel est étalé le plan de la très vétuste usine d'où était partie la révolte de mai 68. Elle étudie avec les autorités concernées la stratégie à adopter « pour ne pas faire de casse. Les grévistes doivent pouvoir sortir la tête haute pour que le dialogue reprenne. » Là encore, grâce à des fuites, on l'apprend. On déforme l'anecdote en racontant que Cresson s'est mise à quatre pattes sur la moquette pour regarder le plan posé à même le sol et on se gausse : est-ce bien le rôle d'un des plus hauts personnages de l'Etat que de se livrer à cet exercice ? Cresson : « Tant pis pour ce qu'on en a dit. S'il y avait eu des morts, c'était pour moi. » Elle en profite pour mettre en route un projet – il ne verra pas le jour – instaurant la cogestion dans ces entreprises publiques. « On s'arrêtait à de l'anecdote. Moi ce que je voulais, pour rendre nos sociétés nationales plus compétitives, c'était y introduire la participation des salariés et le consensus social dont on parle tout le temps sans le promouvoir. Faire comme en Allemagne. Cléon était exemplaire de ce qui ne fonctionne pas chez nous. Certains patrons français ne veulent pas d'un modèle inspiré de la cogestion ? Et alors ? Est-ce une raison pour abandonner ? »

L'opinion en tout cas ne perçoit nullement la cohérence de son action, elle n'en retient que les stridences. Dans ce climat délétère, le Premier ministre et son équipe règlent pourtant – et durablement – les conflits avec les infirmières, les fonctionnaires, les transporteurs routiers. Ils s'en autorisent même un autre avec les dockers en soutenant sans réserve la réforme – encore une, et capitale – de Jean-Yves Le Drian, secrétaire d'Etat à la mer. Pour rendre les ports français compétitifs, alors qu'ils sont asphyxiés par les coûts de la manutention, il s'agit ni plus ni moins de mensualiser les dockers, de casser le monopole d'embauche de la CGT et, par là, de réduire les effectifs. Pari extrêmement risqué en cette époque plus qu'agitée mais Cresson, navrée de voir Anvers, Rotterdam ou Barcelone récupérer le

trafic commercial maritime, y tient particulièrement. Depuis, à Dunkerque par exemple, il a augmenté de 60 %. Pour l'opinion, ce n'est qu'une grève
de plus, un signe supplémentaire du mécontentement général que le Premier ministre soulève. L'hys-
térie se nourrit d'elle-même et chaque décision,
arrachée au forceps, ne provoque que cris, râleries
et insultes. L'air de France est vicié par l'énorme
scandale du sida qui empoisonne lentement le corps
social et suscite un violent spasme de rejet à l'égard
de ceux qui se sont collectivement rendus coupables
de l'infamie.

L'indemnisation des transfusés et des hémophiles
contaminés depuis 1985 par la faute du CNTS
(Centre national de transfusion sanguine) et de son
directeur, le docteur Michel Garetta, est une affaire
qui traîne scandaleusement. Malgré la multiplica-
tion des procès intentés par les familles des victimes,
les premières inculpations prononcées par les tribunaux en quelques mois, les difficultés que les plai-
gnants rencontrent pour se faire indemniser, et les
documents irréfutables qu'Anne-Marie Casteret
publie pour l'honneur de la presse, semaine après
semaine, dans *L'Evénement du Jeudi*, le pouvoir n'a
pas donné l'impression de mesurer vraiment l'étendue du drame. Encore moins de prendre ses responsabilités. Il a préféré faire le gros dos – sur l'air de
moins on en dit, plus on tarde, plus on cache et
mieux ça vaut –, déjà assommé par les « affaires » qui
sortent sur le financement du PS et la corruption de
quelques parlementaires. Les sommes nécessaires
pour l'indemnisation – Bercy évoque alors six à
douze milliards –, l'ampleur de la tragédie, l'implication plus ou moins évidente de ministres qui se
dérobent, tout démontrait qu'il fallait prendre des
dispositions particulières, que la solidarité de l'Etat

était d'emblée légitime, qu'il avait lui, principalement, une dette à régler. Entre mai et septembre, les révélations sont tombées, de plus en plus accablantes pour les autorités de tutelle du système transfusionnel et quelques fonctionnaires qui ont pris des décisions mortelles. Edith Cresson demande qu'on publie le rapport Lucas qui fait le point sur les responsabilités. Début octobre à l'Assemblée, la droite, qui a oublié qu'elle a couvert les mêmes circulaires pendant la cohabitation, s'est déchaînée. Enfin, le gouvernement s'est décidé à agir, quoique le Premier ministre n'ait pas publiquement manifesté pour ce dossier l'intérêt que l'on pouvait attendre d'elle, qui n'a pourtant rien à se reprocher, pas plus d'ailleurs que dans les « affaires ». Pendant un mois, des négociations ont eu lieu avec les compagnies d'assurances au terme desquelles elles se sont engagées à verser 1,2 milliards en 1992. Tout semblait bouclé au grand soulagement du chef de gouvernement qui pense avoir fait face à l'urgence politique et réparé, si tant est que cela soit possible, l'injustice. Mais l'affaire lui reviendra bientôt comme un boomerang.

Dorénavant, Edith Cresson ne travaille plus pour convaincre. Elle projette son action dans un avenir qui ne lui appartient plus et qui échappera aux socialistes. Avec un sens de l'Etat débarrassé de tout objectif partisan, toujours droit devant, elle cherche à s'inscrire dans la durée par des mesures dont elle est convaincue du bien-fondé et qui devraient susciter, à terme, un consensus. Dans cet état d'esprit, elle engage le pays dans la profonde mutation des délocalisations. Ah, que cette audace lui coûte cher encore! Comment? Envoyer en province des institutions vénérables, obliger leurs directeurs à quitter leurs magnifiques bureaux parisiens? Cresson est décidément tombée sur la tête! Cette politique d'aménagement du territoire, entamée par Michel Delebarre, sous Rocard, n'a jamais séduit les ministres de gauche ni les hauts fonctionnaires, c'est le moins que l'on puisse dire. Aucun argument ne porte : ni la nécessité de faire glisser les emplois vers les régions, en décongestionnant l'Ile-de-France au bord de l'explosion; ni la possibilité ainsi offerte d'aider les villes moyennes en difficulté, d'améliorer l'économie locale et de favoriser leur essor intellectuel. Quant à l'idée saugrenue de réserver le patrimoine immobilier ainsi libéré à des logements pour les fonctionnaires qui doivent faire des heures quotidiennes de train et de métro, il faut vraiment frôler la folie pour proposer une chose pareille! On veut rester dans la capitale.

Certains membres du gouvernement – qui devaient chacun apporter une liste des services à transférer –, ont remis des feuilles blanches, lors de la première réunion de travail. « Si vous ne collaborez pas, c'est nous qui allons choisir unilatéralement! » a prévenu Lamoureux. Pour forcer la main des ministres récalcitrants, le cabinet Cresson monte un coup : Lamoureux ouvre la réunion suivante en annonçant que la Banque de France et l'INSEE seront délocalisées. Bérégovoy manque tomber à la renverse! Le projet-gag est évidemment retiré, mais du coup, la décision la plus explosive passe sans provoquer d'indignation dans les rangs ministériels : l'ENA ira à Strasbourg. Au départ, la suggestion est venue de Delebarre; Cresson y a souscrit tout de suite. L'idée a été tenue secrète tant sa charge symbolique est considérable. Quel moyen plus spectaculaire en effet pour s'attaquer au jacobinisme et manifester une volonté d'adapter l'élite au défi européen? La grande école la plus prestigieuse du système français s'installant à Strasbourg, c'est de

286

la part d'un Premier ministre une provocation et une profession de foi. Cresson s'attaque au cœur de l'establishment, à la crème de la fonction publique. Les premiers étudiants qui rejoindront la ville alsacienne, sans doute ignorants de l'Histoire, clameront à la « déportation » et les énarques de Bercy jureront de se venger. Isabelle Bouillot, directrice du Budget, qui siège aussi au conseil d'admnistration de l'ENA, n'apprécie guère d'être « traitée en cloporte ». Le procédé, il est vrai, ne manque pas de brutalité : personne n'a le temps de dire ouf! Le président de l'ENA, René Lenoir, apprend la nouvelle par la radio. Il sera bientôt remplacé. On parle à juste titre de « façons de voyous » et un intense lobbying se met en branle pour empêcher ce « scandale ». Seul Edouard Balladur fait savoir qu'il approuve l'ensemble des délocalisations. Il ne se reniera pas et confirmera en juin 1993 la décision de Cresson. L'opération, qui prévoit le déménagement de trente mille personnes, concerne, outre l'ENA, le SEITA, l'agence du Médicament, l'agence de l'Environnement et la Maîtrise de l'énergie, sans compter un ministère et des services d'Etat. Malgré les protestations, Cresson ne cédera pas, pleinement soutenue par François Mitterrand; et Pierre Bérégovoy, devenu Premier ministre aura l'élégance, quelques mois plus tard, d'arrêter le calendrier des derniers transferts qu'elle a décidés avant de partir. Ainsi, l'une des plus importantes mesures de la décentralisation aboutira, mais dans le tohu-bohu.

Trop tôt, trop tard... Décidément, rien n'arrive jamais à son heure. C'est le gouvernement pas de bol. Le temps des socialistes s'achève; leur présence dans le paysage politique français, et même leur unique chance de ne pas basculer à l'horizon ne tiennent plus qu'à un artifice mathématique : la combinaison de la proportionnelle. François Mitterrand, en leur proposant une modification du srutin pour les législatives, n'a pas pour seul souci de s'éviter une trop grande solitude pendant la seconde cohabitation. Il pense réellement pouvoir éviter le laminage de ceux qu'il a portés au pouvoir. Les simulations à partir du scrutin majoritaire réalisées dès le mois d'août, prévoient à peine soixante-dix députés pour le PS en 1993. Il faudrait que la proportionnelle soit sinon intégrale, du moins à très forte dose, pour transformer les résultats de manière significative. Elle est également le meilleur moyen de se faire des alliés des écologistes, en particulier de Brice Lalonde, dont le PS aurait bien besoin. Mais rien n'y fait. Le Président n'arrive plus à se faire entendre malgré les efforts qu'il déploie pour sauver les siens du naufrage. Durant cette période, il a beau les recevoir par groupes lors de petits déjeuners, il ne parvient pas à les convaincre de se rallier à la proportionnelle. « Ce sont des galopins. » En privé, François Mitterrand ne cache pas la lassitude désabusée que lui inspirent les députés socialistes. Il ne réussit pas mieux que Pierre Mauroy, malmené sur ce projet dans toutes les réunions de la rue de Solférino : pas mieux qu'Edith Cresson, convaincue depuis longtemps, qui prêche inutilement dans les dîners qu'elle organise désormais à Matignon avec les fédérations et les parlementaires pour tenter de renouer des liens. « Vous êtes trop jeunes pour avoir connu ça, lance Mitterrand à ses invités, mais j'ai su moi, parlementaire de la FGDS, ce que c'était que de ne même pas parvenir à m'exprimer à l'Assemblée, tant nous étions peu nombreux dans mon groupe. Voilà ce qui vous attend. » L'argument ne porte pas. L'intense travail prospectif de son cabinet et de celui d'Edith Cresson reste vain. Le chef de l'Etat, le Premier ministre et le Premier secrétaire, pris dans une même défiance, ont moins de poids auprès des socialistes que Michel Rocard et Laurent Fabius, momentanément liés par leur accord secret. Or, ils sont tous deux farouchement opposés à la tactique présidentielle. Le premier par conviction de toujours – il avait démissionné du gouvernement Fabius lors de la modification du mode de scrutin pour les législatives de 1986 – et parce qu'il trouve que « changer ainsi la loi à la veille d'une élection ne fait pas propre ». Par calcul personnel, aussi. Lorsqu'il demande un rendez-vous à Edith Cresson pour lui redire sa position, Rocard, crispé, ne juge même plus nécessaire de dissimuler. Cresson :

« Toi qui essayes d'être à l'écoute de la société française, de ses évolutions, de sa diversité, je trouve extraordinaire que tu refuses la proportionnelle. Elle seule offre la possibilité de faire émerger de nouvelles sensibilités.

– Je veux dans l'avenir pouvoir disposer d'une véritable majorité... »

Quant à Fabius, qui a une égale ambition mais un beaucoup plus long avenir devant lui, il a d'ores et déjà tracé une croix sur les législatives et préfère s'aligner sur les grandes fédérations que la proportionnelle inquiète. La base, dans cette affaire, n'a, là non plus, pas son mot à dire. La proposition que fait Mitterrand d'un vrai congrès en 1992 qui permettrait aux militants de se prononcer directement et de trancher démocratiquement, est écartée par les deux chefs de courants. Un revers pour le Président, qui ne cesse durant ces mois de remettre le sujet sur le tapis dans ses entretiens hebdomadaires avec son Premier ministre : « Que puis-je, puisqu'ils ne veulent pas et que Fabius est contre ? » Mitterrand et Cresson observent, désolés, le jeu tordu des présidentiables qui, épaulés par leurs lieutenants, mènent leurs troupes vers le gouffre. On entend ainsi le président de la commission des lois, le rocardien Gérard Gouzes, affirmer qu'il votera la censure du gouvernement si celui-ci persistait dans sa volonté d'instaurer la proportionnelle, alors que Cresson, devant toutes ces réticences, a publiquement déclaré qu'il n'était même pas question, pour elle, d'avoir recours au 49.3! Par ce débat qui les agite, et leur refus tout aussi ferme du scrutin mixte que Mitterrand leur conseillera par la suite, les responsables socialistes renouent définitivement avec leur culture d'opposition. Opposition dont l'objectif ne serait plus de reconquérir le pouvoir un jour, mais de le laisser échapper pour longtemps.

Dès lors toute erreur, aussi funeste soit-elle, pèse-t-elle encore? Or cette erreur, Edith Cresson la commet avec François Mitterrand sur le sujet le plus sensible et le plus symbolique : le sida. Voilà que sans avoir jamais évoqué devant elle ce recours, sans la prévenir et prenant par surprise ses ministres, alors que le dispositif était réglé pour 1992, le président de la République se prononce pour une loi d'indemnisation des hémophiles contaminés. Juriste, il sait la confiance que les textes suscitent et il devine que, dans cette affaire, les victimes et leurs familles ont plus que tout besoin d'avoir la certitude d'être, à tous les sens, prises en comptes. Il annonce ses volontés le dimanche 10 novembre sur la Cinq, chez Jean-Pierre Elkabbach. L'avis en ce sens du Conseil d'Etat, les pressions des associations de défense des transfusés, la virulence de la presse l'y ont conduit. Mais il est aussi exaspéré par la lenteur des gouvernements successifs tandis que l'indignation populaire monte et que sa cote dans les sondages baisse. Il sait également que le sang dans une civilisation judéo-chrétienne est sacré : celui qui joue, à travers lui, avec la vie ne sera pas pardonné. La donne est claire : Cresson doit improviser un projet de loi qui permettra de réparer « sans mégoter ». Dans la précipitation, Matignon et les ministères concernés l'élaborent en dix jours. Bérégovoy – le ministre des Finances a l'autorité de tutelle sur les compagnies d'assurances qui pratiquent un efficace lobbying sur ses services – préférerait que le financement du fonds d'indemnisation s'effectue par des économies sur les dépenses de l'Etat, c'est-à-dire sur les différentes mesures de soutien à l'emploi. Bianco est partisan d'une augmentation de la CSG. Mais Mitterrand donne son feu vert à Cresson pour une autre solution : une taxe de 6 % sur tous les contrats d'assurance souscrits par les particuliers dans la limite de cinq cents francs. Ni l'un ni l'autre ne se rendent compte de ce que cette décision a d'extrêmement choquant. Elle débarrasse l'Etat de sa dette dont elle fait porter le poids tout entier aux Français. Maladresse ? Plutôt incohérence, dont l'effet psychologique ne peut être que désastreux. Cresson : « Je pensais, et Mitterrand aussi, que c'était une action de solidarité nationale. Je ne la trouvais pas a priori scandaleuse. De toute façon, ce sont toujours les contribuables, c'est-à-dire les innocents, qui paient. » Le projet adopté le 27 novembre est ensuite soumis au groupe qui n'a pas été consulté lors de son élaboration. Il connaît à partir de là des débats mouvementés qui s'aggravent au fil des jours. Cette parafiscalité qui touche plus encore de Français que les impôts, et sans distinction de fortune, n'est pas de son goût. Nombre de députés craignent aussi, et à juste titre, que l'opinion ne voit, dans ce refus de l'Etat d'assumer lui-même l'indemnisation des victimes contaminées, une nouvelle « magouille ». Le spectre de l'amnistie plane au dessus des socialistes. Le week-end qu'ils passent dans leur circonscription leur fait toucher du doigt l'impopularité de cette mesure : les électeurs sont ulcérés. Alors, ils reviennent le lundi matin, au bord de la révolte. Les compagnies d'assurances ne sont pas en reste, qui font campagne publicitaire et verbale pour la solidarité, mais contre « l'escroquerie », pour ne pas avoir à financer la faute absolue qui a été commise. Au point que Matignon doit menacer leurs dirigeants de licenciement, raconte François Lamoureux, qui traite ce dossier. Finalement, Jean Auroux, le président du groupe, fait savoir le mardi que les députés obtempéreront, bon gré, mal gré.

Mais qui maîtrise quoi, qui représente qui, et qui trompe qui ? Le mercredi matin, une centaine de parlementaires, après s'être lamentés sur « les conneries du gouvernement », retournent leur veste, décident de prendre Cresson de front et de lui jeter à la figure son projet de loi. Quand elle arrive l'après-midi à l'Assemblée pour les questions orales, son suppléant l'attend dans le hall pour la prévenir de ce qui se trame : « Ils s'excitent tous seuls, ils sont en train de transformer ça en rebellion contre toi. » Dès lors, le Premier ministre n'a qu'un but : « éviter à tout prix une polémique avec le groupe. Je ne pouvais plus me le permettre ». On la voit donc – spectacle insolite – s'enfermer entre deux interventions avec Poperen, Bianco et Auroux dans le bureau de ce dernier. En une heure de temps, elle règle un autre dispositif d'indemnisation qui mettra à contribution le budget de l'Etat et les compagnies d'assurances, se réservant la possibilité d'un prélèvement exceptionnel si elles refusent de contribuer à l'effort de solidarité. Le soir, Jean Le Garrec, porte-parole du groupe, monte à la télévision comme à l'assaut et pousse de vertueux cris de guerre contre le Premier ministre. Les députés viennent de gagner contre Edith Cresson. Victoire terrible qui les lave de tout soupçon de complicité, achève de la discréditer, et lui fait endosser la culpabilité morale d'un crime dont elle est innocente. Elle paye cher de toujours tout traiter en technicienne, de manquer au fond de sensibilité politique, de n'avoir pas perçu la portée philosophique et morale de ce drame. Elle sort intimement ébranlée de cette épreuve dont elle ne retient que la nouvelle « trahison » de ceux qui sont censés la soutenir. « J'ai réglé le problème de l'indemnisation dans des conditions pratiques que tout le monde s'est évertué à me compliquer. » Ses discussions avec Auroux, à qui elle reproche de l'avoir entraînée dans un guet-apens puisqu'il l'a laissée venir à l'Assemblée sans rien lui dire, ne la réconfortent guère : « C'est la base qui m'a débordé... » lui répond, penaud, le patron des députés. Ce jour-là, il ne peut échapper à personne que les socialistes sont tous contaminés par leur échec. Aujourd'hui, Jean Le Garrec dit : « On ne s'est pas bien comportés avec Edith. La plupart des députés voulaient qu'elle dégage le plus vite possible et ont eu, pour arriver à leur fin, une attitude de mecs égoïstes qui ne pensaient qu'à sauver leur peau. On lui a fait supporter beaucoup plus qu'elle n'aurait dû. Elle a aussi trinqué pour Mitterrand dont nous n'acceptions plus les volontés. Et nous, nous voulions imposer au chef de l'Etat de changer son Premier ministre car nous étions affolés par les sondages et la presse. Tout a été utilisé pour maintenir le feu qui devait la brûler. Elle a pris sur la gueule une masse de choses qui auraient fait péter n'importe qui et auxquelles elle a quand même résisté. Je ne suis pas très fier. »

Comment savoir d'où part, à ce moment, la nouvelle rumeur qui doit permettre de « dégager » Edith Cresson ? Cette fois-ci, le successeur souhaité s'appelle Robert Badinter, président du Conseil constitutionnel, l'homme de la vertu socialiste, dépositaire de toutes les nostalgies. Paris pense à lui

« pour donner du sens » à ceux qui l'ont si bien perdu que l'absurdité de cette hypothèse ne leur apparaît même pas. Voilà qui traduit en tout cas un rude désarroi tandis que certains députés commencent à adopter une subtile tactique de déstabilisation qui ira crescendo au fil des semaines : ils parlent à voix basse de quitter le groupe si Cresson demeure. Bientôt vont se faire publiquement entendre des voix qui réclament le départ du Premier ministre, comme celle de Christian Bataille, député rocardien du Nord. Noël approchant, tout est fait pour contraindre Mitterrand à offrir aux socialistes le cadeau de leur rêve. Justement, le chef de l'Etat est invité par Anne Sinclair, à montrer ce qu'il a dans sa hotte. Edith Cresson l'écoute à son domicile et l'entend prononcer une phrase qui tombe sur elle comme un couperet : « Tous les gouvernements n'ont qu'un temps. » Dans le contexte, un tel propos ne peut signifier qu'une chose : le Président, sans s'en être ouvert à elle, lui retire son soutien. « Je n'avais que lui pour me protéger, nous avions passé un contrat tacite et je n'imaginais pas qu'il puisse le rompre ainsi. » Un peu plus tard dans la soirée, elle prend son téléphone et appelle l'appartement présidentiel. C'est Danielle Mitterrand qui répond : « Je vous passe François. » Le Premier ministre demande au chef de l'Etat un rendez-vous pour le lendemain matin. Elle y arrive déterminée : « Monsieur le Président, après ce que vous avez déclaré hier soir, voulez-vous ma démission ? – Mais non, pas du tout. » Il trouve les mots pour la rasséréner et la confirme dans ses fonctions. Cresson : « Avec sa phrase qui ne devait rien au hasard, il voulait ménager la chèvre et le chou. En professant une vérité absolue, il autorisait toutes les interprétations possibles et laissait entendre que tout ne dépendait que de lui et de l'air du temps. » Toujours ces pressions qu'il tient en mépris et qui le poussent au contraire à la fermeté. « Cette insistance que certains mettent à dire que le salut des socialistes viendrait de présidentielles anticipées et de législatives, dans la foulée, ne sert à rien. C'est une idée de Rocard, ça. Il se trompe. Jamais je ne ferai ce cadeau-là. Les élections se dérouleront toutes selon le calendrier prévu. »

Les premiers jours de 1992 sont marqués par un coup de théâtre : Pierre Mauroy, usé, démissionne de son poste de Premier secrétaire. Les fabiusiens et les rocardiens associés ont eu raison de lui. « On l'a fait ressortir en loques » dit aimablement Claude Bartolone. Mauroy passe néanmoins la main à Laurent Fabius et invente pour Rocard une appellation qui risque fort de lui coller à la peau : celle de « candidat virtuel » à la présidence. Cresson est mise devant le fait accompli. François Mitterrand, ayant enfin ce qu'il voulait depuis le congrès de Rennes, peut commencer l'année un peu plus tranquille sur le front du PS. Mais en laissant s'installer rue de Solférino un des plus sérieux ennemis d'Edith Cresson, il manifeste clairement qu'il l'a déjà condamnée. Curieusement, elle n'est pas mécontente de voir arriver Fabius : il tient beaucoup de fédérations et elle pense qu'il saura remettre un peu d'ordre dans le parti pour la bataille de mars. Cependant, elle ne se fait guère d'illusions sur le rôle que, par lieutenants interposés, il occupe dans la stratégie d'encerclement dont elle est victime. Mais elle se sent plus assurée : le chef de l'Etat, pour montrer à tous qu'il faudra continuer à faire avec elle jusqu'aux élections, s'invite à déjeuner à Matignon, le 17 janvier. Deux jours après la prise de fonction de Fabius, accueilli au parti par le juge Van Ruymbeke venu chercher une disquette à preuves pour ses « affaires ». Pour ce déjeuner, Mitterrand a demandé à Edith Cresson de lui préparer l'oie farcie, une de ses meilleures recettes. Le Premier ministre en surveille elle-même la cuisson dans les cuisines de Matignon. Autour de la table sont réunis les plus proches collaborateurs du Président et du chef de gouvernement. Le message que Mitterrand délivre en bavardant agréablement est un encouragement à l'action : « Continuez à bousculer, à réformer, c'est très bien. » Il n'ignore pas qu'après elle ce sera trop tard. En l'occurrence, le réformateur est surtout Abel Farnoux qui, en secret et retiré de l'agitation quotidienne, mène la restructuration du secteur public, de l'électronique et de l'informatique : avec le projet du futur groupe Thomson CEA Industries – qui ne verra pas le jour selon le montage qu'il souhaitait, mais dont il sauvera l'essentiel, la micro-électronique de SGS Thomson, aujourd'hui en plein essor; et l'accord Bull-IBM, alors qu'il aurait préféré Hewlett Packard comme partenaire. Une ambition qu'épouse Edith Cresson et que soutient Mitterrand. Il la presse de rendre public le premier de ces deux projets, bien que, pour lui, la priorité des priorités reste toujours la politique : « Ah, vous m'ennuyez à toujours me parler de ces problèmes industriels! Parlons plutôt de politique... »

La politique, ce sont les « affaires » et les lourdes conséquences psychologiques de la loi d'amnistie, votée sous Rocard sur une idée de Mauroy, et dont Mitterrand répète à Cresson que « c'est la plus grosse erreur depuis des années ». La situation le préoccupe gravement et il a chargé de ce dossier trois hommes, Michel Charasse, Roland Dumas et Philippe Marchand qui se réunissent régulièrement à Bercy dans le bureau du ministre du Budget. Ils y débattent de l'attitude à adopter – laisser faire la justice et la lumière ou essayer de museler les magistrats. Le chef du gouvernement ignore tout de ces conciliabules secrets. Mitterrand se tait là-dessus, et laisse Cresson agir à sa guise : elle propose un projet de loi sur le statut des élus, instaurant la transparence de leur patrimoine et la fiscalisation de leurs revenus. Dans leurs rangs, c'est le tollé. Cresson : « Chacun d'entre eux croyait qu'il était très bien vu dans sa circonscription et que ces scandales devaient rester de la seule responsabilité du gouvernement. Pourtant, je leur proposais une occasion de faire face et d'aider à une clarification que les gens souhaitaient. » Edith Cresson est alors certaine qu'elle durera jusqu'aux législatives de 1993 et elle veut continuer à réformer comme l'y encourage habilement le Président. Pour elle, il faut à tout prix éviter un bilan catastrophique, échapper devant l'Histoire à l'accusation de n'avoir été que le syndic de faillite du socialisme. De plus en plus, elle a conscience qu'il lui faudrait une équipe ministérielle à sa main, et non plus cette cohorte d'éléphants résignés à la chute. C'est le plus urgent des changements à accomplir pour échapper à la contradiction dans laquelle elle est enfermée. L'affaire Habache arrive à point nommé, qui va mettre en évidence la nécessité, vitale pour elle, d'un remaniement.

« Qui c'est ce Habache ? » A Matignon, ce mercredi soir 29 janvier, après avoir dîné avec des banquiers à qui elle reproche de ne pas soutenir les PME, Edith Cresson réclame vivement des renseignements sur le leader du FPLP. Son conseiller pour les affaires de police et de sécurité, Yvan Barbot, vient seulement de la prévenir que Habache est tombé du ciel à 21 heures 30, arrivé par avion à Paris pour se faire soigner. Le chef terroriste palestinien – qui a commandité les détournements d'avions dans les années soixante-dix, ordonné nombre d'attentats en Israël, dans les territoires occupés et sur des objectifs juifs en Europe – a obtenu pour cela l'accord de la Croix Rouge française que préside Georgina Dufoix, également chargée de mission à l'Elysée. Les caméras d'Antenne 2 – la chaîne a été alertée par un interlocuteur trop bavard – ont enregistré l'événement qui va devenir l'Affaire. Le Premier ministre n'est pas seul à apprendre si tard la nouvelle. Philippe Marchand l'a sue juste avant de passer à table avec son homologue espagnol, place Beauvau. Quant à François Mitterrand et Roland Dumas, ils l'ignorent complètement puisqu'ils sont à Oman où ils dorment tranquillement, ayant donné l'ordre de ne pas être dérangés. Ainsi, les quatre plus importants responsables politiques sont dans l'incapacité d'empêcher le scandale. Mais quel scandale? Celui de laisser entrer sur le territoire un malade, même indésirable, qui en fait la demande? Ou celui de découvrir que de hauts fonctionnaires du ministère des Affaires étrangères et du ministère de l'Intérieur étaient, eux, au courant depuis le lundi 27 janvier et ont donné leur feu vert pour l'opération, convaincus qu'elle a l'aval de l'Elysée puisque Dufoix a apporté sa caution? D'emblée, pour Edith Cresson, tout ceci prouve une fois de plus ce qu'elle ne cesse de dénoncer: l'absence de vigilance de l'autorité politique sur l'administration. Au fur et à mesure que lui parviennent par Barbot les informations sur la façon dont les choses se sont passées, sa colère augmente. Elle ne condamne pas tant François Sheer, secrétaire général du quai d'Orsay, qui a rendu un avis positif, Bernard Kessedjian, directeur de cabinet de Dumas, ou Christian Vigouroux, directeur de cabinet de Marchand, qui gère tout seul l'Affaire, que les ministres eux-mêmes. N'a-t-elle pas à se plaindre depuis longtemps de Dumas et, plus récemment, de Marchand qui ne tient pas sa police? Aussi, lorsqu'elle reçoit ce dernier le jeudi matin – rendez-vous prévu depuis plusieurs jours – ne fait-elle aucune allusion à l'Affaire et le ministre non plus! Détail significatif, s'il en est, d'une suspicion réciproque et d'une machine gouvernementale enrayée. En attendant, la voilà seule à Paris pour s'occuper de Habache puisque Gilles Ménage est encore à Oman avec Mitterrand, et que Hubert Védrine est curieusement introuvable. Seule, mais entourée de son équipe qui prend directement en charge ce délicat dossier et ne le lâchera plus. Le jeudi soir, quand le Président rentre du sultanat où il été prévenu en fin de matinée par une dépêche AFP, il lui téléphone à plusieurs reprises. Commme il repart aussitôt pour les Etats Unis avec Dumas, il lui laisse ses directives : « Il faut régler ça rapidement car tout le monde est en train de monter cette his- toire. » Habache doit retourner en Tunisie le plus vite possible mais sans que cela prenne l'allure d'une expulsion. Ménage s'occupera des modalités avec Matignon. L'arrivée de Habache dans un contexte politique difficile – la perquisition rue de Solférino, un fracas électoral dans une partielle à Lille et les sifflets essuyés par les militants socialistes dans une manifestation antiraciste – déclenche, à propos d'une anecdote qui aurait dû le rester, une cabale. A gauche comme à droite. Il n'est que d'écouter ce qui se dit et s'écrit : il n'y a plus d'Etat, la machine est grippée, c'est le système Mitterrand qui est en cause. Pendant deux jours et deux nuits, à Matignon, c'est le branle-bas de combat. Cresson, laissée dans l'ignorance de la venue de Habache, doit réussir la sortie du malade.

Or, l'opération est plus difficile qu'il n'y paraît. D'abord parce que les Danois et les Israéliens ont de sérieuses raisons de se montrer mécontents puisqu'ils recherchent le chef du FPLP. Ensuite parce que le juge Bruguière annonce qu'il le met en garde à vue : une cache d'armes découverte en 1986 à Fontainebleau aurait servi à son organisation. Si Bruguière l'inculpe, impossible de remettre le Palestinien dans un avion. Il faut donc le convaincre de renoncer. Yvan Barbot connaît bien le magistrat : il va se charger de discuter avec lui et de faire jouer l'intérêt supérieur de l'Etat pour qu'il prenne en compte les données du problème. Les deux hommes se rencontrent à plusieurs reprises dans des cafés. Le vendredi soir, l'objectif est atteint. A Matignon, la cellule de crise met au point le départ de Habache tandis que Philipe Marchand se trouve dans les Pyrénnées. Et le samedi, c'est Barbot qui est présent dans le bureau du préfet de police Pierre Verbrugge pour vérifier les conditions de ce qui ressemble fort à une expulsion. Dans le journal de Treize Heures de TF1, Jean-Luc Mano souligne que le Premier ministre a organisé avec succès la sortie de Habache. Dix minutes après, Védrine appelle Chambon pour reprocher violemment à Matignon de « tirer la couverture à lui ».

L'affaire Habache est pour Edith Cresson l'occasion de démontrer qu'elle gouverne et qu'elle doit pouvoir le faire mieux. A Mitterrand, revenu des Etats-Unis, elle réclame un remaniement. Le Président n'en a pas l'intention : il a déjà refusé la démission qu'est venu lui présenter le ministre de l'Intérieur, durement mis en cause. Ce sont les responsables directs, Scheer – « dont Dumas m'a dit au téléphone qu'il ne verrait aucun inconvénient à ce qu'il saute », dit Cresson –, Kessedjian et Vigouroux, qui paieront. Le dimanche soir 2 février, lors d'un dîner rue de Bièvre en présence de Charasse, Lang et Poperen, le Premier ministre revient à la charge. Elle en a plus qu'assez de travailler dans ces conditions et redemande à Mitterrand un changement qui lui permettrait d'avoir une équipe plus jeune et plus soudée. En vain. Le chef de l'Etat a condamné ce gouvernement qui ira donc, inchangé, jusqu'aux cantonales et régionales, ce qu'il se garde bien de lui laisser entendre. De son refus, elle conçoit de l'amertume : n'aura-t-elle donc jamais sa vraie chance?

Elle prend d'autant plus mal cette fin de non-recevoir que le « double jeu » de Laurent Fabius, le « chouchou », lui porte un coup supplémentaire. Profitant du cyclone dans lequel le pouvoir est entraîné, le fidèle Claude Bartolone donne le lundi 3 février une interview explosive au *Quotidien de Paris*. Faisant fi des règles institutionnelles et de la solidarité élémentaire en pareille tempête, il se prononce pour le départ du Premier ministre. Il appelle de ses vœux un « choc idéologique »... avec la nomination de Pierre Bérégovoy! Le ministre des Finances, dont personne n'ignore les ambitions, se croit obligé de démentir : il décline toute complicité avec ces déclarations. Cresson et son cabinet, qui viennent de traiter avec efficacité le dossier Habache, basculent dans une colère à l'égard du chef de l'Etat, qui n'est pas éloignée de la révolte. Qu'il ne sacrifie pas ses amis, Dumas et Marchand, pour ne pas céder à la horde, ils peuvent à la rigueur le comprendre. Mais qu'au moins, il empêche Fabius et ses hommes de torpiller publiquement son Premier ministre! Partout, les socialistes de tous clans se répandent contre elle, profitant de cette affaire. Ça suffit! Ces assauts, alors que la droite enfonce le coin, mettent en péril l'exécutif. Spectacle lamentable auquel Mitterrand doit mettre un terme d'urgence d'autant que Rocard, à *Sept sur Sept*, est lui-même entré en campagne contre le Président.

Mitterrand passe en effet à la contre-offensive. Vis-à-vis des socialistes, à qui il fait comprendre qu'ils sont en train de commettre une erreur cruciale au plus mauvais moment. Vis-à-vis de l'opposition, en décidant qu'une session extraordinaire du Parlement sera convoquée pour le vendredi 7 février. Edith Cresson, dont l'honneur est en jeu et l'humeur délibérément combative, insiste auprès de lui : « Je souhaiterais engager la responsabilité du gouvernement... » Le chef de l'Etat s'y oppose, il invoque le vote hostile des communistes. Et puis, il veut faire la démonstration, en obligeant la droite à déposer une motion de censure, qu'il n'y a pas de majorité de rechange. Pour la première fois, les logiques du Président et du Premier ministre ne coïncident pas. Certains conseillers d'Edith Cresson l'encouragent à mettre sa démission dans la balance. « Il n'était pas question pour moi de créer un problème de plus à Mitterrand. » Mince consolation : elle obtient de pouvoir tancer sérieusement en Conseil des ministres du mercredi 5 février ceux qui ont été défaillants. Et elle se prépare pour son discours de politique générale. L'affaire Habache n'y sera qu'un prétexte pour dresser un fier bilan du socialisme et remobiliser des députés qui ont promis de « faire corps » devant le péril. Il faut toute l'obscurité qui baigne les fins d'époque pour ne pas voir qu'une femme isolée incarne alors, dans son tailleur bleu marine, une virilité qui fait défaut à l'assemblée d'hommes qui l'entoure. A la tribune du palais Bourbon, Cresson, chahutée, malmenée par la droite, revendique bravement la gauche, mais, regard ironique et sourire insolent, elle adresse à tous ses adversaires impatients, quels qu'ils soient, un message de mépris qu'elle emprunte à Tocqueville : « Combien n'avais-je pas vu près de moi de ces hommes tourmentés de leur vertu et tombant dans le désespoir, parce qu'ils voyaient la plus belle partie de leur vie se passer à critiquer les vices des autres sans pouvoir jouir des leurs et sans avoir à se repaître que de l'imagination des abus! La plupart avaient contracté dans cette longue abstinence un si grand appétit de places, d'honneurs et d'argent, qu'il était facile de prévoir que, à la première occasion, ils se jetteraient sur le pouvoir avec une sorte de gloutonnerie, sans se donner le temps de choisir le moment et le morceau. »

Henri Emmanuelli, nouveau président de l'Assemblée nationale, entend-il ces propos, lui qui a déclaré à Cresson quelques jours auparavant en venant lui faire une visite protocolaire : « Non, tu ne seras jamais légitime! » Dans les couloirs, ensuite, les députés du PS affichent un optimisme de façade sur les effets de ce discours très réussi, rattrapage de celui d'investiture, mais rien décidément ne peut empêcher les perfidies. Le rocardien Bernard Poignant, maire de Quimper, déclare : « Finalement, ça lui fait du bien d'être aiguillonnée. » Pour tous les observateurs cependant, l'affaire Habache marque la fin d'Edith Cresson : il est évident qu'en n'accédant à aucune de ses demandes, Mitterrand indique que son départ n'est plus qu'une question de semaines. Avec sa modération habituelle, Alain Duhamel résume la situation dans *Le Quotidien de Paris* : « Puisque les facteurs négatifs l'ont emporté sur les facteurs positifs, cela devrait déboucher sur un changement de Premier ministre à la suite de la défaite inéluctable qu'annoncent les élections locales. Edith Cresson, qui est entrée à l'hôtel Matignon avec stoïcisme et dans le seul dessein de servir le chef de l'Etat en période de disgrâce populaire, aura d'ailleurs eu, malgré ses maladresses, plus de mérite que ce qui lui est généralement reconnu, mais elle n'a pu enrayer la chute de la majorité présidentielle. Elle en paiera le prix. »

Abel Farnoux insiste, avant de partir pour quelques jours faire une cure de thalassothérapie à La

Baule : « Surtout, ne te mêle pas de la campagne électorale. Laisse ça à Fabius. Sinon, tu seras rendue responsable de tout! » Mais les conseillers politiques, et François Lamoureux surtout, poussent au contraire Edith Cresson à s'y impliquer fortement. Le panache est dans la nature du Premier ministre. Fabius joue profil bas et, sous prétexte qu'il s'agit de scrutins locaux, ne veut pas faire de grands meetings. Les ministres appelés à se présenter dans les circonscriptions difficiles se dérobent les uns après les autres. Seuls Bernard Tapie et Léon Schwartzenberg, des recrues de la « société civile », sauvent l'honneur à Marseille et à Nice. Il est impossible de baisser ainsi les bras, de présenter un visage si résigné à l'opinion et aux militants qui se sont tant battus. Alors, avec l'accord de François Mitterrand qui cherche aussi à préserver l'avenir du Premier secrétaire du PS, Edith Cresson monte au front. Gouverner, c'est aussi combattre. Mais quelle témérité il lui faut, et dont personne ne lui saura gré. Qu'a-t-elle à proposer en effet? Rien. Le bilan de sa propre action, les réformes qu'elle a engagées, n'ont aucun poids en regard des scandales, des chômeurs et de l'impopularité. D'ailleurs, qui sait même ce qu'Edith Cresson a fait? Invoquer la gauche, en ces temps de déroute, ne peut au mieux prêter qu'à sourire, au pis que susciter le mépris. Il ne reste donc qu'à agiter l'épouvantail Le Pen et à dénoncer par avance la collusion de la droite avec le Front national, lorsqu'il faudra obtenir une majorité dans les assemblées régionales. C'est peu. « Dans le choix de ce thème, il n'y avait pas de ma part que du calcul, ou de la démagogie, loin de là. De fait, Mitterrand était réticent sur cette stratégie, il la trouvait trop simpliste. Mais devant les criailleries et les divisions des dirigeants, je voulais rassembler la gauche sur ses valeurs fondamentales. Je l'ai décidé seule car je reste convaincue que, dans une période de désarroi dû au chômage, l'extrême droite constitue un grand danger. » Contre Le Pen qu'elle a déjà poursuivi en justice, Cresson se déchaîne dans deux meetings, à Créteil et à Dunkerque. Mais décidément, quand l'Histoire ne veut plus, l'être est inutile. Les socialistes, qui d'ordinaire trouvent l'union dans la croisade contre les fascistes, se divisent : nombre d'entre eux refusent de suivre sur ce terrain le Premier ministre. Ses cris de guerre ne sont qu'un piège de plus dans lequel elle entraîne la gauche. Elle se trompe sur tout, elle porte la poisse et le discrédit. Certains candidats font savoir qu'ils ne souhaitent pas qu'elle vienne les soutenir : « Edith Cresson n'est pas présentable. » Et l'on continue à demander son départ. Jean-Marc Ayrault, le maire rocardien de Nantes, le fait à la télévision, le rocardien Bernard Poignant écrit à Mitterrand. Des députés agitent la menace de quitter le groupe. Et Laurent Fabius, exaspéré que Cresson ait pris en main la campagne électorale, dit à un interlocuteur : « Tout ça se paiera cher. » Contre ces attaques, Cresson est mithridatisée. Voici venue l'heure où elle se comporte en patron, envers et contre tous, applaudie par les militants qui n'ont pas tout à fait d'elle la même image que les leaders du PS, mais qui les écoute ? Elle bat la campagne, retrouvant cette ardeur qu'elle avait mise à conquérir Châtellerault. Que tout a changé pourtant ! Dans son fief, pendant ces mois, elle n'a pas eu de répit. Un Premier ministre n'a plus d'excuses à ne pas enrayer le chômage. Ce qu'on pardonnait à Edith, on ne le pardonne pas à Madame Cresson. Les six cents ouvriers de Sextant, qui craignent de perdre leur emploi, l'attendent maintenant à la descente du train avec une chanson : « Toi, tu vas partir... »

Le dimanche 22 mars 1992, le parti socialiste

essuie une déroute aux élections régionales. Il obtient son score le plus bas depuis le congrès d'Epinay avec 19 % des voix. Il chute de dix points par rapport aux mêmes élections de 1986, de cinq par rapport aux européennes de 1989. La gauche perd quelques-uns de ses plus vieux bastions. Le premier tour des cantonnales n'est guère plus brillant. Edith Cresson, comme d'habitude, est en ballottage à Châtellerault, plus difficile cette fois. A l'Elysée, où il reçoit à dîner le Premier ministre, Laurent Fabius, Jack Lang, Paul Quilès, Jean Poperen, Georges Kiejman et leurs épouses, François Mitterrand dit : « Attendons la fin du film. » Le dimanche 29 mars, avec le deuxième tour des cantonnales, le scénario catastrophe est bouclé. Les électeurs communistes et écologistes ont déserté, le PS est seul et pauvre. En rentrant de sa municipalité, Edith Cresson croise sur les marches de Matignon Jack et Monique Lang venus visiter les lieux qu'ils se croient destinés. Une heure plus tard, elle les retrouve à l'Elysée pour un dîner qui rassemble les mêmes acteurs que la semaine précédente. Devant François Mitterrand, elle est accusée en termes plus ou moins voilés d'être la responsable de la débâcle.

Chapitre 12

LA JOURNÉE DES DAGUES

Elle sait maintenant. Voilà quelques heures, à la foire de Hanovre où Edith Cresson s'est finalement rendue pour rencontrer Helmut Kohl, le haut-parleur, qui la réclamait d'urgence au téléphone, avait fini par dominer le brouhaha. A l'autre bout du fil, Anne Lauvergeon était mal à l'aise : « Le Président voulait te demander si tu es d'accord pour supprimer le Conseil des ministres de demain... Edith, encore une chose... On s'oriente vers une solution Bérégovoy... » Cresson vit donc ses derniers moments de Premier ministre.

Tenir, encaisser le choc. Après avoir raccroché, elle tire ses épaules en arrière comme le lui a appris son kiné, et elle repart tenir son rang. Le Chancelier, pourtant, ne s'y trompe pas. Avec discrétion et beaucoup d'élégance, il lui propose de ne pas s'attarder au dîner donné en son honneur, et de se retirer aussitôt après son discours. Dans l'avion du retour, elle réussit à donner le change aux journalistes qui l'accompagnent. L'esprit ailleurs. Ainsi, ce serait fini ? Mais François Mitterrand ne lui a toujours rien annoncé, lui. Ce dévôt de la litote, dont elle décrypte pourtant toutes les matoiseries, a réussi jusqu'ici à entretenir le doute. Or seule compte sa parole.

Rarement comme ces deux derniers jours, assis

derrière son bureau, le président de la République a autant tourné dans sa main son robuste coupe-papier, ce vieux compagnon d'âme qu'il polit comme un corps de femme ou caresse comme une dague, selon les visiteurs et les circonstances. Quarante-huit heures à peine se sont écoulées depuis le résultat désastreux des élections cantonales, le dimanche 28 mars, et il s'est déjà entretenu avec tout ce que le socialisme français compte de Premiers ministrables en transes, de barons las et d'apparatchiks angoissés. Il veut faire vite. Il sait que Jacques Delors, avec lequel il a passé plusieurs heures rue de Bièvre la semaine précédente, ne peut accepter son offre de remplacer Edith Cresson. La situation politique, l'exaspération de ces caciques, dont il ne cesse de fustiger en privé « la médiocrité et les intrigues », l'exigent. Mais Dieu que cela lui coûte. « Il n'est pas facile de donner le coup de grâce à qui, affectivement, on reste attaché. » Lorsque Cresson arrive à Villacoublay, le mardi soir 31 mars, elle est convaincue qu'il lui parlera enfin; demain matin : il lui a donné rendez-vous à 11 heures 30. Demain matin.

En attendant, il faut franchir cette nuit; et dans son appartement de la rue Clément-Marot, Edith Cresson entame le combat le plus déchirant de sa vie. Dans la solitude, elle mène un silencieux et violent face-à-face avec le président de la République, qu'elle invective comme elle n'osera le faire ni demain ni jamais. Se souvient-il de ce qu'il lui répondait, deux mois auparavant, à propos de l'affaire Habache? « Quand on obtient de vous que vous lâchiez une livre de chair, ensuite on exige toujours que vous en lâchiez plus. » Elle avait fini, alors, par admettre ses raisons. « Et maintenant, se révolte-t-elle, c'est moi tout entière qui suis jetée aux chiens! » Peut-il lui infliger pire humiliation que de faire triompher les deux hommes qui l'ont détruite ? D'offrir à l'un, Laurent Fabius, sa tête ; à l'autre, Pierre Bérégovoy, sa place ? Comment lui, si ferme devant l'adversité, a-t-il pu céder devant ces adversaires déchaînés ? Elle passe et repasse dans sa tête douloureuse leurs conversations de ces dix derniers mois, se remémore le soutien qu'il lui a apporté dans les épreuves traversées. Elle y puise un réconfort ténu. Pas une fois depuis vingt-cinq ans, il n'a fait la moindre entaille à leur alliance. Tant qu'elle n'aura pas entendu de sa bouche les mots définitifs, elle ne reconnaîtra pas tout à fait la vérité.

Il y a des levers lourds comme des crépuscules et le calendrier, ce hasard numéroté, y ajoute parfois le poids de l'ironie, comme pour donner une cohérence au destin. Edith Cresson se prépare à affronter le mercredi 1er avril, droite. Droite, elle arrive à l'Elysée et bavarde quelques minutes avec Anne Lauvergeon. Droite, elle entre dans la pièce aux fauteuils et aux canapés tendus de soie rouge qu'elle n'a jamais regardés, tant les lieux de façon générale l'indiffèrent.

« Bonjour, Edith...

– Bonjour, monsieur le Président. »

Ils s'assoient de part et d'autre du bureau, mêmes traits tirés, mêmes regards qui cherchent tout de suite à pénétrer, au-delà du visage et des propos, les secrets d'une pensée qui chemine chez lui dans la gêne, chez elle dans la fierté. Elle attaque : « Alors, il paraît que vous avez choisi Béré... » Comment va-t-il s'y prendre ? Quelles phrases soigneusement travaillées choisira-t-il ? Mitterrand laisse entendre que le ministre de l'Economie et des Finances pourrait avoir sa préférence, tout bien pesé, s'il devait changer le chef de gouvernement. Elle ne se gêne pas pour lui redonner son avis : « Vous feriez une erreur, il est trop gris! » Sans doute, mais les discussions qu'il a eues pendant qu'elle était à Hanovre avec Pierre Mauroy – deux fois –, Roland Dumas, Pierre Bérégovoy et Jean Auroux lui démontrent que le temps est venu de « changer l'équipe ». L'équipe ou le capitaine? Le Président reste vague : c'est à cette ambiguïté qu'elle s'arrête. Quant au calendrier électoral, il n'a aucune intention de le bousculer. Il faut d'abord apaiser les passions et les colères qui agitent le groupe à l'Assemblée. « En politique, arrive un moment où on ne peut plus faire contre les siens, et ils ne sont pas disposés à continuer comme ça. Vous n'êtes pas acceptée par les socialistes. Il se confirme de toutes parts que des députés sont vraiment prêts à quitter le groupe si je vous maintiens à la tête du gouvernement, c'est très préoccupant, cette situation. » Elle le coupe et répète ce qu'elle a mille fois martelé ces jours-ci :

« Mais c'est faux, c'est faux, cette histoire du groupe! Est-ce que vous vous êtes renseigné auprès de Poperen, comme je vous l'avais demandé? C'est son travail de savoir ce qui se passe au Parlement. Il vous le confirmera que c'est de l'intox, une manipulation! Il n'a jamais été question que des députés s'en aillent! C'est ceux qui veulent ma peau qui ont inventé ce mensonge!

– Tout ceci est injuste à votre égard, injuste... Et puis vous n'avez pas été épargnée par cette presse que Rocard « tient », n'est-ce pas. Il ne faut pas se faire d'illusion : jamais *Le Monde*, *Libération* ni *Le Nouvel Observateur* ne vous lâcheront... De toute façon, je n'ai toujours pas pris ma décision. »

On est loin du « Je ne suis pas Jupiter tonnant, nous déciderons ensemble » qu'il lui lançait il y a quelques jours à peine. « Il faut encore que je parle avec Rocard. » Elle lui fait toujours la même réponse, n'ayant rien oublié de ce qu'il lui a enseigné : ne pas se laisser impressionner par les sondages, les cotes de popularité, et continuer à gouverner.

« Moi, je gouverne, le jour où vous ne le voudrez plus, j'arrête.

– C'est une décision très difficile, Edith, la plus difficile que j'aie eue à prendre depuis onze ans, la plus difficile, y compris le départ de Mauroy...

– Le départ de Mauroy, ce n'était pas pareil, il y avait deux millions et demi de personnes dans la rue, c'était impossible de faire autrement.

– Certes... Mais là, vous connaissez le contexte. Vraiment, c'est très difficile. »

L'aveu est sincère. Ses conseillers les plus proches ont eu affaire ces derniers jours à un Mitterrand tendu, tourmenté, qui s'est même parfois laissé aller à la confidence : « Il faut en avoir vécu des défaites pour une victoire, hein, dans une vie. » Il espère adoucir la blessure qu'il inflige à cette femme, en confessant sa tristesse. Elle n'y voit qu'apitoiement sur soi-même et une nouvelle preuve qu'il est prisonnier des chefs de courant. La douleur présidentielle la laisse de marbre. Tandis que lui, à force de vouloir l'épargner, devient maladroit.

« Edith, dans l'hypothèse où nous serions amenés à nous séparer, la passation pourrait avoir lieu samedi seulement, cela vous laisserait le temps... D'ailleurs, si vous avez des papiers ou des affaires à entreposer, vous pouvez les mettre ici, à l'Elysée.

– Non merci. J'ai un bureau qui m'attend. Non seulement je ne demanderai rien à la République, mais je ne veux rien. »

De ce dialogue tourmenté, il faut sortir au mieux. Il lui accorde une revanche, tendre comme le bourreau offrant une dernière cigarette au condamné. Edith Cresson obtient un privilège : « Toujours dans le cas que nous envisageons, je vous laisserai libre des termes de votre lettre de démission. Vous ferez comme vous l'entendrez. » Elle n'est évidemment pas dupe : ils ont les mêmes comptes à régler avec les socialistes, et elle s'en chargera pour lui. La magnanimité ne saurait exclure le calcul. Une fois de plus, Mitterrand se sert d'elle. Enfin il la prévient qu'il lui donnera une réponse ce soir au plus tard. Il l'appellera à Matignon à 19 heures. En la raccompagnant jusqu'à la porte, il a le sentiment d'avoir été parfaitement clair. « Bon courage, Edith... » Quelques instants plus tard, le Président téléphone à Pierre Bérégovoy et lui demande de se préparer dans la plus grande confidentialité – 1er avril oblige – pour le lendemain.

Le courage. Comme si Edith Cresson en manquait! Dans la voiture qui l'emmène, elle s'interroge. Avec elle, Mitterrand n'a pas besoin de prendre de gants. Elle ne comprend pas pourquoi il s'est dérobé. Est-il possible qu'il ait changé d'avis? Elle est sûre d'Anne Lauvergeon qui, la veille, l'a prévenue. Mais elle connaît aussi le penchant du chef de l'Etat pour l'hésitation, cette canne qu'il a adoptée pour marcher vers son but en explorant tous les sentiers; le refus presque sauvage de se laisser imposer une conduite, et l'empêchement à trancher qui en découle. Et ce matin, elle l'a trouvé moins ferme qu'elle ne s'y attendait. Cela suffit pour qu'elle y croit encore. Un tout petit peu...

Lorsqu'elle arrive rue de Varenne, le Premier ministre réunit ses hommes de confiance. Elle s'enferme d'abord avec Abel Farnoux et lui rend compte brièvement de son entretien avec Mitterrand. Puis elle appelle Gérard Moine et François Lamoureux avant que Jean-Louis Chambon ne les rejoigne. Les uns et les autres ont été tenus au courant des événements par leurs amis de l'Elysée. Ils sont donc convaincus que le Président a parlé franc à Edith. « Non. J'attends toujours. Qu'il en finisse! Ou alors, il veut me garder. » Ses collaborateurs vont, pour la protéger, par souci des institutions et parce qu'ils en ont eux-mêmes besoin, donner le change aux journalistes et aux photographes qui font le pied de grue dans la salle de presse ou à la grille. Matignon, pour quelques heures encore, joue la comédie de la vie qui continue. Les réunions inter-ministérielles seront tenues, les « bleus » partiront. Lamoureux donne même l'ordre de mettre sous scellés les cartons du départ, pour empêcher ceux qui seraient trop pressés de vider leurs bureaux avant l'heure. Edith Cresson, elle, se préoccupe sur-tout de sa sortie. « On ne va pas me virer comme ça! Puisque Mitterrand me donne la permission de par-tir comme je veux, si je dois partir, ce sera de façon politique. Nous leur ferons une lettre bien sentie. »

L'un de ceux qu'elle entend montrer du doigt l'attend précisément dans la pièce d'à côté. Ils doivent déjeuner ensemble, comme chaque mer-credi depuis que Laurent Fabius a pris la tête du PS. Edith Cresson a une furieuse envie de supprimer ce rendez-vous. Quoi? Partage-t-on le pain de son assas-sin? Avec celui qui, mine contrite et mains pieuse-ment croisées, est allé sans cesse murmurer à l'oreille du Président les pires horreurs sur son compte? Mais c'eût été manquer de panache. Va pour la mascarade! L'Histoire a une façon de passer les plats qui coupe l'appétit, mais une dame doit savoir se mettre à table.

Elle est douce et nostalgique, la lumière qui baigne la salle à manger de Matignon, ce jour-là. Une lumière de trêve, plutôt que d'escarmouche. Cres-son a quand même voulu éviter un tête-à-tête d'où le pire pouvait advenir : elle a demandé à Moine d'être présent. Fabiusien, il saura dévier les lames, si elles devaient sortir de leur fourreau. Puis au dernier instant, crânement, pour bien marquer son indifférence aux attaques dont il a été lui aussi l'objet, elle impose Abel Farnoux. Le Premier secrétaire, lui, est accompagné de Jo Daniel, son directeur de cabinet. Quelques instants auparavant, dans le salon qui jouxte le bureau d'Edith, il l'a prévenu à voix basse que le sort du chef de gouvernement en est jeté.

Les cinq convives prennent place autour de la table ronde. Cresson et Fabius se sourient et s'observent; on dirait deux bretteurs que leurs témoins retiennent. Pourtant, le duel n'aura pas lieu. Puisque tout ne fut qu'intrigues, tout ne sera que comédie. Fabius n'est ni plus ni moins galet que d'habitude; Cresson aussi mondaine que sa mère le lui a appris. Du saumon au sorbet, la haine, le mépris observent une courte trêve. Le repas a une saveur surréaliste, un goût de décalage. Le Premier ministre en sursis, qui joue son existence et son honneur, dissimule son angoisse. Le Premier secrétaire victorieux déguise son soulagement. Ainsi, pas une seule seconde en une heure et demi, on ne parlera de ce qui occupe les têtes. Le lendemain, ils découvriront avec des haussements d'épaules les commentaires et les supputations de la presse qui, avec aplomb, prétendra qu'ils ont débattu ensemble de la survie d'Edith.

La conversation pour autant n'est pas vaine. A Edith Cresson qui l'interroge, Laurent Fabius raconte les circonstances de l'élection du RPR Antoine Ruffenac à la présidence du Conseil régional de Haute-Normandie, qui lui a échappé la semaine précédente : les communistes n'ont pas voté pour lui. Abel Farnoux le coupe, lui prodigue paternellement ses conseils et met la discussion, ce n'est pas tout à fait un hasard, sur la Résistance. Soudain, il se lève et disparaît pendant dix bonnes minutes. Il revient des feuilles à la main. Ce sont quatre photocopies de *L'Esterel*, la feuille du Chantier de Jeunesse n° 15, qu'il rédigeait sous Pétain. Il en distribue un exemplaire à chacun, dédicacé à l'encre bleue. « Vous voyez, le patron de cette publication m'avait reproché de ne pas assez parler du Maréchal. Alors, la fois d'après, j'ai mis en encadré une citation du Maréchal en effet, mais Foch : " Est vaincu celui qui s'avoue vaincu ". » On remercie, on s'exclame gentiment. Message reçu : « Messieurs, ne vous y trompez pas! Edith n'est pas vaincue, le combat n'est pas terminé! » Alors, Fabius, sibyllin, évoque l'état d'esprit du groupe et laisse entendre qu'il n'y a pas de fronde ouverte! Plus retors encore, Farnoux lui lance : « Eh bien Laurent, dans ces conditions, nous comptons sur toi!... » L'ironie du propos n'échappe pas au Premier secrétaire. Il doit se rendre tout à l'heure devant les élus socialistes réunis pour leurs journées parlementaires. Edith, elle, n'ira pas. Fabius et son lieutenant Auroux se sont chargés de convaincre Mitterrand que le Premier ministre risquait d'être physiquement malmené. Elle s'est inclinée devant le Président et n'a pas suivi, à regret, l'avis d'« Abel » qui lui disait la veille encore : « C'est une occasion unique pour toi de faire éclater leur lâcheté s'ils n'osent pas t'affronter; ou, s'ils le font, d'avoir enfin une grande explication. » Lorsque le déjeuner s'achève, Edith Cresson et Laurent Fabius s'embrassent, comme ils ont coutume de le faire. A peine passée la grille de Matignon, dans la voiture qui les emmène vers la Maison de la chimie, le Premier secrétaire ne desserre pas les dents et se plonge dans la lecture du *Monde*.

Ce sont des heures dures à tuer qui s'annoncent pour l'équipe Cresson. On tourne en rond, on sent l'inéluctable, on fuit ses sentiments, on s'accroche à l'improbable puisque le sûr n'est pas encore accompli. On se remémore le faux limogeage de Pierre Mauroy en 1983 après neuf jours de tractations; on se donne à l'envi les arguments inutiles qui justifieraient que l'on soit maintenu; on repousse une évidence – l'échec incontestable – et on n'en retient qu'une autre – la violente injustice. Les portes des bureaux s'ouvrent et se ferment au rythme des émotions, les fauteuils se tassent sous le poids de l'anxiété.

Un peu avant 19 heures, Edith Cresson s'est enfermée. Seule, du moins tout le monde le pense. Mais les cigarettes sont d'insuffisantes compagnes : pour ce voyage, elle a convié sa secrétaire, Monique Darracq, qui est aussi une amie, à rester auprès d'elle. Sur la table du Premier ministre, le téléphone de l'inter reste muet. François Mitterrand est en retard au rendez-vous qu'il a fixé. Rien n'est encore joué. Au fond, tout se résume en une phrase : « Il ne peut pas me faire ça. » Les minutes lentes, lentes tombent l'une après l'autre. Il est 20 heures 17 quand retentit la sonnerie. « Monique, prenez l'écouteur! » Dans le combiné, la voix du président de la République est si calme, le ton si posé... Le chef de l'Etat s'excuse de ce délai imposé, il a dû consulter plus tard que prévu et quitte à l'instant Michel Rocard. Il enchaîne, maître de lui et de la situation :

« Donc, comme vous me l'avez proposé, je vous donne le top pour votre démission. Envoyez-moi votre lettre, mais pas avant demain matin, demain matin à huit heures et demi.

– Bien, monsieur le Président.

– Au revoir, Edith.

– Au revoir, monsieur le Président. »

En vérité, François Mitterrand a attendu que les journaux télévisés soient largement entamés pour prévenir son Premier ministre : pas question que sa décision s'ébruite un 1er avril!

Quand Edith Cresson raccroche, elle est loin de ce genre de considération. C'est Mitterrand qu'elle accuse d'abord : il n'a donc pas eu le courage de lui parler en face! Aussi, puisqu'il attend sa lettre de démission, il l'aura. Mais ce sera une lettre de combattante qui se replie en laissant derrière elle le plus de cadavres possible. De combattante qui meurt debout. En somme, bien dans sa manière.

Elle sonne le rappel de ses collaborateurs les plus proches. « Eh bien, voilà, c'est fini... Nous avons bien travaillé ensemble, quoi que tous ces salauds aient toujours dit. C'est dommage d'arrêter maintenant, quand tant de choses étaient en route. Je vous remercie tous. Allons, il faut faire cette lettre, pas d'états d'âme! » Tristesse et colère : cette dernière tâche va, un temps encore, les endiguer. Une discussion vive s'engage. Le Premier ministre doit-il, aujourd'hui, dénoncer les torts des uns et des autres? Il a carte blanche. Farnoux, qui sait devancer l'avenir, n'en démord pas : « Un texte pareil doit être publiable par celui qui l'envoie et par celui qui le reçoit. » La version molle que Jean-Louis Chambon a déjà rédigée la veille lui convient parfaitement. Edith Cresson, soutenue en particulier par François Lamoureux, veut de la hargne. Elle est totalement déterminée à « lâcher publiquement le morceau », à n'écouter aucun de ceux qui prêcheraient la modération, fût-ce « Abel ». Certaines blessures appellent la vengeance, pour montrer que l'on n'est pas mort. Elle prend elle-même le stylo. Puis désigne Lamoureux pour porter la missive le lendemain matin à l'Elysée, où Gilles Ménage, directeur de cabinet de Mitterrand, sera de permanence. Pour la première fois dans l'histoire de la cinquième République, la lettre de démission d'un Premier ministre ne sera pas intégralement rendue publique. François Mitterrand découvre dans ce testament des mots qui ne sont pas écrits pour calmer ses troupes. Il veut empêcher que l'on entende sa fureur. Edith Cresson ne se laisse pas faire : elle donne l'ordre à l'un de ses conseillers de transmettre au *Monde* la phrase essentielle : « Vous savez que j'ai toujours estimé que, pour remplir pleinement ma mission, je devais disposer d'une équipe gouvernementale restreinte, plus soudée, et du soutien explicite des responsables du parti socialiste. Je constate que ces conditions ne peuvent être remplies. » Elle n'y est pas, en effet, allée de main morte. Ce ne sont pas seulement les socialistes et certains ministres qu'elle condamne. Mais le président de la République lui-même, qu'elle accuse implicitement, devant la France, d'avoir cédé aux « barons ». C'est lui qui l'a trompée en ne lui donnant pas les moyens de sa réussite. Ce document, plus qu'un au revoir, est un adieu. Aux socialistes, à la politique, et sans doute à François Mitterrand.

ÉPILOGUE

François Mitterrand et Edith Cresson devaient se revoir sous le ciel ensoleillé et lugubre de Nevers, le 4 mai 1993. Le suicide de Pierre Bérégovoy a eu, seul, le pouvoir de les remettre face à face. Pendant douze mois qui ont ressemblé à s'y méprendre à une année de deuil, l'ex-Premier ministre a répondu par un silence obstiné aux invitations que le président de la République lui a adressées, et elle a disparu de la scène. Mais la mort de son successeur, coup de grâce porté à une époque et à ceux qui l'ont faite, lui a imposé pour éviter toute équivoque de se rappeler à la mémoire des vivants et, par là même, de revenir dans le monde. Devant le palais des Ducs, à côté du cercueil où gisaient un homme et un symbole, la banalité des propos qu'ont échangés François Mitterrand et Edith Cresson avait la fausse légèreté des retrouvailles douloureuses.

« Bonjour Edith, comment allez-vous ?
– Très bien, monsieur le Président.
– Comment êtes-vous venue ?
– En voiture, monsieur le Président...
– Moi, je suis venu en train... »
Certaines paroles de l'oraison funèbre que Mitterrand venait de prononcer d'une voix que la fureur cassait autant que l'émotion, résonnaient encore

dans leurs têtes. Peut-être le Président espérait-il qu'elle aurait enfin compris qu'en la congédiant, il l'avait aussi sauvée des « chiens » par lesquels Bérégovoy est mort. Sans doute savait-elle mieux que personne qu'il incluait dans la meute ainsi en accusation les socialistes, dont il n'avait cessé de répéter au long des mois qu'ils « l'auraient tuée », s'il avait laissé faire. Cela n'a pas suffi à la rapprocher du Président. Car elle n'avait alors qu'une réflexion à lui faire : « Et tout ça pour en arriver là ! »

« L'espace de mort » dans lequel Bérégovoy est tombé n'a pas été tout à fait étranger à Edith Cresson après qu'elle eut quitté Matignon : « On a de ces pensées, quand on a donné sa vie pour un combat qui s'achève dans la haine et la trahison. Le degré de souffrance est tel qu'on voudrait ne plus y penser, et on y pense tout le temps. Mais le suicide n'est pas dans ma nature. De toute façon, ça leur aurait fait plaisir. Ils auraient dit de moi : " Elle n'a pas résisté parce que c'est une femme... " » Alors, il a fallu continuer et surmonter, jour après jour, l'humiliation d'avoir été « insultée, traitée comme une criminelle quand je n'ai pas profité de la place, rien fait de nuisible contre mon pays. J'ai été jetée au public comme la sorcière de Michelet dans un procès moyenâgeux. » Mitterrand d'ailleurs, dans les dernières semaines, ne s'interrogeait-il pas devant elle : « Je ne comprends pas ce qu'ils ont contre vous. Il y a là quelque chose d'obscur, oui, d'obscur... » Pendant près d'un an et demi, Edith Cresson n'osait plus se montrer, aller au restaurant et, lorsqu'elle se rendait au théâtre ou au cinéma, elle se cachait derrière des lunettes noires qu'elle vient à peine de quitter. A la sortie, elle s'engouffrait dans sa voiture : « J'ai été si entachée que je ne supportais plus la curiosité que je suscitais. Les gens sont pourtant gentils avec moi mais cela me surprend à chaque fois. J'ai l'impression qu'ils ne savent pas qui je suis. » Tandis que, par ailleurs, elle a continué à travailler avec les capitaines d'industrie ou les responsables politiques, français ou européens, qui n'ont pas remis en cause un instant leur confiance et leur amitié.

Le sens du devoir, la fidélité à soi-même, à la mairie de Châtellerault et aux militants « privés de parole pendant des années » l'ont finalement emporté sur le dégoût : l'ex-Premier ministre a préféré ne pas rendre sa carte du Parti. Certaines ruptures irréversibles permettent l'économie de gestes spectaculaires. « Simplement, il y a des mains que je serrerai plus jamais. Je n'aurais pas pu penser que des socialistes se comporteraient avec cette violence dans la lâcheté. Ça a été un des plus grands étonnements de ma vie. Aucun ne s'est levé, aucun, pour protester, avoir un mot au moins. Une femme au pouvoir provoque d'abord l'incrédulité des hommes, ensuite leur colère, surtout lorsqu'elle n'est pas conforme au modèle technocratique. » François Mitterrand ne dit pas autre chose : « Quand j'ai vu les attaques dont Edith était l'objet, j'ai pensé qu'en contre-attaquant, ça passerait. Je me suis trompé. Un certain antiféminisme nourrissait, beaucoup plus que je ne le croyais, la société française et la société socialiste. » Edith Cresson ne doute pas que le président de la République ait mal mesuré, malgré son expérience des êtres et le machiavélisme de ses propres comportements, les ressorts intimes des protagonistes : « Mitterrand n'est pas misogyne. Il ne se serait jamais comporté comme tous ces hommes. Il y a, entre lui et eux, une différence de classe. Ce n'est pas quelqu'un de bas. » Néanmoins, sans la trahir, il l'a « utilisée puis lâchée », donnant ainsi des gages à ceux qui l'ont considérée en « être différent », se sont rendus coupables d'un racisme sexuel qui soulève moins de protestations que d'autres. « En cédant aux pressions, Mitterrand a compromis l'avenir des femmes. Après cet exemple, je ne vois pas comment elles vont s'y prendre, désormais, afin d'arriver et de tenir aux plus hauts postes de la République. Le scrutin majoritaire entrave incontestablement leur ascension ; et même quand elles ont réussi à franchir l'obstacle, la légitimité du suffrage universel est, pour elles, insuffisante. La démonstration a été faite qu'il leur faut aussi celle de l'appareil et celle des médias. Le " fait du Prince ", comme on dit, a beau être une donnée objective de nos institutions, il est utilisé contre les femmes dans le sens que l'on a vu. Bref, elles sont une " minorité majoritaire ", prisonnières d'un cercle infernal que les hommes ont tracé autour d'elles. L'élection du Président au suffrage universel, enjeu principal de la vie politique, privilégie ceux dont on pense qu'ils peuvent accéder un jour à cette fonction. Or les femmes, dans l'imaginaire de ce pays, ne sauraient y prétendre. Par ailleurs, la Constitution livre le Premier ministre à l'arbitraire du Président, l'empêche en fait de choisir ses ministres et de dissoudre l'Assemblée. On aura compris que cette Constitution fait du Premier ministre la tête à claques du système, et qu'une femme en pâtit plus encore qu'un homme. »

Edith Cresson tente de comprendre ce qu'elle a pu dérégler dans les mécanismes du pouvoir. Inévitablement, elle revient à la faute qu'elle a commise : elle l'a démythifié. « Les hommes ont fait croire au peuple depuis toujours que le pouvoir est secret, extraordinaire. Ils l'ont volontairement entouré d'une aura de mystère, ils l'ont transformé en aventure titanesque réservée à quelques élus pour mieux justifier de le posséder à eux seuls. Les socialistes eux-mêmes sous le Front populaire ont refusé le droit de vote aux femmes, alors qu'elles l'avaient partout ailleurs. Or le pouvoir, ce sont d'abord les combinaisons, qui n'excluent pas un idéal, mais le rongent subrepticement. Moi qui suis proche de la vie quotidienne, ma volonté pressée d'agir, mettant en évidence les empêchements que l'on m'opposait, j'ai montré sans le vouloir que cet univers n'est pas du tout celui de la grandeur. Je l'ai rendu à sa vérité, ils ne l'ont ni supporté ni pardonné. »

Il faut du temps pour tirer parti d'une expérience unique qui a enseigné en moins d'une année à Edith Cresson qu'elle s'est « trompée de vie ». Du temps, et la présence d'une famille dont elle s'est rapprochée encore avec l'épreuve. Son mari, ses filles ont été terriblement choqués par le traitement qu'on lui a réservé. « Rien ne nous prédisposait dans la façon dont j'avais mené ma carrière à affronter tout ça. Pendant les mois à Matignon, ils m'ont soutenue de leur affection et caché leur indignation pour ne pas m'attrister ni m'affaiblir. Depuis, nous n'en parlons pas beaucoup. » Une pudeur et une sage précaution. Il faut panser les plaies. Après avoir, comme tous les anciens Premiers ministres, conservé pendant six mois son salaire de cinquante-cinq mille francs, Edith Cresson a rejoint le privé. A la tête de la SISIE, devenue société européenne et indépendante dont Elf Aquitaine, Schneider, EDF et quelques autres sont actionnaires, elle continue à « servir la France et l'Europe » en cherchant pour ses clients des marchés, de l'Amérique latine à l'Asie en passant par les pays de l'Est. Elle met à leur disposition une force d'intervention légère et dynamique qui permet la réalisation d'implantations industrielles et commerciales, de privatisations et de restructurations dans les pays à fort potentiel de croissance. Abel Farnoux, bien sûr, ne lui ménage ni son aide ni ses réseaux, après l'épreuve de Matignon. « La SISIE, pour moi, c'est une manière de poursuivre le même combat avec d'autres instruments. Je persiste à penser que nous avons besoin d'une vraie force industrielle pour affronter la mondialisation des échanges et que la délocalisation des emplois vers certaines régions du monde est un crime contre nous-mêmes. C'est dans la recherche, le travail, la production en Europe même, que réside son rayonnement culturel et politique. Je travaille en ce sens. »

Edith Cresson a gardé intact son idéal de gauche. « Le libéralisme a triomphé, mais c'est un système dévoyé, un univers fictif, où l'argent circule à la vitesse de la foudre, où la spéculation est reine, dont les effets sociaux sont meurtriers. Comme le communisme naguère, il met à son tour en péril la démocratie. Quelles institutions faudra-t-il donner à l'Europe pour qu'elle pèse d'un poids suffisant dans un univers déréglé ? Le rôle de la gauche française – et européenne – sera d'abord d'expliquer ce qui se passe réellement, car on ne sauvera la liberté et le travail qu'en éclairant les esprits sur cette sophistication extrême et périlleuse qui tient les peuples à l'écart. Ensuite la gauche devra élaborer des réponses, apporter des solutions à cette perversion du libéralisme et populariser cette réflexion. Il lui faudra pour cela beaucoup de temps : elle devra repenser toute sa doctrine et revenir à des comportements pédagogiques qu'elle a oubliés. Pour l'instant, le parti socialiste, qui n'était plus qu'un pourvoyeur de places, est absolument incapable d'assumer cette tâche. Je ne vois pas comment il pourrait redevenir avant longtemps l'organisation dont la gauche a besoin, comment les militants pourraient aujourd'hui lui faire confiance.

Je ne crois pas qu'il y a moins de gens de gauche qu'en 1981. Mais il n'y a plus personne pour les aider à discerner les nouveaux enjeux. Les dirigeants du PS continuent leurs combats personnels en serinant les mêmes thèmes, comme si le monde n'avait pas tourné. La politique, telle qu'ils la pratiquent encore, est une planète morte. C'est précisément pour cela que je n'y reviendrai pas. »

Reste qu'il lui est impossible de se dérober devant la cruauté de l'Histoire. L'échec d'Edith Cresson s'est inscrit dans la défaite du socialisme français. Mais elle a accompli un parcours initiatique où elle a rencontré l'extrême et d'où elle revient – qui s'en étonnera? – plus habitée encore par la volonté de l'action.

ANNEXE

Principales actions
du gouvernement d'Édith Cresson
(mai 1991 – avril 1992)

Sécurité sociale

- Réduction du déficit pour 1991 par la hausse des cotisations (+ 0,9 %) et différentes mesures d'économie (hausse du tabac, encadrement des dépenses hospitalières, etc.).

- Rééquilibrage du régime général pour 1992, préparation interministérielle de mesures structurelles de redressement et d'un Fonds de solidarité pour les retraites.

Maîtrise des dépenses de santé

- Réforme hospitalière *(préparée par le gouvernement Rocard)*.

- Accords signés avec les biologistes, les cliniques privées, les infirmières libérales et les ambulanciers.

- Adoption d'un projet de loi sur les médicaments basée sur une enveloppe globale mais dont la discussion au Parlement sera suspendue par suite d'un désaccord sur les conditions d'homologation par les pouvoirs publics du prix des nouveaux médicaments.

- Projet d'accord général entre les médecins et les caisses de Sécurité sociale bloqué par suite du refus des syndicats de médecins de s'engager sur un objectif annuel de progression, sur des mesures structurelles, sur l'avenir du secteur 2 et les modalités de contrôle par les caisses *(le gouvernement Bérégovoy donnera satisfaction sur la plupart de ces points aux principaux syndicats de médecins)*.

Indemnisation des hémophiles et transfusés, victimes du sida

- Publication du rapport Lucas établissant la chronologie précise des faits de 1985.

- Décision politique d'indemnisation immédiate sans attendre l'issue des procédures devant les juridictions administratives et judiciaires.

- Préparation et adoption de la loi d'indemnisation : création d'un Fonds d'indemnisation, opérationnel dès le 1er avril 1992, sur la base de la seule responsabilité « risque » sans rechercher la faute.

- Financement par économies budgétaires et « contributions » des compagnies d'assurances (en contrepartie de l'abandon de la taxe sur les contrats d'assurances) [1].

- Préparation de la réforme du système d'utilisation thérapeutique du sang et de l'organisation de la transfusion *(menée à bien par le gouvernement Bérégovoy).*

Lutte contre le tabagisme : adoption du décret précis d'application de la loi Evin ; augmentation du prix du tabac (2 fois 15 %).

Loi sur la prévention des risques professionnels (transposition de directives de la Communauté Européenne).

EMPLOI

Création d'emplois

- Emplois familiaux (création de 100 à 150 000 emplois de proximité)
  - réduction d'impôt (12 500 francs par an) pour garde d'enfants, femme de ménage, etc.
  - simplification radicale des formulaires d'embauche et de déclaration à la Sécurité sociale

- Plan Exo-jeunes (création de 80 à 100 000 emplois) ; préparation de mesures pour la création d'emplois partiels et d'emplois liés à la protection de l'environnement *(repris en partie par le gouvernement Bérégovoy).*

---

1. Le Fonds a réellement indemnisé sur base moyenne de 1,5 million de francs, soit l'hypothèse de Matignon, et non de 4 à 5 millions agités par les compagnies d'assurances pour s'exonérer de toute contribution (campagne : « N'ajoutez pas une injustice à une autre injustice »). Les compagnies d'assurances qui ont touché des primes contribueront avec l'État à l'indemnisation.

Adaptation de la formation à l'emploi
- Extension du crédit formation individualisé et droit au congé de bilan des compétences.
- Programme Paque (70 000 stages de préqualification de 18 mois pour jeunes en échec scolaire).
- Chômeurs de longue durée : programme d'examen individualisé pour 500 000 demandeurs d'emploi *(objectif doublé par le gouvernement Bérégovoy)* et développement des actions d'insertion et de formation.

Renforcement de l'action des pouvoirs publics
- Révision de la législation et de la réglementation sur les demandeurs d'emploi (conditions plus strictes pour refuser un emploi ou une action de formation sous peine de radiation), réorganisation de l'ANPE, création de 400 « carrefours jeunes ».
- Traitement local du chômage : plan lancé au Creusot (600 préfets et hauts fonctionnaires réunis par le Premier ministre)
  - objectifs départementaux sous la responsabilité des préfets
  - déconcentration, simplification et augmentation des soutiens publics aux entreprises (CODEFI, CORRI, CIRI).
- Préparation d'un programme d'embauche par les entreprises et services publics dans le cadre de contrats d'emploi-solidarité *(repris par le gouvernement Bérégovoy)*.

FORMATION ET ÉDUCATION

Apprentissage
- Augmentation de 20 000 places en 1991.
- Accord interprofessionnel du 8 janvier 1992 :
  - doublement des apprentis d'ici 1995
  - extension au secteur industriel
  - implication des lycées professionnels
  - crédit d'impôt pour la formation.
- Projet de loi sur l'apprentissage reprenant les éléments de l'accord interprofessionnel et la possibilité de créer des sections d'apprentis dans les lycées pro-

331

fessionnels *(ce dernier point sera abandonné par le gouvernement Bérégovoy)*.

Formation professionnelle

- Dans les entreprises : révision de la loi de 1971 sur la base de l'accord avec les partenaires sociaux (augmentation de la part de la masse salariale, extension aux petites entreprises, plan triennal, congé rémunéré, etc.).

- Dans l'enseignement primaire : généralisation de l'enseignement d'une langue vivante.

- Dans les lycées professionnels : organisation de l'alternance, adaptation des diplômes aux besoins des régions, renforcement de la coopération avec les entreprises (orientation, information, évaluation), création de la filière technologique.

- Dans l'enseignement supérieur : création des IUP (Instituts Universitaires Professionnels), doublement des IUT d'ici à 1995, nouvelle filière bac + 4 pour la formation d'ingénieurs, reconnaissance des acquis professionnels pour la délivrance des diplômes.

Éducation

- Modification des conditions d'organisation des épreuves du baccalauréat pour maintenir dans les lycées la poursuite de tous les cours jusqu'à la fin de l'année scolaire *(appliquée en juin 1992)*.

- Création des Instituts Universitaires de Formation des Maîtres (IUFM) *(préparée par le gouvernement Rocard)*.

- Création des Instituts Universitaires Professionels (IUP) qui délivrent un diplôme de maître-ingénieur à bac + 4.

- Réforme des terminales des lycées autour de quatre grandes sections de niveau équivalent (littéraire, scientifique, économique et sociale, technologique).

- Adoption du plan « Université 2000 » (création de nouveaux établissements d'enseignement en partenariat avec les collectivités locales).

- Renforcement de la filière technologique à partir de la classe de seconde.

- Droit d'expression des lycéens par une représentation

aux conseils d'éducation *(loi préparée par le gouvernement Rocard).*

• Déconcentration des établissements (Universités-Établissements d'enseignement secondaire) par une plus grande autonomie notamment sur le plan financier.

• Projet d'un système global d'enseignement à distance : mandat confié à Michel Serres *(abandonné par le gouvernement Bérégovoy).*

PME – PMI (plan du 16.1.1991)

• Renforcement des fonds propres : réduction de l'impôt sur les sociétés, crédit d'impôt en cas d'augmentation du capital, observatoire des délais de paiement, etc.

• Transmission des entreprises : assouplissement de l'imposition des plus-values, réduction des droits de mutation sur les fonds de commerce, etc.

• Simplification du droit des sociétés, des déclarations sociales, extension du crédit-impôt formation, etc.

• Projet d'un Fonds de garantie *(repris par le gouvernement Bérégovoy).*

Investissements

• Mobilisation de l'épargne en faveur des entreprises : mise au point du PEP-Actions *(repris par le gouvernement Bérégovoy sous le titre Plan d'épargne actions).*

• Assouplissement du régime des investissements étrangers en France et création d'une délégation pour la prospection des investissements (un projet de « libération » totale des investissements étrangers et pas seulement européens mis au point par Matignon et Bercy sera ajourné par l'Élysée).

Restructuration du secteur public pour les secteurs technologiques de pointe par le futur groupe Thomson-CEA Industries *(partiellement abandonné par le gouvernement Bérégovoy).* Contrats de plan pour France-Telecom et la Poste et nouvelle réglementation sur les télécommunications.

333

Ouverture du capital des entreprises publiques (définition des règles interministérielles de prise de décision, premières cessions partielles d'actifs).

Modernisation de la filière portuaire (réforme du statut des dockers).

Promotion de la norme D2 Mac pour TVHD.

Le Traité de Maastricht

• Négociations finales.
Un comité spécial des ministres du 28 novembre 1991 – le seul réuni par un Premier ministre depuis le début des négociations en 1990 – arrête la position finale :
- UEM : date butoir pour le passage à la 3e étape, au besoin par décision à la majorité qualifiée
- coopération en matière de justice et de police : possibilité de majorité qualifiée pour les visas
- politique sociale et politique industrielle : nécessité d'obtenir la majorité qualifiée.

• Préparation de la révision de la Constitution.

• R x Préparation d'une campagne d'explication centrée sur l'Europe et la vie quotidienne des Français *(partiellement abandonnée par le gouvernement Bérégovoy).*

Réforme de la PAC (consultation des syndicats et arbitrage interministériel en faveur de l'adoption des principaux éléments de la réforme, en particulier baisse du prix des céréales et aides au revenu).

Automobile : négociation et approbation de l'accord CEE-Japon qui limite jusqu'à l'an 2000 la pénétration des importations directes de voitures japonaises et la création de nouveaux « transplants » (les importations baisseront de 6 % dès 1991 alors que l'opposition et J. Calvet avaient dénoncé ce pseudo-accord).

Ratification des accords de Schengen.

Garantie de l'État pour la construction à Strasbourg du nouvel hémicycle du Parlement européen.

Préretraites agricoles à 55 ans.

Allègement des charges sociales : réforme de la taxe sur le foncier non bâti et réduction des cotisations pour éleveurs spécialisés.

Mesures spécifiques : augmentation de la prime à la vache allaitante, aides au revenu des producteurs de viande, aides aux investissements pour les jeunes agriculteurs, nouveau régime pour la conchyliculture et la culture marine, etc.

Détaxation des biocarburants.

Accord de compensation avec la Russie (pétrole, denrées alimentaires).

AMÉNAGEMENT DU TERRITOIRE

Développement rural
 - 20 mesures concrètes du CIAT de novembre (maintien des services publics, commerce de proximité, etc.)
 - lancement des Assises du monde rural *(abandonné par le gouvernement Bérégovoy)*
 - *désignation de 50 sous-préfets « développeurs »* en milieu rural et décision de pourvoir effectivement tous les postes de sous-préfets dans les arrondissements ruraux.

Décentralisation
 - Loi sur l'administration territoriale de la République
   - consécration du principe de déconcentration
   - droit à l'information et à la consultation des électeurs (référendum communal, commissions consultatives, etc.)
   - encouragement à la coopération intercommunale (schémas départementaux de coopération intercommunale, ressources fiscales propres, etc.
   - statut de l'élu local.
 - Effort financier en faveur des projets de développement des communes rurales (modification en

335

leur faveur des règles de partage de DGF et DGE, etc.).

Délocalisations (3 comités interministériels)
- programme de délocalisation de 30 000 emplois publics d'ici l'an 2000
- décisions concrètes sur 15 000 emplois en faveur de 70 villes de province (ENA à Strasbourg, décentralisation du CNRS autour des pôles régionaux, SEITA à Angoulême, etc.)
- plan social (indemnités, bourse d'emploi pour les conjoints, congés-formation, etc.)
- programme de constructions à Paris sur les terrains libérés et ceux appartenant à l'État de logements sociaux pour les fonctionnaires (infirmières, agents de police, etc.).

Taxe départementale sur le revenu (préparée par le gouvernement Rocard)
Introduction de la réforme au Parlement *(abandonnée par le gouvernement Bérégovoy)*.

Adoption du nouveau projet de schéma directeur de l'Ile-de-France : encadrement du développement de la population, péréquation financière entre les départements *(préparé par le gouvernement Rocard)*.

ENVIRONNEMENT

Eau
- Loi sur l'eau : meilleure couverture des besoins, développement de l'assainissement dans le cadre d'un programme de 80 milliards d'investissement sur 5 ans *(préparée par le gouvernement Rocard)*.
- Protection de la Loire : annulation de la construction de deux barrages et programme de protection *(1 des 2 annulations remise en cause par le gouvernement Bérégovoy)*.

Mise en œuvre de la législation sur la protection du « littoral » : décrets d'application, arrêt de la construction de certains ports et marinas (cette législation est restée lettre morte).

Mise en place de l'Agence de l'Environnement et de Maîtrise de l'Énergie.

Déchets
- Loi sur la gestion des déchets radioactifs.
- Projet de loi sur la suppression des décharges traditionnelles et sur le recyclage de tous les déchets. Création d'une taxe sur les déchets, mesures de recyclage des emballages par les industriels.

Label « Produits verts »

SÉCURITÉ PUBLIQUE

Immigration et intégration
- Loi sur le travail clandestin et les séjours irréguliers
  - renforcement des sanctions contre les employeurs
  - amélioration des procédures de reconduite à la frontière.
- Renforcement des contrôles
  - visa de transit pour 12 nouveaux pays
  - responsabilité des élus pour les certificats d'hébergement
  - retrait des visas touristiques
  - suppression des visas de court séjour.
- Loi sur les demandeurs d'asile
  - suppression de l'accès automatique au marché du travail dans l'attente de l'examen de la demande d'asile.
  - création des « *zones internationales* » placées sous contrôle judiciaire en lieu et place des « no man's lands » des aéroports soumis à l'arbitraire administratif.
- Mise en place d'un dispositif de reconduite géré par l'Office des migrations internationales complété d'une aide à la réinstallation et renforcement des moyens de l'Office français de protection des réfugiés et apatrides.

Villes et banlieues
- Loi d'orientation sur la ville *(préparée par le gouvernement Rocard).*
- Doublement des efforts publics pour les mesures « été-jeunes » en 1991.

337

- Actions prioritaires dans 400 quartiers sensibles.
  - éducation nationale : primes spéciales pour les enseignants, limitation du nombre d'élèves par classe (éviter des classes surchargées avec des enseignants inexpérimentés).
  - mise à disposition de 400 jeunes militaires.
  - police : mise en plan de l'îlotage dans 40 zones prioritaires, renforcement des effectifs, mandat *(non instruit par le gouvernement Bérégovoy)* aux ministres du Budget et de la Fonction publique de reconvertir certains personnels (armée, douanes) aux travaux administratifs dans les commissariats pour permettre aux policiers d'être davantage sur le terrain.
  - coordination des interventions de l'État sous l'autorité directe des préfets et nomination de 13 sous-préfets assurant l'unité de commandement dans les départements prioritaires ; cellule de coordination à Matignon.
  - opérations exemplaires de démolitions de tours et reconstruction de logements (par ex : Clichy, Montfermeil).
- Déconcentration de la gestion des crédits
  - globalisation de tous les crédits sur deux lignes budgétaires et déconcentration au profit des préfets qui peuvent consommer les crédits dès le début de l'année et non après l'été
  - création de régies d'avances permettant aux préfets de faire sans délais des chèques aux associations (par exemple de prévention de la délinquance).

JUSTICE ET ÉTAT DE DROIT

Justice

- Réforme du statut de la magistrature.
- Loi sur les écoutes téléphoniques *(préparée par le gouvernement Rocard)*.
- Loi sur les chèques sans provision.
- Projet de loi de réforme de la procédure pénale (présentée le 26 février 1992 au Conseil des ministres)
  - renforcement des garanties lors de la garde à vue
  - suppression de l'inculpation remplacée par la « mise en examen » et la « notification » (mise en cause ou mise hors cause)

338

- mise en détention décidée par un college de magistrats et non plus par le seul juge d'instruction
- suppression des privilèges de juridiction
- travail en équipe des juges d'instruction

• Décrets sur les fichiers des renseignements généraux (publiés sans drame).

• Projet de loi sur les livraisons surveillées de stupéfiants (condition d'infiltration des réseaux par les policiers et douanes).

• Réforme de l'aide judiciaire *(préparée par le gouvernement Rocard)*.

• Suppression de la double peine pour les immigrés en situation irrégulière.

Transparence de la vie publique

• Loi sur les conditions d'exercice des mandats
  - harmonisation des régimes indemnitaires des élus locaux
  - plafonnement des indemnités cumulables
  - fiscalisation de l'indemnité parlementaire.

• Projet de loi sur la publicité des patrimoines (inscription à l'ordre du jour de l'Assemblée).

• Loi sur les marchés publics
  - renforcement du contrôle de légalité
  - référé devant le juge administratif qui doit statuer dans le mois
  - intervention des chambres régionales des comptes.

• Transparence des budgets locaux (loi sur l'administration territoriale).

• Préparation de la réforme de l'urbanisme commercial *(reprise partiellement par le gouvernement Bérégovoy)*
  - modification de la composition des commissions départementales (réduction du nombre des élus)
  - présidence par magistrat
  - suppression de la voie d'appel devant le ministre et instauration d'un contrôle juridictionnel.

• Modernisation de la vie publique : projet de loi modifiant le régime électoral du Sénat *(abandonné par le gouvernement Bérégovoy)*.

Défense

• Loi de programmation militaire
Commencés en septembre 1991, les travaux inter-ministériels se sont achevés fin mars 1992 par un arbitrage du Premier ministre (présenté à un conseil restreint présidé par F. Mitterrand) qui décidait l'adoption d'un projet de loi de trois ans 1992-1994 permettant au gouvernement de :

- poursuivre l'étude de la restructuration des armées et industries d'armement à la lumière de l'évolution actuelle de l'Europe sans augmentation des crédits (sauf budget 1992).

- mettre en chantier une nouvelle loi 1995-2000 avec la volonté d'accentuer la coopération européenne tant dans le domaine opérationnel que dans le domaine industriel et de lui adjoindre un plan de restructuration des industries d'armement qui privilégie les secteurs de haute technologie.

La discussion du projet de loi prévu pour la session d'avril sera reportée par le gouvernement Bérégovoy à la session d'automne 1992 puis à 1993.

• Réforme et modernisation du service national
- modification du code du service national (loi adoptée le 19 décembre 1991), réduction de la durée du service national à 10 mois, création d'un service de sécurité civile, statut juridique des VSNE et augmentation de leur nombre.

• Restructuration de l'organisation territoriale de la défense par la généralisation à tout le territoire national du plan « Armées 2000 » à compter du 1er septembre 1991.

• Mise en place du dispositif national de prévention de la prolifération chimique (définition, conditions d'exportation, etc.).

Anciens combattants

- retour à l'immutabilité des pensions
- création d'un fonds de solidarité pour les chômeurs en fin de droits anciens d'AFN âgés de 57 ans
- rénovation du statut de l'Institution nationale des invalides transformée en établissement public

– maintien dans les lieux des veuves de guerre pensionnaires de la maison de retraite de Vence.

Relance de la politique contractuelle à la suite de la rencontre du Premier ministre à Matignon le 11 octobre 1991 avec les dirigeants de la CFDT, FEN, CFTC et CGC (boycottée par FO et CGT qui appellent à une journée d'action qui sera un échec). Aucun accord n'était intervenu en 1990 et 1991 depuis la réforme de la « grille ».

Accord salarial du 12 novembre
- revalorisation de 6,5 % en 5 étapes du 1er août 1991 au début 1993
- abandon de toute formule même indirecte d'indexation
- revalorisation plus importante des bas salaires
- mesures spécifiques pour la région parisienne
- ouverture de négociations sur la modernisation de la fonction publique.

Accord avec les infirmières du 15 novembre
- durée du travail ramenée à 35 heures et création de 4 000 emplois sur un an et de 1 500 emplois supplémentaires sur 3 ans
- primes spécifiques (travail de nuit et du dimanche)
- mesures de réinsertion à l'hôpital des infirmières diplômées
- augmentation des salaires (de 900 F par mois) : le salaire net d'une infirmière débutante, de 6 800 F en octobre 1988, passe à 7 880 F, en octobre 1991, à 8 900 F, au 1er janvier 1993 (et à 9 830 F, avec les primes spécifiques).

Accord avec les professions d'action sociale du 5 décembre

Plan de relance
- renforcement de l'épargne-logement (augmentation du plafond de 400 000 à 600 000 F, réduction de la durée des plans)
- doublement de la réduction d'impôt « Quilès-

Méhaignerie » au bénéfice des investissements qui s'engagent sur un loyer inférieur à celui du marché
- création d'une réduction d'impôt pour les travaux de mise aux normes (installation électrique, salle de bains, chauffage central)
- financement sur ressources d'épargne défiscalisées (LEP) de logements locatifs sociaux pour les ménages n'ayant pas accès aux HLM.

Loi sur l'accès des handicapés au logement

DÉPARTEMENTS D'OUTRE-MER

- Projet de loi sur la réforme de l'octroi de mer (imposition spécifique en faveur des DOM) pour le rendre compatible avec le droit communautaire.
- Définition d'une position interministérielle pour la négociation d'une organisation communautaire du marché de la banane qui permettra un accord à Bruxelles en 1992 protégeant la production des DOM et assurant sa vente dans la communauté.

SOCIÉTÉ

- Bioéthique : préparation des 3 projets de lois *(examen par le Parlement ajourné puis repris par le gouvernement Bérégovoy).*

- Loi sur les successions qui permettra notamment au conjoint survivant de conserver l'appartement familial.

- Loi en faveur des enfants *(préparée par le gouvernement Rocard)*
  - suppression des dernières discriminations entre enfants adultérins et légitimes
  - création du juge de la famille
  - faculté accrue de changement de nom et prénom.

- Projet de loi sur le harcèlement sexuel.

- Congé parental d'éducation.

- Protection sociale des sapeurs-pompiers volontaires.

- Remboursement de nouvelles pilules contraceptives (les jeunes femmes prennent des pilules différentes de celles de leur mère en termes de micro-dosage).

- Ouverture des magasins le dimanche : préparation d'un projet de loi « libéral » (12 dimanches par an) *(partiellement abandonné par le gouvernement Bérégovoy).*

- Loi sur le renforcement de la protection des consommateurs.

- Audiovisuel : mise en œuvre de la directive européenne (TV sans frontières) qui se traduira, en particulier, par l'assouplissement des règles de quota.

TABLE

Cet ouvrage a été réalisé par la
SOCIÉTÉ NOUVELLE FIRMIN-DIDOT
Mesnil-sur-l'Estrée
pour le compte des Éditions Flammarion
en octobre 1993

Imprimé en France
Dépôt légal : septembre 1993
N° d'édition : 14808 - N° d'impression : 25303

		DATE DUE	